NETNOGRAFIA

K88n Kozinets, Robert V.
       Netnografia : realizando pesquisa etnográfica online / Robert V. Kozinets ; tradução: Daniel Bueno ; revisão técnica: Tatiana Melani Tosi, Raúl Ranauro Javales Júnior. – Porto Alegre : Penso, 2014.
       203 p. ; 25 cm.

       ISBN 978-85-65848-96-1

       1. Pesquisa científica. 2. Pesquisa de observação. 3. Etnografia. 4. Internet. 5. Netnografia. I. Título.

                                                            CDU 001.891.7

Catalogação na publicação: Ana Paula M. Magnus – CRB 10/2052

Robert V. Kozinets
Professor of Marketing at York University, Toronto

Tradução:
Daniel Bueno

Revisão técnica:
Tatiana Melani Tosi
Especialista em Inteligência Competitiva nas Redes Sociais pela FGVSP. Pós-graduada em Marketing pela ESPM (SP). Professora do Programa de Educação Continuada – Business Intelligence da FGVSP. Professora na Pós-graduação em Gestão da Comunicação em Mídias Digitais – Senac São José dos Campos e na Pós-graduação em Marketing Digital e Negócios Interativos – ILADEC Campinas.

Raúl Ranauro Javales Júnior
Especialista em Elementos de Gestão de Negócios pela FGV EAESP. Coordenador do Curso de Business Intelligence e Professor do Programa de Pós-graduação da FGV EAESP. Professor convidado/palestrante, Stanford University CA EUA. Professor convidado da PUCRS

2014

Obra originalmente publicada sob o título Netnography:
Doing Ethnographic Research Online, 1st Edition
ISBN 9781848606456

English language edition published by SAGE Publications of London,
Thousand Oaks, New Delhi and Singapore, © Robert V. Kozinets 2010

Gerente editorial
Letícia Bispo de Lima

Colaboraram nesta edição

Coordenadora editorial
Cláudia Bittencourt

Assistente editorial
Jaqueline Fagundes Freitas

Capa
Paola Manica

Imagens da capa
Sergii Teplov – Thinkstock
Ekaterina Perepelova – Thinkstock

Preparação de original
Leonardo Maliszewski da Rosa

Leitura final
André Luís Lima

Editoração eletrônica
Armazém Digital Editoração Eletrônica – Roberto Carlos Moreira Vieira

Reservados todos os direitos de publicação, em língua portuguesa, à
PENSO EDITORA LTDA., uma empresa do GRUPO A EDUCAÇÃO S.A.
Av. Jerônimo de Ornelas, 670 – Santana
90040-340 Porto Alegre RS
Fone: (51) 3027-7000 Fax: (51) 3027-7070

É proibida a duplicação ou reprodução deste volume, no todo ou em parte,
sob quaisquer formas ou por quaisquer meios (eletrônico, mecânico, gravação,
fotocópia, distribuição na Web e outros), sem permissão expressa da Editora.

SÃO PAULO
Av. Embaixador Macedo Soares, 10.735 – Pavilhão 5
Cond. Espace Center – Vila Anastácio
05095-035 – São Paulo – SP
Fone: (11) 3665-1100 – Fax: (11) 3667-1333

SAC 0800 703-3444 – www.grupoa.com.br

IMPRESSO NO BRASIL
PRINTED IN BRAZIL
Impresso sob demanda na Meta Brasil a pedido de Grupo A Educação.

Agradecimentos

Se é preciso um vilarejo para criar uma criança, é preciso uma rede inteira de cidades para criar um livro como este. Sou grato a Patrick Brindle, meu editor na Sage, em Londres, por sugerir este livro e perseverar até sua conclusão com nada menos do que incansável entusiasmo e caloroso apoio. Quando este novo autor parecia um pouco confuso ou excessivamente confiante, Patrick fez-se de alguma forma presente com as palavras certas de aconselhamento e incentivo, ou apenas com a interpretação correta dos comentários de um revisor, para endireitar novamente as coisas. Este livro não teria se concretizado sem ele. Anna Coatman, sua assistente editorial, também se fez presente para ajudar a me orientar e dirigir, mantendo este livro no rumo certo. Em termos de suporte, Harriet Baulcombe forneceu respostas pacientes a minhas primeiras perguntas de *marketing*, além de constante apoio ao longo de toda a produção do livro. Igualmente o fez Rachel Burrows, que foi uma editora de produção muito competente e afável. O texto foi significativamente aperfeiçoado por um revisor anônimo, mas muito útil. Além disso, o desenvolvimento desta obra contou com o generoso apoio de uma verba do Social Sciences and Humanities Research Council do Canada Standard Research (410-2008-2057, 2008-2010), concedida para a finalidade de "Desenvolver Etnografia na Internet para Pesquisa Mercadológica".

Este é um lugar oportuno para reconhecer as diversas almas brilhantes e de mente aberta cuja inspiração e aconselhamento me permitiram desenvolver a netnografia. Meu supervisor de pós-graduação, Steve Arnold, apoiou constantemente meu interesse e experimentação na rede. Sem sua mente aberta e aconselhamento adequado, e o encorajamento de meus outros professores e colegas da Queens' University em Kingston, minha tese, e o trabalho metodológico desenvolvido a partir dela, não poderiam e não teriam se concretizado. Henry Jenkins – cujo trabalho pioneiro nessa área serviu de base para o meu – inspirou e auxiliou imensamente na construção de minha tese, e seu trabalho e aconselhamento influenciaram profundamente o rumo de minha carreira. John Sherry foi um amigo e mentor constante. Seu apoio contínuo, desde o início de minha carreira, e seu foco na alta tecnologia me incentivaram a me manter trabalhando nessa parte do campo quando muito poucos estavam presentes. Recebi muita assistência de meus colegas na Association for Consumer Research (ACR), cujos comentários sobre trabalhos iniciais publicados em atas de congressos foram imensamente úteis. Muitos colegas da ACR compareceram ao árido "nascimento" da netnografia quando eu apresentei a técnica em Tuscon em 1996. Dentre os rostos carinhosos de que me recordo, presentes naquela sala, estão os de Craig Thompson, Eric Arnould, Beth Hirschman, Jonathan Schroeder e Stephen Brown.

Evidentemente, este livro se baseou em uma sequência de apresentações em congressos, trabalhos publicados em atas, artigos e capítulos. Devo gratidão a Russ Winer pelo incentivo para desenvolver a netnografia como tema de um artigo para o *Journal of Marketing Research*, provavelmente a publicação mais importante do método até agora. Não tenho dúvida de que se Russ não tivesse visitado a Kellogg e mantido aquela conversa comigo, o rumo do desenvolvimento deste método teria sido muito diferente. Wagner Kamakura assumiu a editoria no lugar de Russ, acrescentou seus próprios comentários e sugestões aos comentários anteriores e apoio de Russ e, mais importante, publicou o artigo.

Meus colegas na área de *marketing* e pesquisa do consumidor não poderiam ter sido mais favoráveis ou cooperativos ao longo dos anos, e eu me sinto muito grato por estar trabalhando em um campo com estudiosos dotados de tanta inteligência, coração e alma. Foi maravilhoso ver uma rede global de estudiosos como Pauline Maclaran, Miriam Caterall, Margaret Hogg, Markus Giesler, Hope Schau, Al Muñiz, Michelle Nelson, Cele Otnes, Bernard Cova, Russ Belk, Janice Denegri Knott, Kristine de Valck, Doug Brownlie, Jay Handelman, Andrea Hemetsberger, Johann Füller, Jill Avery, Stefano Pace, Roy Langer, Suzanne Beckman, Jennifer Sandlin e Paul Hewer tornarem-se os primeiros adeptos. Estes estudiosos inovadores correram riscos ao selecionar e usar as então novas técnicas netnográficas em seus trabalhos. E a netnografia se beneficia do contínuo desenvolvimento e dos esforços de jovens estudiosos como Daiane Scaraboto, Handan Vicdan, Dan Weisberg, Ece Ilhan, Richard Kedzior, Leah Carter, Marie-Agnes Parmentier, Joonas Rookas, Mridula Dwivedi, Anil Yadav, Saleh Alshebil, Jeff Podoshen, Miki Velemirovich, Caterina Presi e Andrew Feldstein.

A netnografia sempre foi uma abordagem destinada ao uso prático de empresas e profissionais em suas pesquisas de *marketing*. Devo gratidão a muitas pessoas no empresariado norte-americano e outras que ajudaram na prova do conceito de netnografia e trabalharam comigo no refinamento e desenvolvimento da técnica. Entre os mais importantes desses administradores e profissionais de *marketing*, por cujas ideias, apoio e fé sou grato, estão Chris Yothers, Isabel Tremblay, Bob Woodard, Andrea Mulligan, Ciara O'Connell, Cindy Ayers, Martin Rydlo, Jose Carvalho, toda a equipe de especialistas em Hyve AG, Michael Osofsky e NetBase, e Hiroko Osaka.

Do mundo para a frente de casa. Meus pais, Anne e Michael, e minha irmã, Jennifer, sempre demonstraram interesse e carinho e incentivaram meu trabalho. A netnografia foi concebida no mesmo ano que meu filho primogênito, e meus três filhos incríveis – Aaron, Cameron e Brooke – pacientemente assistiram seu pai trabalhar sem parar em projetos de pesquisa netnográfica durante suas vidas inteiras. Durante meses, este livro cerceou minha participação em atividades familiares, mas meus filhos demonstraram interesse por ele e empolgação para ver o produto final. À minha esposa maravilhosa, Marianne, minha gentil conselheira e maior fonte de apoio, meus mais sinceros agradecimentos.

Por fim, a todos que inovaram, inventaram, investiram, criaram, sonharam, precoce ou tardiamente adotaram, embarcaram e fizeram a internet acontecer, ofereço humildemente minha gratidão; e dedico este livro a todos nós, em toda a nossa gloriosa interconexão.

Sumário

1 Culturas e comunidades online 9
2 Compreendendo a cultura online 27
3 Pesquisando online: métodos 45
4 O método da netnografia 60
5 Planejamento e entrada 74
6 Coleta de dados 92
7 Análise de dados 113
8 Realizando netnografia ética 129
9 Representação e avaliação 147
10 Avançando a netnografia: as mudanças na paisagem 162

Notas finais 172
Glossário 175

Apêndice 1
Termo de consentimento informado online para ser usado
em website da pesquisa 180

Apêndice 2
Um poema/canção sobre fazer netnografia 182

Referências 183
Índice 195

I
Culturas e comunidades online

☑ Resumo

Nossos mundos sociais estão se digitalizando, com talvez centenas de milhões de pessoas interagindo por meio das muitas comunidades online e suas ciberculturas associadas. Para manterem-se atuais, nossos métodos de pesquisa devem acompanhar essa realidade. Este livro fornece um conjunto de diretrizes metodológicas para a realização de netnografia, uma forma de pesquisa etnográfica adaptada para incluir a influência da internet nos mundos sociais contemporâneos.

Palavras-chave: comunidade, cultura, cibercultura, etnografia, pesquisa na internet, netnografia, comunidade online, métodos de pesquisa

INTRODUÇÃO

Nossos mundos sociais estão se tornando digitais. Consequentemente, cientistas sociais ao redor do mundo estão constatando que para compreender a sociedade, é preciso seguir as atividades sociais e interações das pessoas na internet e por meio de outros meios de comunicação mediados pela tecnologia. Este livro é um guia para esta nova geração de pesquisadores. Seu tema é a netnografia – uma forma especializada de etnografia adaptada às contingências específicas dos mundos sociais de hoje mediados por computadores.

No campo da pesquisa de consumo e de *marketing*, as netnografias tornaram-se uma forma de pesquisa amplamente aceita, que têm sido usadas para lidar com uma ampla variedade de tópicos, desde questões aplicadas de publicidade online até investigações mais gerais de identidade, relações sociais, aprendizagem e criatividade. A netnografia revelou e analisou as estratégias de autoapresentação que as pessoas usam para construir um "*self* digital" (Schau e Gilly, 2003). Um estudo netnográfico mostrou como usuários de jogos eletrônicos respondem a exibições de produtos e propagandas de marcas (Nelson et al., 2004). Outro estudo netnográfico ilustrou as estratégias usadas por noivas para lidar com a ambivalência intercultural (Nelson e Otnes, 2005). Estudos netnográficos também foram usados para estudar a ética mundial e as percepções de compartilhamento direto de arquivos (Cohn e Vaccaro, 2006), investigar o ativismo dos consumidores (Kozinets e Handelman, 1998) e mostrar como a criação e a aprendizagem do conhecimento ocorrem mediante um discurso reflexivo de "reexperimentação virtual" entre os integrantes de comunidades eletrônicas inovadoras (Hemetsberger e Reinhardt, 2006).

Muitas netnografias, sobre uma ampla variedade de tópicos, foram realizadas durante a última década por pesquisadores ao redor do mundo. Considerando-se as mudanças em nosso mundo social, isso não deve surpreender. Em 1996, havia aproximadamente 250 mil websites oferecendo conteúdo publicado a um universo eletrônico de aproximadamente 45 milhões de usuários, localizados principalmente na América do Norte e na Europa Ocidental. Em 2009, o número de usuários da internet ao redor do mundo ultrapassou 1,5 bilhão, o que corresponde a 22% da população mundial. Além disso, esses usuários não estão consumindo conteúdo publicado de forma passiva, como muitos estavam em 1996 – eles estavam se comunicando ativamente uns com os outros. Eles estavam procurando formar, expressar e aprofundar suas alianças e afiliações sociais.

Dependendo de como definimos nossos termos, existem ao menos 100 milhões, e talvez até um bilhão de pessoas ao redor do mundo que participam de comunidades online como parte de sua experiência social regular e contínua.[1] Essas pessoas estão todas ao nosso redor: o agricultor em Iowa que pertence à cooperativa de produtores de soja e que publica ativamente nos murais do grupo entre reuniões; o estudante de sociologia na Turquia que usa regularmente seu website de redes sociais e publica nas páginas de fãs de seus músicos prediletos; o jovem com câncer que regularmente busca aconselhamento e apoio em sua rede eletrônica de amigos; o respeitado executivo da indústria que veste couros virtuais e leva uma segunda vida secreta nos becos por trás dos mundos virtuais.

A netnografia foi desenvolvida para nos ajudar a entender o mundo dessas pessoas.

A netnografia foi desenvolvida na área da pesquisa de *marketing* e consumo, um campo interdisciplinar aplicado que está aberto ao rápido desenvolvimento e à adoção de novas técnicas. A pesquisa de *marketing* e consumo incorpora visões de diversos campos, tais como antropologia, sociologia e estudos culturais, aplicando seletivamente suas teorias e métodos básicos, analogamente como pesquisadores farmacêuticos poderiam aplicar química básica.

Com algumas notáveis exceções, os antropólogos em geral, ao que parece, têm demonstrado lentidão e relutância em seguir grupos sociais online (Beaulieu, 2004; Garcia et al., 2009; Hakken, 1999; Miller e Slater, 2000). Contudo, uma vez que as tecnologias de informação e comunicação têm permeado tantas áreas da vida social contemporânea de forma tão abrangente, atingimos um ponto em que é impossível recuar. Os cientistas sociais chegam cada vez mais à conclusão de que não podem mais compreender adequadamente muitas das facetas mais importantes da vida social e cultural sem incorporar a internet e as comunicações mediadas por computador em seus estudos. Existe uma distinção útil entre a vida social online e os mundos sociais da "vida real"? Cada vez mais, a resposta parece ser não. As duas se mesclam em um mundo: o mundo da vida real, como as pessoas o vivem. É um mundo que inclui o uso da tecnologia para se comunicar, debater, socializar, expressar e compreender.

Considere uma etnografia da vida de trabalho de um grupo profissional, tais como médicos ou advogados. Será que poderíamos fornecer um retrato significativo sem referenciar e analisar o conteúdo de fóruns de discussão, de mensagens de correios eletrônico e de texto e de websites corporativos? Poderíamos oferecer uma compreensão etnográfica do universo social de jovens e adolescentes sem mencionar e estudar a posse e as conversas por telefones celulares, troca de mensagens de texto (SMS) e websites de redes sociais? Quando abordamos determinados tópicos como o mundo da música contemporânea, da televisão, das comunidades de fãs de celebridades ou filmes, das comunidades de jogos eletrônicos, de artistas ou escritores amadores ou de criadores de software, nossos retratos culturais seriam extremamente limitados sem referência detalhada aos dados eletrônicos e comunicações mediadas por computador que, cada vez mais, tornam esses coletivos sociais possíveis.

Uma década atrás, Lyman e Wakeford (1999, p. 359) escreveram que "o estudo das tecnologias digitais e das redes eletrônicas é um dos campos de maior crescimento da pesquisa em ciências sociais", uma afirmativa que é ainda mais apropriada na atualidade do que era então. Não resta dúvida de que os novos estudos sobre o uso da internet e outras tecnologias de informação e comunicação (ou TIC) estão contribuindo significativamente para a literatura de estudos culturais, sociologia, economia, direito, ciência da informação, áreas de negócios e administração, estudos da comunicação, geografia humana, enfermagem e assistência médica e antropologia. Essas disciplinas formaram seus entendimentos isoladamente do trabalho relacionado de estudiosos atuantes em outros campos teóricos.

A FINALIDADE DESTE LIVRO

Este livro visa fornecer um conjunto de diretrizes metodológicas, uma abordagem disciplinada ao estudo culturalmente orientado daquela interação social mediada pela tecnologia que ocorre por meio da internet e das tecnologias de informação e comunicação (ou TIC) relacionadas. Os métodos que esses diversos campos têm usado para investigar esses tópicos ainda são um pouco incertos e estão em fluxo. Este livro tentará sistematizar esses métodos, recomendando uma abordagem sob um termo genérico.

Portanto, este livro visa, especificamente, recompensar o leitor interessado em pesquisar comunidades e culturas online e outras formas de comportamento social eletrônico. Esse leitor poderia ser um professor, um pesquisador acadêmico, um aluno de graduação ou pós-graduação, um pesquisador de *marketing* ou outro tipo de pesquisador ou consultor profissional. Os tópicos deste volume variam conforme as variedades da experiência cultural online. A abordagem netnográfica é adaptada para ajudar o professor a estudar não apenas fóruns, bate-papos e grupos de notícias, como também blogs, comunidades audiovisuais, fotográficas e de pod-casting, mundos virtuais, jogadores em rede, comunidades móveis e websites de redes sociais.

Os princípios básicos são descritos e explicados neste livro com numerosos exemplos. Como acontece com qualquer tipo de manual metodológico, quanto maior o envolvimento com o texto e a utilização de exemplos, maior será a experiência de aprendizagem. À medida que for lendo o livro, tente usar as descrições e exemplos para um pequeno projeto netnográfico rudimentar pessoal. Ao fazer netnografia, você vai descobrir, é muito mais fácil iniciar do que fazer etnografia. À medida que tópicos de pesquisa forem discutidos, concentre-se e forme suas próprias perguntas. Quando discutirmos mecanismos de busca para localizar comunidades eletrônicas apropriadas, inicie sua busca por elas. Colete dados enquanto discutimos a coleta de dados. Analise seus dados enquanto discutimos a análise de dados. Leia as citações textuais e exemplos e envolva-se com eles – se você é curioso, use seu mecanismo de busca para ir mais fundo. Se você se envolver com o livro dessa forma, sairá com uma riqueza de conhecimento prático. O objetivo deste livro é permitir que o pesquisador aborde um projeto etnográfico, focado em qualquer tipo de comunidade e cultura online, plenamente informado sobre o que precisará ser feito. Quanto mais você aplicar o livro e seus exemplos, maiores lhe parecerão as possibilidades de alcançar esse objetivo.

Depois de trabalhar em alguns detalhes históricos, algumas definições necessárias, alguma teoria potencialmente útil e alguma comparação e contraste metodológico, o livro prossegue para uma descrição detalhada da abordagem da netnografia. Ele também inclui um glossário que os leitores podem considerar útil. O glossário resume os termos e conceitos empregados no livro e no campo dos estudos de comunidades eletrônicas, assim como um eventual acrônimo inevitável. Este capítulo agora se aprofundará sobre a necessidade de uma abordagem etnográfica separada denominada netnografia.

POR QUE PRECISAMOS DE NETNOGRAFIA

Um recente conjunto de postagens em meu blog debateu a necessidade de um termo específico para a etnografia conduzida online. O debate beneficiou-se dos *insights* de uma série de comentaristas, especialmente os de Jerry Lombardi, um antropólogo aplicado com considerável experiência de *marketing*. Embora inicialmente Jerry tenha questionado a necessidade de mais um neologismo, posteriormente ele escreveu sobre a utilidade do termo netnografia em termos eloquentes e fundamentados na história.

Recordo que nossa querida e sagrada palavra etnografia é ela própria um NEOLOGISMO criado no início do século XIX – o que poderia fazer dela uma palavra obsoleta agora – para definir uma prática que não existia exatamente da forma ou com os objetivos que os criadores do termo estavam tentando comunicar. Se estivéssemos tendo essa discussão em 1835 na Royal Society, eu poderia estar questionando por que precisamos desse termo ultramoderno, "etnografia", quando, digamos, "filosofia moral comparativa" ou "modos e costumes dos selvagens" ainda funcionam perfeitamente bem. (Vamos experimentá-los com nossos clientes de negócios!) Os universos da pesquisa e inovação intelectual estão crivados de neologismos que podem ter parecido estranhos ou errôneos logo que surgiram: cibernética, psicolinguística, software. Portanto, sim, novos mapeamentos da realidade às vezes exigem novos nomes, e às vezes os nomes levam tempo para se estabelecer.

Podemos pensar em algumas considerações fundamentais quando refletimos sobre a necessidade de uma nova designação especial. A primeira e mais importante é se estamos falando de algo que é de fato significativamente diferente. Os antropólogos, há mais de um século, esforçando-se para criar, legitimar e definir esse novo campo, precisavam do novo termo etnografia, ou "modos e costumes dos selvagens" teria servido a seus propósitos igualmente bem? Nesse caso em particular, precisamos indagar sobre a conduta da pesquisa cultural no mundo contemporâneo da internet e outras TIC: ela é realmente diferente?

Este livro sugere que sim. O Capítulo 4 explica mais detalhadamente essas diferenças, mas a afirmativa fundamental aqui é que as experiências sociais online são significativamente diferentes das experiências sociais face a face, e a experiência de estudá-las etnograficamente é significativamente diferente. Como os capítulos posteriores também vão explicar, existem ao menos três diferenças na abordagem etnográfica.

Primeiro, o ingresso na cultura ou comunidade online é diferente. Ele diverge do ingresso face a face em termos de acessibilidade, abordagem e extensão da potencial inclusão. "Participação" pode significar algo diferente pessoalmente e online. Assim como o termo "observação". Segundo, a coleta e análise de dados culturais apresentam determinados desafios bem como oportunidades que são novas. A ideia de "inscrição" de "notas de campo" é radicalmente alterada. As quantidades de dados podem ser diferentes. A capacidade de aplicar determinados instrumentos e técnicas analíticas muda quando os dados já estão em formato digital. O modo como os dados precisam ser tratados pode ser diferente. Finalmente, existem poucos ou nenhum procedimento ético para o trabalho de campo realizado pessoalmente que se traduzam facilmente para o meio online. As diretrizes abstratas do consentimento informado estão sujeitas a amplos graus de interpretação.

Se pudermos concordar que estas diferenças são significativas, também devemos concordar que pode ser útil fornecer à etnografia uma designação diferente. Tal nome certamente não precisa ser netnografia. O termo "etnografia" vem sendo aplicado a comunidades e cultura online há mais de uma década. Ao longo do tempo, diferentes pesquisadores utilizaram termos distintos para descrever o que estavam fazendo. Shelley Correll (1995) simplesmente chamou seu estudo de um quadro de mensagens eletrônicas de uma etnografia, talvez sinalizando que o método permanecia o mesmo quer você o usasse para estudar habitantes das ilhas Trobriand ou lésbicas interagindo por meio de um quadro de notícias online. Annette Markham (1998) e Nancy Baym (1999) também usaram o termo – embora Markham e Baym (2008) pareçam ter optado pelo termo mais geral: "pesquisa qualitativa". A implicação, talvez, seja que a etnografia já seja conhecida como uma abordagem flexível e adaptável. Etnografia é etnografia, sendo qualificá-la como digital, online, em rede, na internet ou na web, totalmente opcional.

Em seu importante e influente livro, Christine Hine (2000) chamou seu estudo de uma comunidade online de etnografia virtual, cujo objetivo do termo virtual é sinalizar um esforço que é necessariamente parcial e inautêntico porque focaliza somente o aspecto online da experiência social e não toda a experiência. Em anos recentes, vi muitos novos nomes serem dados ao método de etnografia online, incluindo webnografia, etnografia digital e ciberantropologia. Outros neologismos podem e sem dúvida serão inventados. Entretanto, apesar das muitas denominações que os pesquisadores têm dado a seus métodos, existem poucas ou são quase inexistentes as diretrizes procedimentais específicas para guiar um pesquisador por meio dos passos necessários para realizar uma etnografia de uma comunidade ou cultura online e apresentar seu trabalho. Embora alguns procedimentos precisem ser decididos conforme as circunstâncias, e o detalhamento extremo em algumas questões esteja além de seu alcance, este livro visa especificamente preencher essa lacuna.

Vindo de um campo em que netnografia é o termo preferencial, eu identifico uma série de benefícios utilizarem um único nome diferenciador para uma técnica. Também é importante observar que a pesquisa qualitativa é abençoada com uma gama sempre crescente de técnicas relacionadas entre si e, consequentemente, com a etnografia. Estas incluem, mas certamente não se limitam, a inovações como o método do caso estendido, a análise de discurso, a etnografia estrutural, a etnografia holística, a autoetnografia, a etnometodologia, a fenomenologia reflexiva e a pesquisa de ação participativa (ver Miles e Huberman, 1994; Tesch, 1990). Quando é provável que uma abordagem seja significativamente diferente das abordagens existentes, ela adquire um novo nome e torna-se, com efeito, uma disciplina, um campo ou uma escola por si mesma. Na minha opinião, a abordagem pragmática e aplicada à etnografia adotada por antropólogos corporativos é significativamente diferente da abordagem dos antropólogos acadêmicos e, portanto, é digna de diretrizes próprias e talvez da criação de seu nome próprio distinto (ver Sunderland e Denny, 2007).

Não precisamos criar esses nomes. Mas já estamos fazendo isso. Estudiosos que produzem etnografias de culturas e comunidades online estão rapidamente inventando seus próprios nomes para seus métodos idiossincráticos. Contudo, ao lermos sobre, por exemplo, uma "redenografia", uma "etnografia de rede" ou "etnografia digital", o que sabemos sobre sua abordagem preferencial ou suas normas de avaliação? O que sabemos sobre o modo como ela combina dados online com dados presenciais? Esses trabalhos devem ser julgados de maneira diferente ou da mesma maneira que outros que se autorrotulam como "etnografias online" ou "etnografias virtuais"? Quantos termos diferentes são necessários?

Na pesquisa de consumo e *marketing*, geralmente, tem-se adotado o uso do termo único netnografia para referir-se à abordagem da etnografia aplicada ao estudo de culturas e comunidades online. A maioria desse tipo de trabalho escrita depois que o termo foi cunhado (em 1996), usa as diretrizes e técnicas que foram publicadas sobre a abordagem netnográfica. Diferentes estudiosos sugeriram adaptações, por exemplo, dos padrões éticos da netnografia. Alguns outros estudiosos optaram por usar essas adaptações e citaram o trabalho adaptativo. Outros não.

De modo geral, o sistema tem funcionado muito bem. Esse bem-sucedido desenvolvimento de procedimentos e normas levou a uma situação em que os periódicos de primeira linha são todos receptivos a submissões netnográficas. Eles sabem para quais analistas enviá-las, quais citações procurar, como avaliá-las. Se o método é respeitável, os analistas e editores podem se concentrar na utilidade e novidade dos resultados teóricos. Esse é o papel desempenhado pelos padrões metodológicos na conduta científica normal. Padrões e procedimentos são fixados e, à medida que os termos a seu respeito adquirem uso comum, esses padrões tornam a avaliação e a compreensão mais claras. Os cientistas sociais constroem uma abordagem que, embora mantenha a flexibilidade e a adaptabilidade da etnografia, também guarda um sentido semelhante de tradição procedimental e de padrões de qualidade.

Para o novo campo dos estudos de comunidades e culturas online, dispor de um conjunto de padrões comuns proporcionará estabilidade, consistência e legitimidade. Em vez de confundir os interessados no assunto com uma arruinada Torre de Babel de uma dúzia ou mais de nomes diferentes para uma abordagem talvez semelhante, seguir uma técnica, um conjunto de diretrizes – ou explicar como estamos divergindo dela, aperfeiçoando-a e de que forma isso contribui para nossa compreensão metodológica – garantirá a clareza necessária e uniformidade. Se quiséssemos comparar diferentes estudos, saberíamos que, se eles usaram métodos estreitamente relacionados, seus resultados provavelmente são comparáveis. As diferenças entre eles não seriam atribuíveis a diferentes formas de abordagem. Também pode ser útil para um campo de estudos emergente possuir postura e linguagem unificadoras. Contar com termos, abordagens e bases bibliográficas comuns – da mesma forma como procurei aproveitar muitas disciplinas diferentes em minhas citações neste livro – também pode encorajar o compartilhamento de conhecimento entre campos acadêmicos díspares. A consistência nessa área garantirá a clareza necessária, menor replicação imprudente, melhor construção de teorias e, por fim, maior reconhecimento para todos os estudiosos que trabalham nela.

DEFINIÇÃO DE TERMOS NECESSÁRIOS: COMUNIDADE E CULTURA ONLINE

Os netnógrafos dão grande significado ao fato de que as pessoas voltam-se às redes de computador para participar de fontes de cultura e obter um senso de comunidade. Portanto, este livro precisa, necessariamente, abordar dois dos termos mais complexos e discutíveis na língua inglesa: cultura e comunidade. Esta seção do capítulo introdutório é dedicada a garantir que esses termos, e sua aplicação e uso na netnografia, sejam claramente definidos.

Apesar da prevalência do termo comunidade para descrever o compartilhamento de diversos tipos de comunicações online, há considerável debate acadêmico em torno da adequação do termo. Nas primeiras fases de seu desenvolvimento, durante o período que às vezes tem-se chamado de "Web 1.0", a experiência online com frequência era mais semelhante à da leitura de um livro do que à de um compartilhamento de uma conversa. Originalmente, presumia-se que os integrantes de grupos online quase nunca se encontravam fisicamente. Nas formações originais em que as comunidades online se manifestavam, presumia-se invariavelmente que os participantes mantinham seu anonimato de maneira vigilante. Muitas das interações nas quais os integrantes participavam pareciam, ao menos superficialmente, ser fugazes e, frequentemente, de natureza informacional ou funcional.

Contudo, a noção de que as reuniões online eram, de alguma forma, uma espécie de comunidade, esteve presente desde o princípio e tem persistido. Comunidade e cultura podem ser inerentes a muitos dos fóruns e "locais" da internet. Um grupo de correio eletrônico que publica por meio de listas (listserv) pode levar cultura e ser uma comunidade, assim como um fórum, um blog ou microblog, um wiki (website colaborativo), ou um dedicado a entusiastas de fotos e vídeos, e também podcasts e vlogs (blogs de vídeo). Os websites de redes sociais e mundos virtuais levam os complexos marcadores de muitas culturas e ambos manifestam e forjam novas conexões e comunidades. Grupos de discussão e quadros de avisos, assim como salas de bate-papo, ainda que sejam comunidades ao "velho estilo", podem nunca sair totalmente de moda. Não só tornou-se socialmente aceitável que as pessoas busquem e se conectem por meio desse arsenal de conectividade mediada por computadores, como também esses "lugares" e atividades relacionadas tornaram-se lugar-comum. Originalmente anunciado como "aplicativo matador", o correio eletrônico, revela-se, é apenas a ponta do iceberg comunalmente conectivo.

O termo útil "comunidade virtual" foi desenvolvido por Howard Rheingold (1993, p. 5), que definiu as comunidades virtuais como "agregações sociais que emergem da rede quando um número suficiente de pessoas empreende [...] discussões públicas por tempo suficiente, com suficiente sentimento humano, para formar redes de relacionamentos pessoais no ciberespaço". Como observa Rheingold, em comunidades eletrônicas, as pessoas

trocam gracejos e discutem, envolvem-se em discursos intelectuais, fazem comércio, trocam conhecimentos, compartilham apoio emocional, fazem planos, *brainstorm*, fofocam, brigam, apaixonam-se, encontram e perdem amigos, disputam jogos, flertam, criam um pouco de grande arte e um monte de conversa à toa. (1993, p. 3)

Devemos, contudo, observar que Starr Roxanne Hiltz (1984) estudou o fenômeno e criou o termo "comunidade online", quase uma década inteira antes, situando essas comunidades mais no reino do trabalho do que do lazer (para mais estudos pioneiros, ver Hiltz e Turoff, 1978).

Complicando a descrição e definição, Komito (1998) desembrulhou meticulosamente as diversas noções complexas de comunidade, vendo as comunidades virtuais como semelhantes a tipos de grupos de pessoas da "sociedade coletora" (essa foi a época em que se viam as pessoas coletando informações, ver Komito, 1998, p. 104), além de guardarem semelhanças com comunidades que compartilham normas de comportamento ou algumas práticas definidoras, que ativamente aplicam certas normas morais, que intencionalmente tentam fundar uma comunidade, ou que simplesmente coexistem em estreita proximidade uma com a outra. Komito concluiu enfatizando a variedade e o dinamismo do construto:

Uma comunidade não é fixa em forma ou função; ela é uma mistura de possíveis opções cujos significados e concretude estão sempre sendo negociados pelos indivíduos, no contexto de limitações externas em mutação. Isso é verdadeiro quer os membros do grupo interajam eletronicamente, por comunicação face a face, ou de ambas as formas. (1998, p. 105)

Enquanto compartilham a cibercultura orientada ao computador e as culturas de consumo orientadas ao consumo, alguns desses grupamentos demonstram mais do que a simples transmissão de informa-

QUADRO 1.1
Definindo comunidade online: as palavras do pai fundador

Podemos proveitosamente analisar a definição de Howard Rheingold (1993, p. 3) de comunidades virtuais como "agregações sociais que emergem da rede quando um número suficiente de pessoas empreende [...] discussões públicas por tempo suficiente, com suficiente sentimento humano, para formar redes de relacionamentos pessoais no ciberespaço". Vários aspectos dessa definição podem ser desenvolvidos para melhor compreender a netnografia.

- ✓ *Agregações sociais*: O uso desse termo deixa claro que a netnografia não é uma abordagem individualista que analisa a publicação pessoal de mensagens na internet, ou seu agregado. O tópico focal da netnografia é coletivo. A netnografia analisa agrupamentos, reuniões ou coleções de pessoas. Seu nível de análise é, portanto, o que os sociólogos chamariam de nível *meso*: não o micro dos indivíduos, nem o macro de sistemas sociais inteiros, mas o grupo intermediário menor.
- ✓ *Emergem da rede*: Como implica o nome, a netnografia analisa as interações que resultam das conexões na internet ou por meio de comunicações mediadas por computador como uma fonte focal de dados.
- ✓ *Discussões e comunicações*: O elemento de comunicação é necessário à netnografia. Cada vez mais, contudo, estamos vendo comunidades compostas de pessoas que se comunicam usando informações de áudio (listas de execução do iTunes talvez, ou, com mais certeza, podcasts), informação visual (Flickr), ou informação audiovisual (YouTube). Comunicação é a troca de símbolos significativos, e todos os tipos de sistemas simbólicos humanos estão sendo digitalizados e compartilhados por meio das redes de informação. Cada um destes engloba dados úteis para a netnografia.
- ✓ *Número suficiente de pessoas*: Isso significa que algum número mínimo de pessoas deve estar envolvida para que um grupo online pareça uma comunidade. Podemos presumir que esse número situe-se em torno de 20 pessoas no mínimo. Também pode haver um número máximo para eficiência da comunicação, como proposto no número do antropólogo Robin Dunbar, com frequência tido entre 150 e 200 pessoas. Algumas comunidades online evidentemente são muito maiores do que isso. Contudo, muitas vezes encontramos comunidades maiores se dividindo para manterem o ambiente de proximidade de uma comunidade.
- ✓ *Discussões públicas*: Isso significa que a acessibilidade é importante para a formação de comunidades eletrônicas e para a conduta da netnografia. A maioria das discussões netnográficas não é fechada, mas aberta.
- ✓ *Por tempo suficiente*: A preocupação com a quantidade de tempo significa que a netnografia analisa as comunidades eletrônicas enquanto relacionamentos contínuos em andamento. Esses não são encontros isolados, mas contatos interativos continuados e repetidos. A sugestão é que existe um número mínimo de interações e exposição ao longo do tempo que é necessário para que um senso de comunidade se estabeleça.
- ✓ *Suficiente sentimento humano*: Essa preocupação refere-se à sensação subjetiva de contato autêntico com os outros membros das comunidades online. Ela incluiria questões emocionais como revelação, honestidade, apoio recíproco, confiança, expressões de afiliação, e expressões de intenção de serem sociáveis uns com os outros.
- ✓ *Formar redes de relacionamentos pessoais*: Essa característica sugere que existe um enredamento social entre os integrantes do grupo, bem como a criação de um senso do grupo como uma coleção distinta desses relacionamentos. Esses relacionamentos podem, e com frequência o fazem, estender-se para além do contexto online a fim de formar outros aspectos das vidas sociais das pessoas.

Essa definição fundamental contém muitos elementos-chave que encontramos em nosso estudo das comunidades e culturas online, e delineia os padrões da participação comunal autêntica que este livro acompanhará atentamente enquanto explica a conduta da netnografia.

ções, mas, como Carey (1989, p. 18) enuncia romanticamente, "a cerimônia secreta que une as pessoas na camaradagem e no compartilhamento". Dadas essas definições e denominações, o termo comunidade parece adequado se for usado em seu sentido mais fundamental para referir-se a um grupo de pessoas que compartilham de interação social, laços sociais e um formato, localização ou "espaço" interacional comum, ainda que, nesse caso, um "ciberespaço" virtual ou mediado pelo computador.

Também podemos identificar no termo comunidade a sugestão de algum senso de permanência ou contato repetido. Existe alguma interação social sustentada e, além disso, um senso de familiaridade entre os membros de uma comunidade. Isso leva ao reconhecimento das identidades dos indivíduos e ao senso subjetivo de que "eu 'pertenço' a este grupo específico". Nós provavelmente não diríamos que Susan era membro de uma comunidade online dedicada à criação de peixes-dourados caso ela tenha visitado aquele fórum apenas uma ou duas vezes, ou mesmo que ela tenha ficado à espreita uma meia dúzia de vezes ou algo assim durante o curso de alguns meses. Entretanto, considere um fórum de triatlo em que Susan ocasionalmente postou comentários, no qual ela tinha familiaridade com alguns dos principais colaboradores, e no qual suas preferências e interesses eram conhecidos pelos outros membros daquele grupo. Aquele grupo provavelmente terá um sentimento mais comunal em relação à Susan e provavelmente seria mais apropriado sugerir que Susan era um membro daquela comunidade eletrônica de triatlo. Sem dúvida, existe um *continuum* de participação na determinação do que pode e não pode ser considerado "afiliação à comunidade". Seus limites às vezes são indistintos, mas devem ser compreendidos em termos de autoidentificação como um membro, contato repetido, familiaridade recíproca, conhecimento compartilhado de alguns rituais e costumes, algum senso de obrigação e participação.

CULTURA E CIBERCULTURA ONLINE

Então, o que é, exatamente, que está sendo compartilhado entre os membros dessas comunidades online? Isso nos leva ao tema igualmente difícil e controverso da cultura. Como escreveu Raymond Williams em *Keywords*:

> Cultura é uma das duas ou três palavras mais complicadas na língua inglesa. Isso se deve em parte a seu intricado desenvolvimento histórico, em vários idiomas europeus, mas principalmente porque hoje ela passou a ser utilizada para conceitos importantes em diversas disciplinas intelectuais distintas [...] (1967, p. 87)

Como sugere a erudição de Williams, para haver cultura, algo precisa ser criado, cultivado ou produzido; o conceito está entrelaçado com implicações de civilização, socialização e aculturação. Com o tempo, a cultura tendeu a ser vista pelos antropólogos como mais material e prática, relacionada à continuidade de comportamentos e valores, e pelos acadêmicos dos estudos culturais como mais ligada a idiomas e sistemas simbólicos, embora estas, atualmente, sejam distinções forçadas.

O antropólogo Clyde Kluckhohn (1949) sugeriu diversos significados para o termo cultura, incluindo: o modo de vida total de um povo; um legado social; um modo de pensar, sentir e acreditar; um repositório de aprendizagem; um conjunto de orientações a problemas ou comportamentos aprendidos; mecanismos para a regulação dos comportamentos das pessoas; técnicas para se adaptar ao ambiente externo; mapas comportamentais; e outros. John Bodley (1994) usa a palavra para se referir a uma sociedade em seu estilo de vida total ou para se referir à cultura humana como um todo, oferecendo uma definição geralmente aceita de cultura como pensamento e ação humana socialmente padronizada. Ele também observa que existem diversas definições de cultura que podem se encaixar em categorias que são tópicas, históricas, comportamentais, normativas, funcionais, mentais, estruturais ou simbólicas.

Em *A interpretação das culturas* (1973), o antropólogo Clifford Geertz sugeriu que a cultura pode ser melhor compreendida do ponto de vista da semiótica ou dos significados de sinais e símbolos.

> Acreditando, com Max Weber, que o homem é um animal suspenso em redes de significância que ele mesmo teceu, eu tomo a cultura como essas

redes, e que, portanto, a análise dela não é a de uma ciência experimental em busca de uma lei, mas uma ciência interpretativa em busca de significado. (1973, pp. 4-5)

A cultura é uma questão pública, sugere Geetz, porque "o significado o é" – os sistemas de significado mediante os quais vivemos são, por sua própria natureza, a propriedade coletiva de um grupo. Quando observamos o que os membros de uma outra cultura estão fazendo ou dizendo e não podemos compreendê-los, o que estamos reconhecendo é nossa própria "falta de familiaridade com o universo imaginativo dentro do qual os atos desses membros são sinais" e possuem significado (1973, pp. 12-13).

O que, então, queremos dizer com o termo cibercultura? Embora possa ser perigoso, ou ao menos artificial, fazer essas demarcações prioritárias, o termo cibercultura adquire sua utilidade a partir da ideia de que existem algumas "construções e reconstruções culturais singulares nas quais as novas tecnologias se baseiam e em que elas, inversamente, contribuem para moldar" (Escobar 1994, p. 211). As práticas e formações sociais complexas que constituem os comportamentos online originam-se, ao menos em parte, nas tradições, limitações e trajetórias distintas da cultura do computador. Como observou Laurel (1990, p. 93), todas as comunidades online existem como "aldeias de atividade no seio das culturas mais amplas da computação". Em toda sociedade humana, a tecnologia do computador e seu relacionado banco de práticas e tradições estão cada vez mais se fundindo com sistemas de significado novos e já existentes. Essa mescla pode produzir formações culturais surpreendentes e únicas; essas novas fusões culturais, especificamente, seriam a cibercultura.

O antropólogo David Hakken (1999, p. 2) coloca essa questão da seguinte maneira: "os novos modos de processar informações baseados em computador parecem vir com uma nova formação social; ou, na linguagem antropológica tradicional, ciberespaço é um tipo distinto de cultura". A definição de cibercultura pelo estudioso canadense da mídia, Pierre Lévy (2001, p.xvi), como "o conjunto de tecnologias (materiais e intelectuais), práticas, atitudes, modos de pensamento e valores que se desenvolveram junto com o crescimento do ciberespaço" é analogamente abrangente.

Jakub Macek (2005) divide os diversos conceitos de cibercultura em quatro categorias: utópica, informacional, antropológica e epistemológica. O termo cibercultura pode ser definido por meio de uma perspectiva futurista e tecnologicamente utópica, como um código simbólico da nova sociedade da informação, como um conjunto de práticas de estilos de vida culturais relacionados ao surgimento da tecnologia de computação em rede, ou como um termo para refletir sobre as mudanças sociais trazidas pelo acesso aos novos meios de comunicação, respectivamente. Essas diversas definições e demarcações da cibercultura, variantes tecnologicamente utópicas bem como tendências pós-modernas antiutópicas e festivas, estão estreitamente relacionadas a quatro ideologias tecnológicas norte-americanas essenciais: os utópicos tecnológicos "Tectópicos"; os antiutópicos "Ludditas Verdes"; os pragmáticos da "Máquina de Trabalho"; e os festivos Tec-expressivos (ver Kozinets, 2008).

O modo como o termo cibercultura será usado neste livro – e ele raramente será usado – é como segue. Se aceitarmos como definição inicial que a cultura é aprendida e consiste em sistemas de significado, sistemas simbólicos dos quais a linguagem é o principal, podemos indagar a respeito das características particulares carregadas em contextos tecnológicos específicos, tais como em comunidades online ou por meio de comunicações mediadas por computador. Existem sistemas simbólicos, rituais e normas, modos de se comportar, identidades, papéis e línguas específicas que ajudam determinadas formações sociais online a organizar e gerenciar a si mesmas? Esses sistemas linguísticos, normas, ações e identidades são distintivos dos grupos online e das comunicações eletrônicas? Eles são ensinados? Eles são comuns em alguns grupos e não em outros? Eles são comuns em alguns meios e não em outros?

Se em determinados contextos realmente existem esses sistemas de significado que são exclusiva ou principalmente manifestados e negociados online (pense em *emoticons* ou "carinhas" como ;-) ou :-(, em acrônimos como LOL ou OMG e em termos como *friending* e *flaming**), parece sensato usar o termo cibercultura para referir-se a eles. Meu ponto de vista é que, de uma perspectiva comparativa, não existe muita coisa que seja peculiar a muito do que acontece no ambiente online. A cultura existe, e sempre existiu, em um estado de fluxo constante cujas transformações foram orientadas por nossas invenções, as quais nós simultaneamente moldamos e guiamos. Se aceitamos que o *Homo sapiens* e o *Homo habilis* são, por sua própria natureza, fabricantes de ferramentas e inovadores, talvez não faça mais sentido falarmos sobre cibercultura como distinta de outras formas de cultura humana assim como falamos sobre "cultura do alfabeto", "cultura da roda", ou "cultura da eletricidade".[2]

Contudo, uma vez que a cultura está indiscutivelmente assentada e alicerçada na comunicação (Carey, 1989), os meios de comunicação eletrônica apresentam um determinado *status* ontológico para seus participantes. Essas comunicações atuam como meio de transação cultural – há troca não apenas de informações, mas também de sistemas de significado. As comunidades formam ou manifestam culturas, ou seja, "crenças, valores e costumes aprendidos que servem para ordenar, guiar e dirigir o comportamento de uma determinada sociedade ou grupo" (Arnould e Wallendorf, 1994, p. 485 f.2). Para evitar a essencialização bem como a hiperbolização desenfreadas que ocorrem em grande parte do discurso relacionado à internet, eu prefiro falar sobre determinadas culturas online em suas manifestações específicas. Assim, pode fazer sentido, dependendo de nosso foco de pesquisa, falar a respeito da cultura mundial virtual, da cultura da blogosfera, da cultura dos telefones celulares, ou da cultura dos fãs de Bollywood. Tendo a preferir a especificidade desses últimos termos à generalidade do termo cibercultura, e reservaria o uso daquele termo para referências e discussões sobre as características compartilhadas distintivas dessas formações sociais online ou mediadas por computador.

Quer optemos por adotar uma terminologia da singularidade cibercultural, e como quer que decidamos chamar esses coletivos sociais, ao menos uma coisa parece certa: com o acesso à internet continuando a crescer e o tempo online continuando a se expandir, veremos um prodigioso crescimento na quantidade, nos interesses e na influência dessas comunidades e suas culturas.

A NATUREZA E OS NÚMEROS DAS COMUNIDADES E CULTURAS ONLINE

As conexões e alinhamentos online estão cada vez mais afetando nosso comportamento social como cidadãos, como consumidores, como amigos e família, e como seres sociais. Nesta seção, veremos alguns fatos importantes sobre as comunidades e culturas online, a fim de demonstrar seu impacto no mundo social e, consequentemente, na conduta de pesquisa social contemporânea relevante. Como mencionado acima, ao menos 100 milhões de pessoas ao redor do planeta participam regularmente de comunidades online. Na verdade, os websites tanto do Facebook quanto do MySpace possuem mais de 100 milhões de assinantes. É provável que uma maioria significativa dos um bilhão e meio de usuários da internet "participe" de alguma forma em algum tipo de reunião e comunicação eletrônica, mesmo que essa participação seja a de mera leitura de mensagens, marcação, ou ocasional oferta de mensagens curtas.

Embora os estudos dessa nova e dinâmica realidade sejam escassos, pesquisas apontam para a influência e a prevalência da experiência comunal online. Em um rela-

---

* N. do T.: LOL = *laughing out loud* (Gargalhando); OMG = *Oh my God* (Oh meu Deus!); *friending* = adicionar amigos em uma rede social; *flaming* = publicar mensagens deliberadamente ofensivas e/ou com a intenção de provocar reações hostis dentro do contexto de uma discussão (geralmente na internet).

tório de pesquisa em 2001, os levantamentos do Pew exploraram o mundo online e concluíram, já naquele estágio relativamente precoce, que ele constituía um universo social vibrante. Muitos usuários da internet usufruíam de contato sério e gratificante com as comunidades online (Pew Internet Report, 2001). Naquela mesma pesquisa, eles relataram que 84% de todos os usuários da internet relatavam algum tipo de contato ou atividade com uma comunidade online, tanto novas comunidades que descobriram, quanto grupos tradicionais mais antigos como associações profissionais ou comerciais. A pesquisa relatou que as pessoas estavam usando a internet para aumentarem seu envolvimento com grupos aos quais já pertenciam, para aprofundar seus vínculos a comunidades locais, assim como para encontrar novas comunidades para aderir, participar e estimular ligações com "estranhos" e pessoas cujas bagagens raciais, étnicas, geracionais ou econômicas diferiam das suas. No levantamento de 2001, as pessoas mais interessadas na interação em comunidades eletrônicas faziam parte de grupos de opinião, grupos étnicos e, especialmente, grupos de estilos de vida.

Já estava se tornando visível que as comunidades eletrônicas estavam se tornando parte das experiências diárias das pessoas online. Além disso, os tipos de comunidades online abrangiam uma ampla faixa de interesses sociais e culturais humanos, incluindo: associações comerciais; grupos políticos e grupos de discussão política; grupos de *hobby*; grupos de fãs de esportes, música, programas de televisão e celebridades; grupos comunitários; grupos de estilos de vida; grupos de apoio médico; grupos de questões pessoais ou psicológicas; organizações religiosas ou espirituais, ou grupos de opinião; sindicatos; e grupos étnicos ou culturais. Examinando essa lista, é difícil pensar em muitas comunidades ou interesses que *não* fossem objeto de envolvimento online.

Mais dados sobre a prevalência e as características das comunidades online são fornecidos pelo Annenberg Digital Future Project na University of Southern California. Essa pesquisa oferece um dos levantamentos recentes mais extensos, até hoje, da vida online nos Estados Unidos. Em seus resultados de pesquisa de 2008, eles constatam que, de todos os usuários de internet pesquisados, 15% consideraram-se membros de uma comunidade online.[3] Os resultados da pesquisa anunciaram que o número de pessoas que afirmam ser membro de uma comunidade quase tinha triplicado: de 6% em seu levantamento em 2005, para 15% em 2007. A média de longevidade da afiliação era de três anos. Esses números continuaram crescendo no decorrer dos anos, indicando que os membros de comunidades eletrônicas estavam permanecendo em suas comunidades. Semelhante ao relatório anterior do Pew, as comunidades eletrônicas mais comuns das quais as pessoas relatavam afiliação eram aquelas relacionadas à categoria ambígua dos "*hobbies*". Grandes porcentagens também relataram que sua comunidade online envolvia suas vidas sociais, suas vidas profissionais, ou tinha orientação religiosa, espiritual, política ou de relacionamento.

Estar em contato com uma comunidade online é, cada vez mais, um componente comum das vidas sociais das pessoas. A maioria dos membros de comunidades online conecta-se com sua comunidade ao menos uma vez ao dia; 29% delas, várias vezes ao dia – lembrando novamente que a pesquisa *excluiu* os websites de redes sociais desses números. Os números do projeto Annenberg harmonizam-se muito bem com o achado do Pew Internet Report (2001) de que 79% dos que foram pesquisados mantiveram contato regular com ao menos uma comunidade.

Mas essas comunidades são importantes para as pessoas que delas participam? A resposta é um retumbante sim. Quase uma unanimidade, 98% dos membros de comunidades eletrônicas que responderam à Digital Futures Survey disseram considerar suas comunidades importantes para si. Mais de um terço consideravam-nas "extremamente importantes", ao passo que mais de um terço consideravam-nas "muito importantes". De modo semelhante, 92% dos membros de comunidades online disseram que suas comunidades os beneficiavam.

Neste livro, exploraremos a dicotomia popular entre interações e comunidades "online" e "face a face" ou "da vida real".

Crumlish (2004, p. 7) fala sobre o modo como os grupos Usenet tradicionalmente programavam encontros (*burgermunches*) na vida real e de como o WELL, um serviço eletrônico pioneiro, aprendeu o valor de festas em que as pessoas tinham a oportunidade de interagir pessoalmente.

> Sem uma ação corporificada, sem interação face a face e sem que as pessoas se encontrem em tempo e lugar, a internet bem poderia ser um mundo de fantasia. Quando a interconexão da rede alcança os detalhes mundanos da realidade comum e faz corpos reais partilharem o espaço, conversas reais ocorrerem usando lábios e línguas, escutadas por ouvidos e processadas pelo aparelho auditivo nos cérebros – aí é que a magia começa a acontecer. (2004, p.7)

Uma vez conscientes da interconexão dos mundos sociais, torna-se menos surpreendente que a maioria das pessoas que pertencem às comunidades online encontrem outros membros da comunidade online face a face. Cinquenta e seis por cento dos membros dessas comunidades disseram, no estudo Annenberg, que se encontraram com outros membros de sua comunidade eletrônica pessoalmente. Esse número está acima da cifra de 52% dos membros de comunidades online que se encontravam com outros membros em 2006.

Mais uma vez, segundo o Digital Future Report de 2008, existe uma aguçada relação entre participação em comunidades online e participação em causas sociais. Setenta e cinco por cento dos membros de comunidades online disseram que usaram a Internet para participar em comunidades ligadas a causas sociais. Notáveis 94% dos membros de comunidades online disseram que a internet os ajudou a informarem-se melhor sobre causas sociais. Oitenta e sete por cento dos membros de comunidades online que participavam de causas sociais disseram que se envolveram em causas que eram novas para eles desde que começaram a participar em uma comunidade. Trinta e um por cento dos membros de comunidades online afirmaram que participavam mais em causas de ativismo social desde que iniciaram sua participação como integrantes de suas comunidades.

A questão mais reveladora no relatório do Digital Future Project pode ser aquela em que membros de comunidades online expressaram a força de seus sentimentos em relação a elas. Uma maioria importante, 55%, disse que sentia a mesma força por suas comunidades eletrônicas que por suas comunidades da vida real, um aumento significativo em relação ao ano anterior. Considere que comunidades da vida real incluiriam afiliações a grupos como famílias, religiões, bairros, estados-nação, ou grupos de trabalho ou profissionais. O fato de que reuniões online podem nivela-se com essas comunidades essenciais nos corações e mentes das pessoas diz muito sobre o significado de sua conexão.

Esses relatórios sustentam a ideia de que o que está acontecendo em nossa sociedade não é simplesmente uma mudança quantitativa no modo como a internet é usada, mas uma mudança qualitativa. À medida que mais pessoas usam a internet, elas a usam como um dispositivo de comunicação altamente sofisticado que permite e fortalece a formação de comunidades. Para muitos, essas comunidades, como a própria internet, têm sido consideradas indispensáveis. Elas estão se tornando "lugares" de pertencimento, informação e apoio emocional, sem os quais as pessoas não ficam. Bater papo e conferir com os membros de sua comunidade online antes de uma compra, uma consulta médica, uma decisão acerca da criação dos filhos, um comício político ou um programa de televisão está se tornando algo instintivo.

As comunidades eletrônicas não são virtuais. As pessoas que encontramos online não são virtuais. Elas são comunidades reais povoadas por pessoas reais, o que explica por que muitas acabam se encontrando em carne e osso. Os assuntos sobre os quais falamos em comunidades eletrônicas são assuntos importantes, por isso, muitas vezes, aprendemos e continuamos nos importando com as causas sociais e políticas sobre as quais ouvimos falar por meio de nossas comunidades online. Comunidades online *são* comunidades; não há mais espaço para discutir este tema. Elas nos ensinam sobre linguagens reais, significados reais, causas reais, culturas reais. "Esses grupos sociais têm uma existência 'real' para seus participantes, e assim têm efeitos importantes em muitos aspectos do comportamento" (Kozinets 1998, p. 366).

PADRÕES MUNDIAIS

No momento em que escrevo este livro, existe mais de um bilhão e meio de usuários da internet ao redor do mundo, o que representa 22% da população mundial (ver Tabela 1.1 para uma divisão por região). Inversamente, isto significa que cerca de 78% da população mundial, ou seja, a imensa maioria, ainda não têm acesso à internet. As taxas de penetração em alguns países gigantescos ainda são desoladoramente pequenas, tais como a taxa da Índia em maio de 2007, de apenas três por cento. Ainda sabemos muito pouco sobre as diferenças qualitativas no tipo de uso da internet entre países, muito menos do que sabemos sobre a diferença quantitativa, mais fácil de medir, nas taxas de penetração da internet.

Os usuários asiáticos da internet são conhecidos por serem mais ativos e participativos (Li e Bernoff, 2008). Na região do Pacífico Asiático, a Coreia do Sul tem não apenas a maior taxa de uso de internet, com mais de 65% de sua população, como também uma base de usuários muito avançada e sofisticada. O país conta com uma população online ativa que usa a internet significativamente mais do que outras populações asiáticas, acessando muito mais dos 100 milhões de websites disponíveis aos usuários globais. Uma geração de sul-coreanos cresceu fazendo compras online e disputando jogos em rede, como o Lineage.

Na América do Sul, a penetração e as taxas de uso da internet ficaram para trás

TABELA 1.1
Uso global da internet*

Região do planeta	População em 2008 (estimativa)	Usuários da internet, dados mais recentes (30.06.2008)	Penetração da internet (% da população)	Uso da internet como porcentagem do uso mundial total	Crescimento no uso da internet, 2000–2008 (%)
África	955.206.348	51.065.630	5,3	3,5	1.031,2
Ásia	3.776.181.949	578.538.257	15,3	39,5	406,1
Europa	800.401.065	384.633.765	48,1	26,3	266,0
Oriente Médio	197.090.443	41.939.200	21,3	2,9	1.176,8
América do Norte	337.167.248	248.241.969	73,6	17,0	129,6
América Latina/Caribe	576.091.673	139.009.209	24,1	9,5	669,3
Oceania/Austrália/ Nova Zelândia	33.981.562	20.204.331	59,5	1,4	165,1
TOTAL MUNDIAL	6.676.120.288	1.463.632.361	21,9	100,0	305,5

Nota: *Informação de www.internetworldstats.com/; as informações sobre uso da internet são provenientes de dados publicados por Nielsen/NetRatings, International Telecommunications Union, NIC local e outras fontes.

em relação a outros continentes. Entretanto, o Brasil tem mais de 50 milhões de usuários da internet, mais do que o dobro do México, país com o segundo maior número de usuários. Os brasileiros também são usuários de redes sofisticados, com experiência na aplicação de TIC. O Chile tem as taxas de penetração mais altas na região (45% da população, comparada com 2% em Cuba, ou 3% na Nicarágua). Os padrões chilenos de uso da internet parecem repetir os dos países europeus ocidentais em muitos aspectos.

De modo semelhante, a Europa ocidental apresenta considerável variedade nos modos como as comunidades online se manifestam e articulam. Alemanha, Noruega e Áustria estão entre alguns dos maiores usuários da internet, além de apresentarem algumas das taxas de penetração mais altas, ao passo que países como Espanha, Itália e Grécia estão atrás em tais aspectos. Os países europeus ocidentais – em especial a Finlândia – e alguns países asiáticos, como o Japão, são excelentes lugares para investigar comunidades eletrônicas acessadas por meio de dispositivos móveis, como telefones celulares. Os norte-americanos e os japoneses são usuários avançados dos mundos virtuais.

Em todos esses exemplos podemos ver como certos países, bem como certas regiões dentro desses países e determinados grupos demográficos e culturais dentro dessas regiões, poderiam funcionar como "pontos de referência" para estudarmos as práticas de comunidades online de ponta, de TIC e de uso da internet. Se quisermos estudar, por exemplo, o uso de comunidades online móveis, ou blogs de vídeo, pode fazer sentido visitar esses países e as pessoas destes que estejam, em alguns aspectos, demonstrando os usos mais avançados ou sofisticados da tecnologia.

A ESTRUTURA DESTE LIVRO

Netnografia: realizando pesquisa etnográfica online é uma introdução metodológica à abordagem cultural da pesquisa online. O livro procura apresentar, explicar e ilustrar detalhadamente uma determinada abordagem da conduta de etnografia de comunidades e culturas virtuais. A netnografia difere de outra pesquisa qualitativa na internet porque ela oferece, sob a rubrica de um único termo, um conjunto rigoroso de diretrizes para a realização de etnografia mediada por computador e também, de maneira importante, sua integração com outras formas de pesquisa cultural.

Uma vez que este livro trata de uma abordagem relativamente nova em uma área também relativamente nova, o apanhado geral oferecido no início pode ser útil. Assim, os capítulos introdutórios deste livro fornecem uma visão geral do campo da pesquisa cultural e comunal baseada na internet, contendo um número de resumos de etnografias notáveis de culturas e comunidades online em geral, e discutindo, organizando e introduzindo alguma teoria possivelmente útil. Esse apanhado geral cobre uma gama de diferentes tipos de pesquisa com a esperança de que se possa informar àqueles para quem esse campo seja novo, refrescar e talvez ampliar o conhecimento daqueles que já tem familiaridade com ele, e, possivelmente, despertar novas ideias para pesquisas emocionantes e inovadoras nessa área.

Grande parte do material neste livro sintetiza métodos, teorias, abordagens e ideias existentes, procurando reuni-las de um modo útil tanto ao estudante interessado quanto ao pesquisador ativo. O livro ajuda os pesquisadores a considerar as diversas opções de que eles dispõem para investigar os mundos culturais da internet. A essência deste livro é a descrição procedimental. Isso também inclui uma quantidade considerável de debates e decisões metodológicas que precisam ser tomadas durante a execução de etnografias de culturas ou comunidades online. Grande parte do seu conteúdo é, portanto, da natureza de uma análise ou de um apanhado geral de debates, preocupações, procedimentos e abordagens relacionadas. O que este livro visa acrescentar a nosso conhecimento existente é uma visão geral e coerente do material, um arcabouço para a execução de pesquisa cultural na internet, discussões de questões e entraves para esse tipo de pesquisa, uma atualização das abordagens anteriores para os atuais ambientes tecnológicos e, especialmente, uma defesa em favor de determinadas decisões.

Portanto, este livro foi estruturado da seguinte maneira: ele começa no Capítulo 1 com uma justificativa do tema. *O que*, exatamente, são comunidades e cultura online, e por que elas são um tema relevante para cientistas sociais? *Por que* deveríamos estudar esses fenômenos? Esse capítulo procurou responder a essas questões, explicando, nesse processo, a importância do tema e definindo a terminologia acerca da cultura e comunidade online. Primeiramente, o capítulo demonstra a prevalência das comunidades online e da cibercultura na vida diária das pessoas e afirma que os cientistas sociais precisam de boas ferramentas para estudar esses fenômenos e suas implicações. Em seguida, discute-se a utilidade de normas gerais e de um nome distinto para a netnografia, assim como a terminologia da comunidade e da cultura enquanto aplicada à netnografia, e se oferece uma perspectiva mundial das culturas online e comportamentos em comunidades eletrônicas.

O Capítulo 2 *Compreendendo a cultura online*, procura oferecer um apanhado geral da subsistente pesquisa em culturas e comunidades online, fornecendo uma pequena fatia de alguns dos estudos mais importantes e influentes dos campos da sociologia, antropologia, estudos culturais, pesquisa de consumo e outros. *O que* sabemos sobre culturas e comunidades eletrônicas? Esse capítulo analisa alguns dos estudos realizados para compreender e classificar tais culturas e comunidades, descrever o conteúdo de suas comunicações e interações, e fazer um apanhado geral de seus processos culturais e rituais. Dado o foco metodológico deste livro, o capítulo com frequência não apenas enfatiza o que sabemos sobre os ricos universos culturais que esta pesquisa revelou, como também prenuncia como esses entendimentos culturais foram alcançados.

O Capítulo 3, *Pesquisando online: métodos*, fornece um apanhado mais específico das diversas metodologias que foram usadas a fim de realizar pesquisa em comunidades eletrônicas. Entrando no terreno de *como* fazemos nossa pesquisa, ele analisa alguns dos modos mais populares pelos quais a cultura e as comunidades online tem sido e podem ser estudadas: entrevistas (em grupo ou individuais), levantamentos, análise de redes sociais, observação e etnografia. O capítulo compara diferentes metodologias online que usam dados qualitativos para pesquisar comunidades eletrônicas e oferece algumas sugestões para sua coordenação com a netnografia. Ele também fornece algumas diretrizes para a adoção de metodologia, oferecendo determinações de condições de pesquisa nas quais determinadas metodologias podem ser preferíveis a outras bem como um senso de quando elas podem ser combinadas e hibridizadas.

Com questões introdutórias abordadas, o Capítulo 4 segue com uma introdução e explicação mais detalhada do método da netnografia. Ele faz um apanhado da história e da natureza do método, define seus termos e oferece uma análise de como o método já foi utilizado e adaptado em determinados contextos por meio da citação de vários estudos de pesquisa que o usaram. A netnografia adapta procedimentos etnográficos comuns da observação participante – tais como fazer uma entrada cultural, coletar dados, analisar e interpretar esses dados com cuidado, escrever um relatório de pesquisa e executar pesquisa ética – até as contingências de comunidades online que se manifestam por meio de comunicações mediadas por computador. Cada um desses elementos é desenvolvido sequencialmente ao longo dos quatro capítulos seguintes.

O Capítulo 5 inicia a exploração mais detalhada da abordagem netnográfica pelo exame do planejamento, do foco e da entrada. O capítulo oferece diretrizes específicas para ensinar o pesquisador cultural online *como* planejar, focar e iniciar um estudo netnográfico. Ele discute os passos que precisam ser seguidos antes de entrar no website de estudo e oferece diretrizes para uma entrada estratégica no trabalho de campo online. Nele são discutidos os tipos de questões e tópicos de pesquisa que são passíveis de estudo com o método. A decisão seguinte refere-se a *onde* e *como* coletar os dados. Dado o amplo espectro de escolhas de formas comunais online, incluindo grupos de discussão, quadros, blogs, listas, wikis, espaços de jogos, websites de redes sociais e mundos virtuais, onde os pesquisadores deveriam despender seu tempo? Um processo de delineamento de pesquisa lógico é descrito. Além disso, alguns protocolos para empregar os recursos de mecanismos de busca eletrônica são fornecidos, bem como sugestões sobre como se preparar para a coleta de dados formal de uma netnografia.

O Capítulo 6, sobre a coleta de dados, discute e ilustra determinadas abordagens para a captura de dados comunitários e culturais online. Esse capítulo enfatiza a natureza cultural desses dados. Uma vez que a netnografia é uma pesquisa observacional participante, os dados netnográficos podem assumir três formas:

a) dados coletados diretamente pelo pesquisador;
b) dados gerados pela captura e registro de eventos e interações comunitários online; e
c) dados que o pesquisador inscreve.

Cada uma dessas modalidades será discutida, oferecendo-se diretrizes específicas que permitam ao pesquisador coletar o tipo apropriado de dados netnográficos necessário para determinados projetos de pesquisa.

Isto é seguido por um capítulo sobre análise e interpretação de dados. Teoria fundamentada e procedimentos de codificação indutivos são abordados, assim como os tipos de geração de teorias mais interpretativos e de "círculo hermenêutico" holísticos. Várias soluções de software serão abordadas. Algumas estratégias específicas serão discutidas e ilustradas para ajudar os pesquisadores a compreender as particularidades da análise netnográfica de dados.

A ética de pesquisa pode ser uma das mais importantes diferenças entre a etnografia tradicional e a netnografia. O Capítulo 8 aborda essa questão com algum pormenor. Ele oferece posturas morais, jurídicas e éticas para respaldar diretrizes e procedimentos que podem ser usados para planejar e executar a pesquisa e também para submeter solicitações a organizações de supervisão, tais como os Institutional Review Boards e os Human Subjects Research Ethics Committees. As questões éticas sobre netnografia giram em torno de questões controversas sobre se os fóruns eletrônicos devem ser considerados um local público ou privado, o que constitui consentimento informado, e que nível de exposição dos participantes de pesquisa é adequado. Essas questões e posturas serão discutidas sequencialmente, com recomendações de procedimentos de pesquisa específicos.

O Capítulo 9 cobre algumas das questões mais abrangentes de representação e avaliação da pesquisa netnográfica. Nele, são discutidas as opções representacionais diante do pesquisador. A natureza do meio online oferece aos pesquisadores mais opções do que nunca para atingir públicos amplos e diversos, e esse capítulo segue a discussão de representação com um elaborado conjunto de padrões avaliativos.

O capítulo final é dedicado à discussão das mudanças e avanços na abordagem netnográfica. Ele discute os últimos acontecimentos no ambiente da comunidade e cultura online, incluindo blogs, microblogs ("*tweeting*"), websites de redes sociais e mundos virtuais. Extrapolando as alterações do método descritas ao longo do livro, esse capítulo também fornece algumas recomendações gerais para a adaptação da netnografia às particularidades desses websites de interação e comunidade online. O livro conclui com uma consideração do potencial crescimento das comunidades online e das possibilidades para o contínuo crescimento e adaptação da netnografia por uma nova geração de estudiosos.

RESUMO

As comunidades online e outras culturas da internet e da TIC são uma parte cada vez mais importante de nosso mundo social contemporâneo. Os pesquisadores podem se beneficiar adotando a abordagem da netnografia, um tipo de pesquisa etnográfica adaptada às contingências especiais dos diversos tipos de interação social mediada por computador. O uso de um entendimento e de um conjunto comuns de normas para esses estudos conferirá estabilidade, consistência e legitimidade. Este primeiro capítulo definiu as comunidades e a cultura online, e explicou por que eles são um tema importante para os cientistas sociais da atualidade. Esse é um passo necessário antes de se explorar a atual teoria sobre estes tópicos no Capítulo 2, para depois explicar e demonstrar o método da netnografia que estuda essas comunidades e culturas no restante do livro.

Leituras fundamentais

Garcia, Angela Cora, Alecea I. Standlee, Jennifer Bechkoff, and Yan Cui (2009) 'Ethnographic Approaches to the Internet and Computer- Mediated Communication', *Journal of Contemporary Ethnography*, 38 (1), February: 52–84.

Lévy, Pierre (2001) *Cyberculture*, translated by Robert Bononno. Minneapolis, MN: University of Minnesota Press.

Pew Internet Report (2001) 'Online Communities: Networks that Nurture Long-Distance Relationships and Local Ties', Pew Internet & American Life Project, available online at: www.pewinternet.org/report_display. asp?r=47/

Rheingold, Howard (1993) *The Virtual Community: Homesteading on the Electronic Frontier*, available online at: www.rheingold.com/vc/book/

2
Compreendendo a cultura online

☑ Resumo

A pesquisa e a teoria sobre comunidades online já têm mais de três décadas de história e envolvem todas as ciências sociais. O espaço social online das comunicações mediadas por computador foi uma vez considerado pobre, frio e igualitário. Mas os reais estudos dos grupos sociais online enfatizaram a diversidade e os atributos culturais autênticos das comunidades online, e demonstraram o valor de uma abordagem observacional participante da internet.

Palavras-chave: comunicações mediadas por computador, etnografias de comunidade online, comunicações face a face, pesquisa na internet, teoria da internet, teoria da mídia pobre, comunidade online, identidade online, participação online, teoria da interação social online, efeitos da equalização de *status*, tecnocultura

TECNOLOGIA E CULTURA

Quase quatro décadas atrás, o teorista dos meios de comunicação canadense Marshall McLuhan previu que a "mídia eletrônica" "legal", participativa e inclusiva, "retribalizaria" a humanidade em agrupamentos de afiliação (ver, p. ex., McLuhan, 1970). No decorrer das décadas, uma série de outros futuristas tecnológicos, incluindo Alvin Toffler, John

Naisbitt, Peter Drucker e George Gilder, situaram as importantes mudanças e possibilidades sociais de um mundo interligado.

Lendo esses autores do passado, é fácil ser dominado por um senso de determinismo tecnológico, uma impressão de que a tecnologia está moldando nossa cultura e mudando nossas comunidades. Ou poderíamos, em vez disso, presumir uma visão tecnocultural destas mudanças. Em um estágio inicial da era da internet, os teoristas culturais Constance Penley e Andrew Ross escreveram que:

> As tecnologias não são repressivamente impingidas a populações passivas, na mesma medida em que o poder de perceber seu potencial repressivo está nas mãos de uns poucos conspiradores. Elas são desenvolvidas em qualquer tempo e lugar de acordo com um complexo conjunto de regras existentes ou procedimentos racionais, histórias institucionais, possibilidades técnicas e, por fim, mas igualmente importante, desejos populares. (Penley e Ross, 1991, p. xiv)

O entendimento de que a tecnologia não determina a cultura, mas que elas são forças codeterminantes e coconstrutivas, tem importância crucial. Com nossas ideias e ações, escolhemos tecnologias, as adaptamos e moldamos. Para esse entendimento, também é essencial acrescentar que nossa cultura não controla inteiramente as tecnologias que nós usamos. O modo como tecnologia e cultura interagem é uma dança complexa, um entrelaçamento e um entretenimento. Esse elemento da mudança tecnocultural está presente em nossos espaços públicos, em nossos locais de trabalho, em nossos lares, em nossos relacionamentos e em nossos corpos – cada elemento institucional mesclado com todos os outros. A tecnologia constantemente molda e remolda nossos corpos, nossos lugares e nossas identidades, sendo também moldada para nossas necessidades. A compreensão do modo como essa transformação se desdobra exige que fiquemos atentos a contextos particulares e gerais – tempos e lugares específicos, regras distintivas ou procedimentos racionais, histórias institucionais, possibilidades técnicas, usos práticos e populares, medos e sonhos. Uma compreensão completa desses contextos requer etnografia.

À medida que atravessamos nossa segunda década de vida na era da rede, a proliferação de comunicações mediadas por computador (CMC) no cotidiano parece estar dando vida a algumas previsões, e acrescentando muitas surpresas ao longo do caminho. Os computadores ligados em rede e a comunicação e coordenação que eles permitem estão imprimindo importantes mudanças sociais e tendo uma miríade de efeitos na vida das pessoas.

Mas esses efeitos dramáticos nem sempre foram evidentes para os cientistas sociais. Longe disso, na verdade. Em anos recentes, começamos a desenvolver teorias e análises sólidas sobre os processos e as práticas em torno dessas culturas e comunidades.

PRIMEIROS ESTUDOS SOBRE TECNOLOGIAS E CULTURA

Primeiros estudos sobre interação online

Os primeiros estudos sobre o florescente meio da interação online foram baseados na teoria psicológica social e em testes experimentais. Esse trabalho sugeriu que o meio online oferecia uma base pobre para a atividade cultural e social. Ele afirmava que a atividade social requeria a comunicação de informações sociais e emocionais ricas, um senso de presença social e a presença de estrutura social. Comparadas com as interações face a face, as comunicações eletrônicas, teorizava-se, eram consideradas "magras" e "equivocadas" (p. ex., Daft e Lengel, 1986). Presumia-se que os comunicadores sofriam uma redução nos indicadores sociais. Ou seja, havia uma incerteza na comunicação porque o meio online reduzia a capacidade de transmitir informações não verbais relacionadas à presença social, tais como inflexão da voz, sotaques, expressões faciais, direções do olhar, encontro dos olhos, postura, linguagem e movimento corporal e tato (e.g., Dubrovsky et al., 1991; Short et al., 1976; Sproull e Kiesler, 1986; Walther, 1992, 1995). Quando testadas em laboratórios universitários com novos conjuntos de sujeitos experimentais, essas suposições originais foram confirmadas.

Assim, desde seus primórdios, o ambiente social online foi visto com suspeita e cinismo, como um contexto que criava interações orientadas a tarefas, "impessoais", "provocativas", "frias" e "insociáveis" (Kiesler et al., 1984, 1985; Rice, 1984; Rice e Love 1987; Sproull e Kiesler, 1986; Walther, 1992, pp. 58–9).

Outra linha inicial de pesquisa sugeriu que os participantes de comunidades online estariam sujeitos ao "efeito de equalização de *status*", um achatamento de hierarquias onde o *status* social é uniformizado e as diferenças sociais minimizadas, ocorrendo menos respeito a regras e onde nenhuma liderança é possível. Considerava-se que a ausência dos indicadores de contexto social resultava em uma redução das diferenças sociais, um aumento da comunicação entre barreiras sociais, menos dominância, aumentos na autoabsorção e comunicação mais emocionada e desinibida (Dubrovsky et al., 1991; Sproull e Kiesler, 1986). Muitos desses comportamentos já podiam ser observados em interações online, tais como "exaltações" ou insultos, linguagem hostil e o uso de palavrões. Esses cientistas consideravam que a tecnologia por trás das comunidades eletrônicas e interações online solapavam a estrutura social necessária para relações sociais apropriadas e acolhedoras.

Testando as primeiras hipóteses sobre sociabilidade online

Entretanto, não demorou muito para que outros estudos começassem a questionar essas suposições iniciais e primeiros resultados. A análise do real conteúdo das CMC começou a revelar discrepâncias. Os membros de grupos sociais pareciam "desenvolver a capacidade de expressar na forma escrita os indicadores não verbais ausentes" (Rice e Love, 1987, p. 89). Na CMC, a inclusão de indicadores de afeição, afiliação e outros elementos esclarecedores da comunicação ocorrem por meio de novos símbolos, ou "paralinguagem" eletrônica, tais como os conhecidos "emoticons" [ou "carinhas", como :-) ou ;-)], erros ortográficos propositais, ausência e presença de correções e letras maiúsculas, assim como arte visual em código ASCII (Danet, 2001; Sherblom, 1988, p. 44; Walther, 1992, 1995). Tentativas semelhantes de imbuir mensagens textuais com características destinadas a replicar uma comunicação face a face são comuns entre usuários de outros meios (Beninger, 1987; Gumpert e Cathcart, 1985). Pesquisas interdisciplinares sobre o ambiente online revelaram que, em vez de serem socialmente empobrecidos e "magros", os mundos sociais que estavam sendo construídos por grupos online eram detalhados e pessoalmente enriquecedores.

Walther (1997) sugere que podemos compreender grande parte do comportamento em comunidades eletrônicas fazendo alusão à "expectativa de futura interação" dos participantes. Se os participantes acreditam que sua interação será limitada e não resultará em futuras interações, suas relações tendem a ser mais orientadas à tarefa. Contudo, se uma futura interação é esperada, os participantes agirão de modo mais amigável, serão mais cooperativos, irão se expor mais e, de modo geral, terão comunicações mais positivas. Podemos concluir disso que reuniões online de maior prazo, especialmente aquelas em que as identidades individuais são reveladas, teriam relações sociais mais positivas do que grupos de menor duração e mais anônimos. De modo semelhante, Olaniran (2004) afirmou que para gerenciar grupos eletrônicos com membros diversos, havia mais necessidade de focar em relações compartilhadas de confiança e unidade de interesses comuns do que em diferenças. Wellman (2001b) especula sobre um tipo de "individualismo em rede", no qual a ausência da estrutura institucional formal das comunidades online significa que as comunicações dependerão da qualidade dos vínculos sociais que o indivíduo estabelece com o grupo.

Outros estudos, incluindo algumas das primeiras investigações etnográficas, questionaram as afirmações iniciais de equalização de *status* mostrando como membros de grupos online empregavam várias estratégias de visibilidade e expressão de identidade, a fim de compensar a escassez de marcadores tradicionais de diferenciação de *status*, e permitir seu restabelecimento online (Meyer e Thomas, 1990; Myers, 1987; Reid, 1996). "Os comunicadores eletrônicos desenvolveram uma gramática para sinalizar posições hierárquicas" (Walther, 1992, p. 78). "Os recém-chegados em uma videoconferência ou MOO são imediatamente reconhecidos como tal, e o mesmo se aplica aos líderes". "Ambos adquirem e usam símbolos que os tornam diferentes um do outro" (Paccagnella, 1997). Posições de domínio em um grupo online são alcançadas pela manipulação de diversos indicadores sociais, tais como supervisão verbal (Shimanoff, 1988), e a presença ou a ausência de arquivos de assinatura (Sherblom, 1988). À medida que os comunicadores começam a construir relacionamentos de maior prazo e a trocar sinais sociais interpretativos, eles também começam a administrar mais ativamente suas autoapresentações a fim de criar impressões sociais mais favoráveis e um maior nível de intimidade ou atração (Walther, 1997).

Em comunidades online, os participantes

> comunicam informação social e criam e codificam significados específicos ao grupo, negociam socialmente identidades específicas ao grupo, formam relacionamentos que abrangem desde os alegremente antagonistas aos profundamente românticos e que oscilam entre a interação em rede e face a face, e criam normas que servem para organizar a interação e manter climas sociais desejáveis. (Clerc, 1996, pp. 45-6)

Estudos recentes do Forrest Research afirmam que as comunidades online, desde fóruns e páginas na internet a blogs e websites de redes sociais, permitem a expressão social, a participação ativa e a formação de relacionamentos (Li e Bernoff, 2008).

Walther (1992, p. 53) observa concisamente nesses primeiros estudos que "as caracterizações da CMC oriundas de experimentos em grupos parecem contradizer os resultados de CMC em estudos de campo". As investigações naturalistas de conteúdo e cultura enriqueceram as representações anteriores da interação online baseadas na psicologia social, problematizando as teorias de reduzidos indicadores sociais e efeitos de equalização de *status*, teorias cujas evidências basearam-se sobretudo em estudos experimentais de curto prazo de grupos assíncronos de "história zero" ou de "caso único". O que as pessoas realmente faziam com a CMC em seus próprios mundos sociais, em longo prazo, enquanto teciam redes de afiliação, revelou-se muito diferente do que as pessoas estavam fazendo com tecnologias em situações de curto prazo em ambientes laboratoriais. Quando a tecnologia de informação e comunicação é lançada no mundo, e a vida úmida é instilada em seus circuitos secos, rígidos, vemos que ela é usada para manifestar cultura e construir comunidades.

DESENVOLVENDO ENTENDIMENTOS SUTIS DO MUNDO SOCIAL ONLINE

O desenvolvimento do campo de pesquisa de culturas e comunidades online é uma história de múltiplos métodos trabalhando para responder diferentes questões de pesquisa e revelar diferentes facetas de um novo fenômeno social altamente complexo e em rápido desenvolvimento. Abordagens de levantamento de dados nos informam sobre a população relativa, a constituição demográfica e as frequências de comportamento dos membros de comunidades online. Abordagens psicológicas sociais e experimentais conjeturam e testam relações causais sugeridas ante variáveis em nível individual e grupal, tais como atitudes, memória e crenças. Elas enriquecem nossa compreensão sobre os processos em ação quando os participantes envolvem-se em comunidades online. A netnografia, a etnografia de grupos eletrônicos, estuda as práticas culturais complexas em ação, atraindo nossa atenção para uma multiplicidade de ideias fundamentadas e abstratas, significados, práticas sociais, relacionamentos e sistemas simbólicos. Todas essas disciplinas oferecem perspectivas complementares e necessárias. Cada uma delas é útil em nossa busca de maior compreensão dessa nova paisagem, sempre em transformação, das comunidades e culturas online.

Três décadas de pesquisa revelaram que as reuniões online seguem muitas das mesmas regras básicas dos grupos que se reúnem pessoalmente. Por exemplo, o modo como as normas do grupo se desenvolvem e a importância da identidade do grupo são muito semelhantes em grupos eletrônicos e presenciais. Entretanto, uma linha de pesquisa concluiu que as características peculiares às comunidades online – tais como anonimato e acessibilidade – criam algumas oportunidades especiais para um estilo distintivo de interação.

A maioria dos estudos de psicologia social realizados em comunicação e interação mediada por computador na década de 1990 tratou de investigar se as teorias desenvolvidas entre outros grupos e nos anos anteriores da pesquisa em CMC ainda poderiam ser aplicadas. Também existe um considerável volume de informações sobre os primeiros sistemas de suporte a grupos e decisões, e de equipes virtuais enquanto aplicadas em organizações. Pesquisadores sugerem que vínculos intelectuais e relacionais se desenvolvem com bastante naturalidade por meio do uso de equipes virtuais (Vroman e Kovacich, 2002). Essa deveria ser uma descoberta tranquilizadora considerando-se que vínculos intelectuais e profissionais foram as razões fundamentais por trás da criação da internet.

McKenna e Seidman (2005) classificam a ênfase do período inicial da pesquisa em CMC na psicologia social como descrições de "efeitos principais", e em sua análise concluem que:

existem tantos "efeitos principais" de comunicar-se eletronicamente quanto existe de comunicação face a face. As interações online podem ser e são tão ricas e variadas quanto as interações tradicionais; os processos que produzem determinados desfechos podem ser tão complexos e multiplamente determinados quanto aqueles que ocorrem em ambientes de interação tradicionais. A pesquisa [sócio-psicológica] está recém começando a demonstrar o quão o "mundo online" pode ser complexo. (McKenna e Seidman 2005, pp. 192-3)

Como veremos posteriormente neste capítulo, algumas descrições netnográficas oferecem retratos desse tipo de riqueza e complexidade.

Preocupações iniciais de que o uso da internet poderia ser corrosivo para os atuais padrões de vida grupal, familiar e comunitária foram contraditos por investigações posteriores mais rigorosas. Elas sugerem que, de fato, o contrário pode ser verdade. Análises de levantamentos nacionais sugerem que os usuários da internet são tão propensos quanto os não usuários a chamar seus amigos pelo telefone ou visitá-los pessoalmente, e concluem que eles têm redes sociais maiores do que os que não são usuários (DiMaggio et al., 2001). Um grande estudo em amostra aleatória relata que as pessoas acreditam que a internet lhes permite manter melhor contato com seus amigos e familiares, e inclusive ampliar suas redes sociais. Essa crença no poder relacional da internet não deve surpreender aqueles que têm familiaridade com os websites de redes sociais. Em outro estudo relacionado, Howard e colaboradores (2000, p. 399) concluem que seus resultados "sugerem que as ferramentas online têm maior probabilidade de ampliar o contato social do que diminuí-lo". Um estudo longitudinal de Kraut e colaboradores (2002) sugere que as pessoas que usam mais a internet também fazem mais contato face a face e telefônico com seus amigos e familiares, e também que o maior uso da internet está correlacionado a maior envolvimento cívico.

Estudos de comunidades online que usam mensagens e listas de correio eletrônico para manterem contato constataram que esses meios são úteis para desenvolver e manter redes com "laços fracos", isto é, redes nas quais os participantes não têm relacionamentos próximos caracterizados pelo intercâmbio de muita informação ou pela presença de amizades pessoais íntimas (Matei e Ball-Rokeach, 2003). Como poderíamos esperar de fenômenos reais complexos, as comunidades online parecem ter uma série de empregos diferentes. Elas podem intensificar relacionamentos existentes bem como ajudar a criar, e depois manter, novos relacionamentos.

Metanálises de estudos de comunicação mediada por computador indicam que os usuários da internet progridem da coleta de informações de cunho inicialmente não social para atividades sociais cada vez mais associativas (Walther, 1995). Kozinets (1999) teorizou que havia um padrão de desenvolvimento relacional à medida que as pessoas interessadas em comunidades online sentem-se atraídas e aculturadas por seu contato com elas. Primeiro, e por diversas razões, um usuário da internet se interessa por uma comunidade online e sua cultura. O usuário, com frequência, terá um determinado objetivo que deseja realizar, como, por exemplo, ouvir as opiniões políticas dos outros, obter informações sobre um serviço de locação de automóveis, localizar as melhores ofertas de vinho, ou aprender a instalar corretamente um novo vaso sanitário. Isso o levará aos mecanismos de busca enquanto navega nas fontes de informação. Ali, com frequência, vai "espreitar", discretamente ler, mas sem escrever, sobre seu tema focal de interesse.

Considere o exemplo teórico de "Samanta", uma jovem mochileira dedicada e entusiasta, que está planejando sua viagem de férias à Agra, Índia. Procurando informações "confiáveis", Samanta inicia sua busca digitando o nome da cidade no Google, clicando no link da Wikipédia, e depois visitando o website oficial de Agra. Contudo, na medida em que se aprofunda e explora melhor os links online de suas buscas no Google e entradas na Wikipédia, ela começa a descobrir e visitar websites que apresentam informações de "terceiros", informações de outras "pessoas reais" como ela, exceto que essas pessoas de fato já estiveram onde ela deseja ir.

Samanta pode procurar fotografias do Taj Mahal e, dos comentários que encontra ali, descobrir que existem comunidades e blogs dedicados à discussão de histórias de viagens. Posteriormente, ela lê algumas das postagens escritas pelos membros dessas comunidades. Intrigada, ela pode querer fazer contato online com as pessoas em um fórum ou em um blog. Ela se comunica com outras pessoas que estão planejando fazer viagens semelhantes. Ela pode questionar alguns autores de blogs individualmente, e depois fazer alguma postagem geral em uma comunidade online que se reúne em um determinado fórum de uma página da rede. Uma de suas respostas a uma pergunta pode ser considerada culturalmente insensível e ofensiva por um dos membros que regularmente publica no grupo (que casualmente é indiano). Aquela pessoa insulta a inteligência de Samanta publicamente no fórum. Outro membro, um líder no grupo, defende-a gentilmente e sugere que ela se desculpe. Samanta sente-se genuinamente horrorizada ante sua gafe. Apesar de seu profundo constrangimento, ela pede desculpas. Ela pensa em jamais voltar ao fórum, mas com o tempo, depois de dez dias afastada, ela retorna. Depois de postar várias outras perguntas na comunidade, ela vê uma pergunta sobre a Nicarágua, lugar que ela visitou recentemente. Naquele ponto, Samanta sente-se obrigada por normas de reciprocidade – afinal de contas, com apenas algumas exceções, a comunidade tem sido boa com ela – e responde à pergunta com grande profundidade e detalhamento. Depois de certo tempo, ela torna-se uma participante ocasional nas discussões em grupo. Quando de fato viaja para a Índia, Samanta não consegue deixar de pensar muitas vezes sobre o que aprendeu com os membros da comunidade eletrônica; ela até sente que, de alguma forma, os está levando consigo. Depois de retornar de sua viagem à Agra, ela publica uma longa postagem, com links para fotografias incríveis. Alguns meses se passam em que ela raramente visita o grupo mas depois, começa a participar mais intensamente no grupo enquanto planeja seu próximo destino de viagem.

Como representado na Figura 2.1, no padrão de desenvolvimento de relacionamento em uma comunidade online, o conhecimento informacional orientado a uma tarefa e dirigido a um fim é desenvolvido em conjunto com o conhecimento social e cultural e com os relacionamentos sociais. Como vimos no exemplo de Samanta, informações baseadas em fatos são aprendidas em paralelo com o conhecimento da linguagem especializada da comunidade online e com conceitos sensibilizados, normas, valores, rituais, práticas, preferências e identidades de especialistas e outros membros do grupo. À medida que detalhes e histórias pessoais são compartilhados, a coesão cultural amadurece e a empatia floresce. Uma estrutura de poder grupal e relacionamentos de *status* é aprendida. O que se iniciou basicamente como uma busca de informações se transforma em uma fonte de comunhão e compreensão (Kozinets, 1999).

Na esfera contemporânea da internet, existem outros caminhos de afiliação às comunidades. Dentro de um formato comunitário cujo intuito é a interação social, como, por exemplo, um website de uma rede social ou um mundo virtual, pode inicialmente não haver tópicos abstratos ou socialmente distantes ou informações a trocar. Na rede social, a exploração e a construção dessa rede podem ser os objetivos. Em um mundo virtual ou em uma comunidade baseada em jogos, o aprendizado das normas sociais ou das regras do jogo, ou o domínio do ambiente online em si, pode ser o principal objetivo. Nesses casos, os tópicos sobre os quais as pessoas compartilham informações podem ser de natureza mais pessoal, ou ligados às características do ambiente social ou construído. Dali, o participante pode seguir um caminho para o aprendizado de normas culturais, e o alargamento e a propagação de relações sociais por meio dos diversos braços estendidos da comunidade online.

Independentemente do meio ou do caminho exato da participação, a teoria sugere que, com o passar do tempo e com comunicações cada vez mais frequentes, o compartilhamento de informações de identidade pessoal e esclarecimento das relações de poder e de novas normas sociais transpire na comunidade online – que informações sociais e culturais permeiem todo intercâmbio, efetuando uma espécie de atração gravitacional que torne esse intercâmbio tingido de elementos emocionais, afiliativos e ricos de significado.

Esse elemento emocional afiliativo – suas origens psicológicas sociais e seus valores sociais – tem sido repetidamente reconhecido na pesquisa. Estudos usando respostas em levantamentos e modelos de

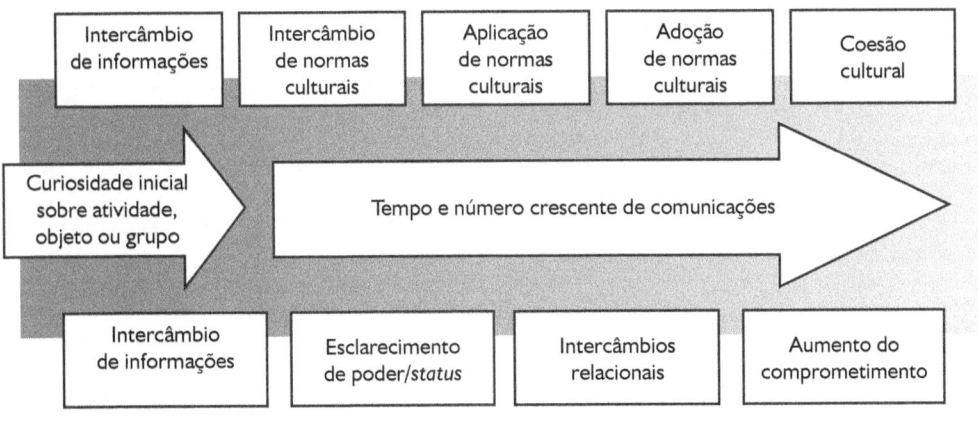

FIGURA 2.1

Progressão do desenvolvimento da participação em comunidades online (adaptado de Kozinets, 1999).

equação estrutural de McKenna e Bargh (1998) constataram que muitos dos entrevistados tinham, como consequência de sua participação em comunidades eletrônicas, revelado a suas famílias e amigos um aspecto estigmatizado de sua identidade pela primeira vez em suas vidas. Devido a suas experiências comunitárias online com outras pessoas que compartilharam seu *status* estigmatizado, eles se consideraram menos diferentes, beneficiando-se do aumento da autoaceitação e sentindo-se socialmente menos isolados.

De modo semelhante, outro estudo de grupos de apoio para pessoas com doenças graves e muitas vezes estigmatizadas, tais como alcoolismo, aids e tipos de câncer, estabeleceu os benefícios de comunidades online (Davison et al., 2000). Para aqueles que buscaram pessoas semelhantes em condições de grande ansiedade e incerteza, o anonimato e a acessibilidade dessas comunidades foram praticamente uma dádiva divina. Vários estudos também sugerem que tais comunidades possuem considerável valor na redução do estresse, na autoaceitação e no compartilhamento de informações, mesmo para pessoas que têm doenças ou condições que não são estigmatizadas, tais como diabetes ou deficiências auditivas (ver. p. ex., McKay et al., 2002).

Estudando etnograficamente o fenômeno em um contexto subcultural a partir de um enquadramento interacionista simbólico, Williams e Copes também reforçam com suas descobertas a utilidade do fórum comunitário eletrônico para os que se sentem destituídos de seus direitos ou marginalizados. Usando "fóruns subculturais baseados na internet para combater os sentimentos liminares que são muito frequentes no mundo face a face [...] muitos indivíduos que se sentem marginalizados na sociedade contemporânea buscam outras pessoas nos espaços virtuais emergentes" (2005, p. 85).

Como resultado de seu estudo do impacto das comunidades online no capital social e no envolvimento em comunidades locais, Kavanaugh e Patterson (2001, p. 507) sugeriram que "quanto mais tempo as pessoas estão na internet, mais elas tendem a usá-la para envolverem-se em atividades de construção de capital social". Em seu apanhado geral dessa pesquisa, McKenna e Seidman (2005, p. 212) propuseram que as pessoas não só estão substituindo o envolvimento em atividades físicas e relacionamentos pela participação nessas comunidades, como "na verdade, o uso da internet parece estar reforçando o envolvimento comunitário na vida real". Esses e outros resultados nos mostram que, além de terem benefícios sociais, as comunidades online também têm efeitos poderosos no senso de identidade das pessoas.

PESQUISA SOBRE NOVAS PRÁTICAS E MUDANÇAS NOS SISTEMAS DE SIGNIFICADO

Os primeiros estudos etnográficos de comunidades online também ressaltaram os dramáticos impactos que a internet e a conectividade em rede estavam tendo na autoidentidade e nos relacionamentos sociais, e depois passaram a detalhar as variadas práticas envolvidas na realização desses efeitos. Dois dos primeiros e mais influentes trabalhos no campo dos estudos etnográficos dessas comunidades são Rheingold (1993) e Turkle (1995).

The Virtual Community: Homesteading on the Electronic Frontier (1993), do escritor Howard Rheingold, é uma investigação pioneira sobre a primeira comunidade online, a WELL. Nesse trabalho, Rheingold oferece um mapeamento conceitual das comunidades virtuais e as potencialidades interativas que elas oferecem. O livro *Life on the Screen: Identity in the Age of the Internet*, do professor Sherry Turkle (1995) do Massachusetts Institute of Technology, é um exame atento sobre as mudanças na compreensão do computador e também um estudo sobre como as pessoas interagem com a internet, especificamente entre si em domínios multiusuários (DMUs) (ver também Cherny, 1999).

Três outras etnografias de comunidades online iniciais importantes são Baym (1999), Markham (1998) e Cherny (1999). Uma das pioneiras da etnografia online, a professora de estudos da mídia da University of Kansas, Nancy Baym (1999), conduz um estudo detalhado do rec.arts.tv.soaps, um grupo de discussão da Usenet dedicado a fãs de novelas. Ela teoriza que existem muitas semelhanças entre comunidades tradicionais e comunidades eletrônicas (ver também Jenkins, 1995). Além disso, ela sugere que as comunidades online sejam vistas e estudadas como "comunidades de prática", porque "as estruturas de uma comunidade são exemplificadas e recriadas em modos habituais e recorrentes de agir, ou *práticas*" (Baym, 1999, p. 22). O livro prossegue para explorar e desenvolver as diversas práticas usadas nessas comunidades, mapeando o terreno delas. Baym descreve uma série de práticas interpretativas, informativas e sociais, tais como avaliação, comiseração, crítica e outras estratégias para a criação de uma identidade de grupo. Ela detalha alguns dos modos pelos quais sociabilidade e discordância são gerenciadas nas comunidades, além das estratégias verbais e rituais para alcançar amizades e administrar as inevitáveis divergências, e também assinala as diversas formações – particularmente a díade – que a sociabilidade online dentro da comunidade mais ampla proporciona.

Em *Life Online* – o resultado de suas próprias intensas experiências como usuária inveterada da internet – a professora Annette Markham (1998), da University of Wisconsin-Milwaukee, também oferece uma descrição etnográfica detalhada das práticas linguísticas e formações coletivas que se manifestam por meio da CMC. O livro é apresentado como a narrativa da jornada de um iniciante ingênuo a um perito bem-informado. Trata-se de uma viagem profundamente textual, e Markham enfatiza a textualidade da vida online fornecendo muitos excertos que dão ao leitor uma ideia da aparência da tela do computador da autora quando ela estava encontrando essas diversas culturas e comunidades inicialmente estranhas. Ela também lista e explica vários acrônimos e comandos de computador que ela teve que dominar para poder navegar nesse primeiro ambiente online. Durante o caminho, Markham teoriza sobre as práticas, identidades, consumo e, especialmente, a experiência vivida de afiliação à comunidade eletrônica, retratando a experiência online como simultaneamente uma ferramenta, um lugar e um modo de ser.

O inovador livro de Markham (1998) também considera questões de corporificação de forma autorreflexiva, e suas descrições autoetnográficas conferem vida e pormenores a sua análise:

> Depois de algumas horas de trabalho [online], meu corpo está gritando de dor. Minhas costas doem com frequência, por mais que eu ajuste minha cadeira. Se não masco chicletes, eu cerro meus punhos; se não falo, minha garganta fica sensível e dolorida. Minhas mãos são as mais castigadas. (1998, p. 59)

Ela também oferece muitas reflexões e sugestões úteis e honestas sobre conduzir trabalho de campo etnográfico no ambiente online (ver também Markham e Baym, 2008).

O resultado de dois anos de pesquisa conduzida em uma "masmorra multiusuário", *Conversation and Community* (1999), de Lynn Cherny, uma autoridade em experiência de usuários, oferece outra investigação etnográfica sobre uma comunidade sincrônica, ou de "tempo real", muito unida, baseada em bate-papos, práticas linguísticas de seus integrantes, história compartilhada e relacionamentos com os membros de outras comunidades online. O livro de Cherny detalha as inovações e as adaptações necessárias feitas pelos membros da comunidade para resolver as limitações do meio textual. Rotinas de discurso, vocabulário e abreviaturas, sintaxe e semântica, e estratégias de revezamento distinguem o "registro" da comunidade online – sua variedade de discurso que se adaptou a uma situação particular de comunicação recorrente. O estudo demonstra e também explica a capacidade das pessoas que interagem online de usar a linguagem para criar um genuíno senso de comunidade, analisa o impacto das estruturas e a hierarquia de poder (revelando uma tecnocracia em que os tecnicamente capacitados são os atores mais influentes), e também considera o papel das elites, da fofoca e do conflito na formação e manutenção de uma comunidade ativa e próspera.

Brenda Danet, em seu livro *Cyberpl@y* (2001), reuniu uma análise equivalente a uma década de discurso para examinar a variedade de modos de se brincar online. Seu relato oferece uma análise histórica, literária, sociolinguística, estética, folclórica e teórica pormenorizada de cinco formas particulares de apresentação linguística online, conforme elas se manifestam em várias comunidades eletrônicas. Danet examina a convergência de diversão, arte e comunicações por meio de cinco estudos de caso que elaboram e interpretam a linguagem do correio eletrônico, apresentações brincalhonas no Internet Relay Chat, a construção de imagens ASCII multicoloridas elaboradas, arte baseada em texto e comunicação em um canal de bate-papo chamado *rainbow*, e o entusiasmo dos membros da comunidade ao brincarem e colecionarem fontes digitais. Seus ricos exemplos visuais, resultados e discussão iluminam teoricamente a interação de tecnologia, diversão, arte e comunidade no ambiente online. Cada um desses valiosos livros é digno de nota por suas análises e descrições meticulosas dos sistemas de significados e práticas em desenvolvimento que podemos observar enquanto os membros de comunidades online constroem e compartilham suas culturas.

TIPOLOGIAS E CLASSIFICAÇÕES DE COMUNIDADES ONLINE E PARTICIPAÇÃO ONLINE

Em um estudo inicial demonstrando a genuinidade da experiência comunal online, Correll (1995) conduziu uma etnografia do "The Lesbian Café", um bar eletrônico. Sua etnografia sugere que a experiência comunitária virtual é mediada por impressões de lugares do mundo real, bem como pelas contingências únicas das comunicações mediadas por computador. Com base nas observações deste website, ela oferece uma tipologia de quatro estilos de afiliação e participação em comunidades online: habituais, principiantes, espreitadores e agressores. Existe uma aparente evolução desenvolvimentista de espreitador para principiante e habitual, e um *status* de oposicionista exibido pelos agressores que chegam de fora da comunidade a fim de assediar os membros. As primeiras descrições de Correll dessas comunidades e da progressão de um estágio de afiliação para outro foram influentes.

Outra ideia é que os integrantes de comunidades online apresentam dois principais elementos que os unem, os quais podem estar inter-relacionados de muitas maneiras. Podemos melhor compreender a identificação e participação dos membros estudando esses dois fatores não independentes. O primeiro considera a relação entre a pessoa e a principal atividade de consumo na qual eles estão se envolvendo com e por meio da comunidade online. O termo consumo deve ser interpretado com considerável flexibilidade. Em uma comunidade online dedicada ao videogame *Spore*, por exemplo, a principal atividade seria jogar. Em uma comunidade de fabricação de cerveja, a principal atividade de "consumo" poderia não ser o consumo em si, mas a produção de uma cerveja caseira, talvez uma mistura bacana de hidromel fermentado com uma antiga espécie de levedo egípcio e mel de Manuka (evidentemente, seu consumo também teria um papel). Em um mundo virtual como o *Second Life*, a atividade central poderia ser "consumir" novos amigos em um sentido geral ou ter novas experiências interessantes e excitantes virtualmente.

A noção norteadora subjacente a essa dimensão é que quanto mais importante essa atividade é para o senso de identidade de uma pessoa, e quanto mais ela acredita que a perseguição e desenvolvimento da habilidade ou atividade é fundamental para sua autoimagem e autoconceito essencial, maior a probabilidade de que essa pessoa persiga e valorize sua afiliação a uma comunidade, seja ela online ou não. Uma vez que a atividade é tão importante para elas, qualquer conexão com ela, com outros que a compartilham, ou com rotas ao conhecimento sobre ela e ao discurso social em torno dela será tido em alta estima, cobiçado e apreciado. Inversamente, se essa atividade de consumo não lhes é particularmente importante, sua relação com a comunidade eletrônica será mais distanciada.

Essa categoria de centralidade do interesse de consumo está correlacionada e inter-relacionada com a proficiência de consumo. Assim, quanto maior a importância do interesse de consumo para a pessoa, maior o nível de interesse e concomitante nível de conhecimento e habilidade na atividade. Essa é uma medida não somente de autoidentificação, mas de identidade e interesse aliados à perícia.

O segundo fator refere-se às relações sociais reais dessa comunidade online particular. Quão profundos, duradouros, significativos e intensos são esses relacionamentos? Essas pessoas são consideradas simples estranhos mais ou menos interessantes, ou são amigos duradouros tão próximos dos participantes quanto qualquer pessoa em sua vida? Evidentemente, algumas formas de comunidade online são mais propensas a promover esse tipo de afiliação do que outras. Websites de redes sociais operam sob a premissa de que as afiliações já são preexistentes, e usam a conexão tecnológica para intensificá-las. Mundos virtuais como o *Second Life* são estruturados para que as relações sociais sejam a busca e objetivo primordial. Os blogs podem ser um pouco mais impessoais em suas formas comunais, com uma ou várias figuras de autoridade importantes relacionando-se com um formato de "público" mais tradicional, mas essa perspectiva encobre os relacionamentos muitas vezes próximos entre grupos de blogueiros relacionados (Rettberg, 2008). Não existe uma forma de comunidade online da qual trataremos ou mencionaremos neste livro em que relacionamentos pessoais profundos não possam ser construídos.

Também é importante observar que esses dois fatores muitas vezes estarão inter-relacionados. Por exemplo, imagine uma jovem extremamente dedicada a colecionar itens da Hello Kitty e que vive em uma comunidade rural na Coreia. Se ela tem acesso à internet em banda larga, e não tem ninguém em sua comunidade face a face que compreenda – e muito menos compartilhe – sua paixão pela Hello Kitty, é mais provável que ela busque e construa laços sociais com membros de uma das muitas comunidades eletrônicas da Hello Kitty. Além disso, determinadas formas online, como websites de redes sociais, mundos virtuais e muitos portais de jogos (tais como, por exemplo, um website de pôquer que incentiva o bate-papo durante as partidas) já possuem dimensões sociais "prontas" para seus formatos. Nesse caso, a atividade de consumo central já é social, e a questão de realmente conhecer e ter relacionamentos com os membros dessa comunidade online é quase repetitiva.

TIPOS DE PARTICIPAÇÃO EM COMUNIDADES ONLINE

Precisamos de alternativas para a prática um pouco reducionista de agrupar todos os membros de comunidades online em uma única categoria de membros ou não membros. A netnógrafa e pesquisadora de consumo Kristine de Valck (2005, p. 133) sugere, em seu estudo aprofundado da SmulWeb, uma comunidade online holandesa dedicada à comida, que há muitas tipologias convergentes dos tipos de membros de tais comunidades. Isso, ela argumenta, é uma forte evidência de que a dicotomização dos membros de comunidades online como espreitadores ou contribuintes é demasiado simplista para ter utilidade teórica.

De forma básica, os dois fatores descritos acima – a importância da identificação e da perícia na atividade essencial da comunidade, e as relações com outros membros – são suficientemente distintos para orientar nossa compreensão dos quatro "tipos" de membros idealizados, apresentados na Figura 2.2. Os *principiantes* são os primeiros entre os quatro tipos. Eles carecem de fortes vínculos sociais com o grupo, e mantêm apenas um interesse superficial ou passageiro na atividade de consumo em si e têm habilidades e conhecimentos relativamente fracos. Os próximos são os *socializadores*. Eles são os fraternizadores dessas comunidades, pessoas que mantêm fortes laços pessoais com muitos membros da comunidade mas que têm um interesse ou atração ape-

FIGURA 2.2

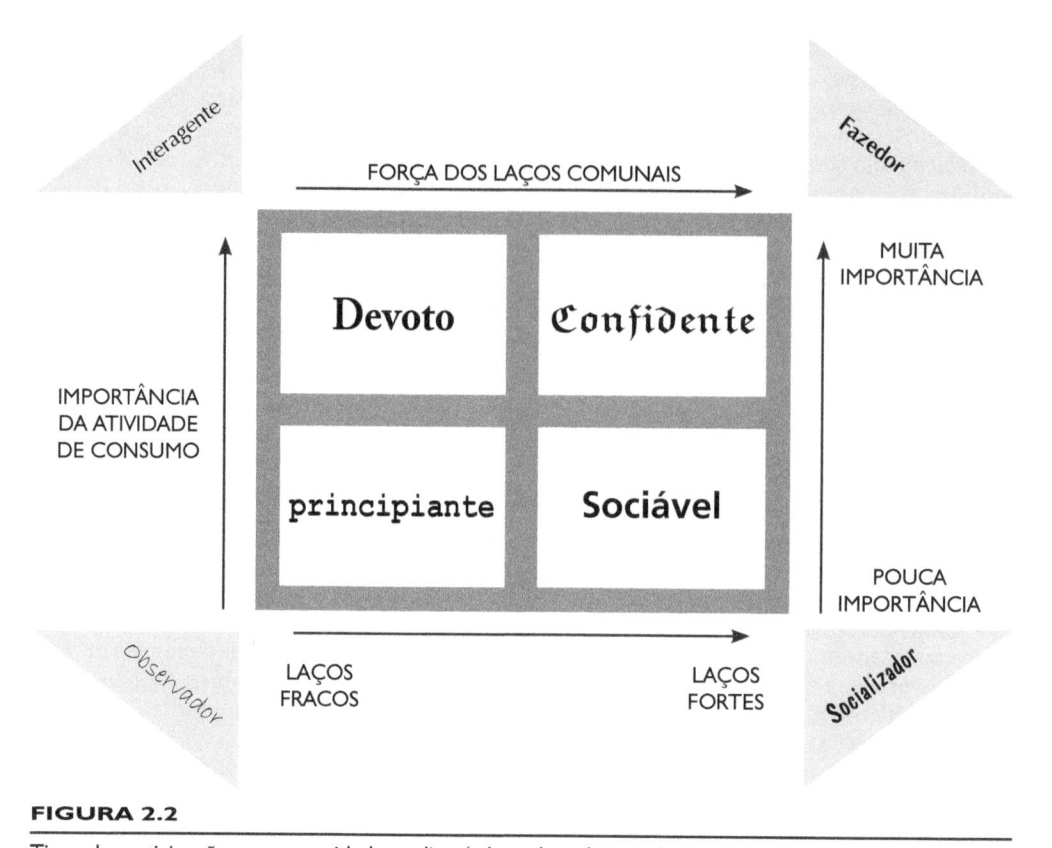

Tipos de participação em comunidades online (adaptado e desenvolvido de Kozinets, 1999).

nas superficial pela principal atividade de consumo. Os *devotos* invertem esta ênfase: eles têm vínculos sociais relativamente fracos com os membros da comunidade, mas mantêm um interesse focal e entusiasmo pela atividade de consumo da comunidade, assim como conjuntos refinados de habilidades e conhecimento. Por fim, os *confidentes* são os que têm fortes laços sociais com a comunidade, assim como profunda identificação, aptidão e compreensão da atividade de consumo essencial.

A dimensão diagonal indica várias relações, e propõe quatro tipos adicionais de relacionamento e inter-relacionamento com uma dada comunidade eletrônica. No extremo inferior esquerdo está a bem reconhecida categoria do Observador (*Lurker*), o observador ativo que aprende sobre um website inicialmente assistindo e lendo. O observador tem o potencial, com o tempo, de tornar-se um principiante, um neo ou neófito, um novo membro que está usando a comunidade para aprender sobre a principal atividade de consumo ou fazer contato e construir relacionamentos sociais. Os espreitadores se alimentam da comunidade. Não podemos observar ativamente sua participação, mas podemos aprender sobre eles por outros meios, tais como pelas trilhas de sombras eletrônicas que eles deixam no ciberespaço, e as reflexões retrospectivas que as pessoas tem de seus próprios períodos como observadores (ver Schlosser, 2005).

No extremo oposto estão os que desenvolveram tanto suas habilidades e conexões sociais focadas no consumo que se tornam essenciais à comunidade, ou mesmo formam suas próprias novas comunidades. Essa diagonal se estende do canto superior direito, passando da categoria do confidente para a do *fazedor*. Fazedores são construtores ativos das comunidades online e seus espaços sociais relacionados, tais como a pessoa que está envolvida com a cultura online da Ferrari há tanto tempo que posteriormente inicia seu próprio fórum eletrônico dedicado a um modelo particular de Ferrari, e excluindo outros modelos que não são, em sua não tão humilde opinião, Ferraris "clássicas".

As outras duas diagonais refletem inter-relacionamentos com outros tipos de comunidades, eletrônicas ou não. A diagonal superior esquerda representa o *interagente* chegando à comunidade vindo de outras comunidades altamente envolvidas com a atividade de consumo, geralmente de locais de encontro em pessoa, ou que são principalmente presenciais, com uso apenas periférico de CMC para manter os membros em contado (tais como um clube de futebol ou livros que usam uma lista de correio para manter os membros em contato entre si). Assim, como exemplo, considere os fãs de *Jornada nas estrelas* que possuem clubes de fãs locais conectando-se com algumas comunidades online relacionadas à série, oferecendo notícias, guias ou informações relacionadas à atividade de consumo, ou envolvendo-se em comportamentos semelhantes aos de devotos, em determinadas comunidades.

A diagonal final está na direita inferior do diagrama. Aqui, os membros de outras comunidades, que o modelo chama de *socializadores*, chegam em uma determinada comunidade online para formar laços sociais e interagir com os membros daquela outra comunidade. Este contato pode ser proveniente de outra comunidade totalmente não relacionada em termos de conteúdo, mas que está conectada por laços sociais fortes ou fracos de determinados membros. Ou ele poderia provir de uma comunidade relacionada que busca unir-se e trocar ideias com aquela comunidade, ou mesmo roubar membros dela. O ponto do socializador é construir laços entre diferentes comunidades eletrônicas.

Falando de modo geral, um observador tem o potencial de evoluir da condição de principiante para tornar-se um confidente à medida que adquire capital social com o grupo e capital cultural com as atividades de consumo essenciais nas quais se envolve. Outro modelo relacionado considera a tendência e movimento geral por meio desses modos relacionais. A participação pode passar de um tipo de intercâmbio factual e informacional para outro que mistura naturalmente informação factual e informação social, ou relacional (ver Kozinets, 1999).

TIPOS DE COMUNIDADES ONLINE

Esses tipos de afiliação e participação também poderiam nos ajudar a compreender algumas das diferentes formas de comunidades online, como representado na Figura 2.3. Como já observamos, a natureza dos relacionamentos nesse tipo de comunidades pode variar de intensamente pessoal e profundamente significativa àquelas que são bastante superficiais, de curta duração e relativamente insignificantes. Elas também podem variar daquelas que são estritamente orientadas em torno de uma determinada atividade, tais como xilogravura ou discutir sobre America's Next Top Model, àquelas em que uma atividade ou interesse unificador é irrelevante. Reuniões online, que são conhecidas por suas relações mais fracas e pela pouca importância de qualquer tipo de atividade de consumo, poderiam ser conhecidas como *comunidades de aventura*. Certos mundos virtuais, salas de bate-papo e espaços para jogos encaixam-se bem nessa classificação. Elas satisfariam as necessidades "relacionais" e "recreativas" que atraem as pessoas às comunidades online.

Locais online que apresentam e criam laços sociais muito fortes entre os membros, resultando em relacionamentos profundos e duradouros, mas cujos membros não estão particularmente focados em um comportamento de consumo comum ou unificador, poderiam ser chamadas de *comunidades de vinculação*. Websites de redes sociais, muitos mundos virtuais e determinados lugares nos mundos virtuais, assim como diversos fóruns sociais se encaixariam nessa categoria. Comunidades virtuais de vinculação atenderiam basicamente as necessidades relacionais de seus membros.

Um terceiro tipo de comunidade eletrônica seria as de reuniões online onde o

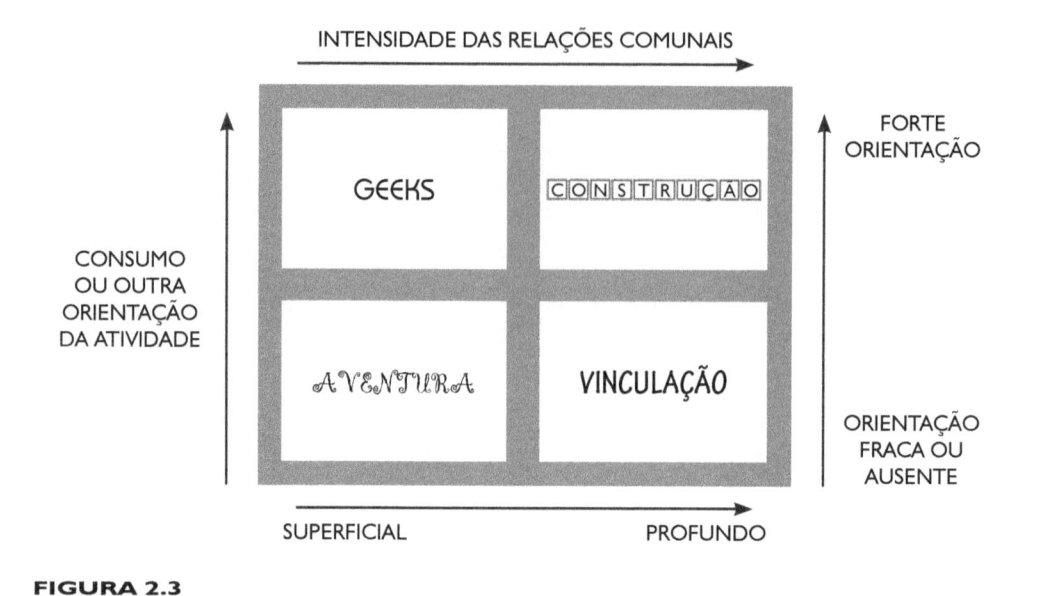

```
                INTENSIDADE DAS RELAÇÕES COMUNAIS
                ─────────────────────────────────▶

                    ┌─────────────┬─────────────┐
                    │             │             │   FORTE
                    │   GEEKS     │ CONSTRUÇÃO  │   ORIENTAÇÃO
CONSUMO             │             │             │
OU OUTRA            ├─────────────┼─────────────┤
ORIENTAÇÃO          │             │             │
DA ATIVIDADE        │  AVENTURA   │ VINCULAÇÃO  │   ORIENTAÇÃO
                    │             │             │   FRACA OU
                    │             │             │   AUSENTE
                    └─────────────┴─────────────┘
                    SUPERFICIAL      PROFUNDO
```

FIGURA 2.3

Tipos de interação em comunidades online.

compartilhamento de informações, notícias, histórias e técnicas sobre uma determinada atividade é a razão de ser da comunidade – novamente, poderia ser consumo ou produção, ou mesmo *prosumption* ("prosumo") (Tapscot e Williams, 2007). Com todo o respeito – e digo isso de maneira sincera, pois faço parte desse clube – chamo estas de *comunidades de geeks*. Muitos grupos de notícias, fóruns eletrônicos, websites e serviços de conteúdo social e blogs seriam comunidades de *geeks*, oferecendo a seus membros e leitores informações extremamente detalhadas sobre um determinado conjunto de atividades, mas não envolvendo a maioria deles em relacionamentos sociais profundos. Os modos de interação nessas comunidades são predominantemente informacionais.

Por fim, temos as reuniões que oferecem tanto um forte senso de comunidade como informações detalhadas e inteligentes sobre uma atividade ou interesse central unificador. Denomino estas de *comunidades de construção*. Não obstante, blogs, websites colaborativos (wikis), grupos de interesse em websites de redes sociais, e outras formas de reuniões online certamente poderiam ser comunidades de construção. Com mais frequência tenho observado essas comunidades online surgirem de fóruns eletrônicos, sites devotos e mundos virtuais. Um bom exemplo de uma comunidade de construção seria o fórum Niketalk, dedicado a discussões aprofundadas, avaliações e mesmo *design* de calçados esportivos e tênis para basquetebol (ver Füller et al., 2007). Outro exemplo é a comunidade de software livre, em todas as suas diversas manifestações, tais como a Slashdot (Hemetsberger e Reinhardt, 2006). O modo de interação nesses tipos de comunidades é informacional assim como relacional. Essas categorias se misturam e para muitos participantes tornam-se recreativas e, até mesmo, para alguns, transformadoras. A transformação é mais ativamente perseguida por confidentes, cujas habilidades sociais e ativas dão força a sua experiência online. Entretanto, essas atividades transformadoras, que podem incluir resistência e ativismo, também serão seguidas por devotos cujos interesses e habilidades os inspiram a assumir posições de liderança ao buscarem provocar uma mudança positiva.

ESTUDOS DA CULTURA E DAS COMUNIDADES ONLINE EM DESENVOLVIMENTO

À medida que pesquisadores conduzem etnografias criativas nas comunidades online que continuam florescendo, se modificando e se espalhando, aprendemos o quanto essas comunidades estão mudando a sociedade. Etnografias de comunidades e culturas online estão nos informando sobre como essas formações influenciam noções de *self*, como elas expressam a condição pós-moderna e como elas simultaneamente libertam e limitam. Elas revelam a imensa diversidade dos grupos eletrônicos, de *skinheads* a novas mães de classes privilegiadas, de subculturas de jovens a idosos. Revelam como nossas relações humanas, nossas relações de trabalho e nossas estruturas de poder estão mudando. Revelam tensões entre orientações comerciais e estruturas de poder online e as formas comunais que elas promovem e, ainda, contam sobre a promoção de transformação cultural, e a criação de agentes de mudança.

Muitas dessas investigações etnográficas, especialmente as primeiras, foram realizadas por estudiosos trabalhando dentro da disciplina de estudos culturais. É um pouco surpreendente que mais antropólogos não tenham conduzido etnografias online. Em uma investigação antropológica, Lysloff (2003) é cautelosamente otimista sobre os impactos expressionistas da comunidade online na cultura humana. Ela relaciona a cibercultura à noção pós-moderna do *self* múltiplo fragmentado, bem como a um senso de voz situacionista:

> Quando nos conectamos, o computador estende nossa identidade para um mundo virtual de presença desencarnada, e ao mesmo tempo, isso nos incita a assumir outras identidades. Nós espreitamos ou nos envolvemos em listas e grupos de discussão que permitem que diferentes versões de nós mesmos aflorem dialogicamente. Dessa forma, o computador permite um novo tipo de performatividade, uma realização de identidades múltiplas e talvez idealizadas por meio de texto e imagem. (2003, p. 255)

Demonstrando a capacidade das etnografias online revelarem nuanças culturais, Campbell (2006) estuda a cultura *skinhead* online, argumentando que a identidade *skinhead* como expressada online é extraordinariamente heterogênea. Ele adicionalmente corrobora que existe um relacionamento surpreendentemente complexo e dinâmico entre a cultura *skinhead* online e noções de raça e racismo. Estudos como esse destacam a utilidade – talvez até a necessidade – de estudos de reuniões online para ajudar a revelar *nuances* adicionais em nossa compreensão das culturas e comunidades existentes, e demonstram como essas comunidades estão sofrendo inflexões, hibridizações e transformações pelas possibilidades únicas conferidas pela conectividade da internet.

Em seu estudo de uma comunidade online de vanguarda pós-*punk* de algum modo neoconservadora ("straight edge"), William e Copes (2005, p. 86) também sugerem que existem ligações entre "a condição pós-moderna", a "fragmentação da identidade", "o enfraquecimento do compromisso com qualquer coisa que não consigo mesmo" e a "qualidade liminar" da experiência comunal da internet. Eles veem as comunidades online funcionando "como uma interconexão de comunicação" entre os meios de comunicação de massa e a interação subcultural face a face, facilitando a "difusão subcultural por meio de usuários nômades da internet que compartilham valores subculturais e sentem-se parte de uma comunidade virtual mas que não sentem a necessidade de se autoidentificar como membros de subculturas" (Williams e Copes, 2005, p. 86).

As comunidades online são fenômenos abundantes, e suas normas e rituais são moldadas pelas práticas da cibercultura e dos grupos culturais gerais que as utilizam. Estudando o papel da internet nas vidas de um grupo de novas mães heterossexuais, brancas, socialmente privilegiadas e tecnologicamente proficientes, Madge e O'Connor (2006), procuraram explorar em que sentido tais comunidades poderiam realizar seu louvado potencial de capacitação e ativismo feminista. Elas afirmaram que o contato comunitário online definitivamente fornecia um senso de apoio social e fontes alternativas de informação que aumentaram o senso de capacitação das mulheres na transição crucial à maternidade. Entretanto, elas também sugerem que os estereótipos tradicionais da maternagem e dos papéis de gênero persistem nas comunidades dedicadas a isso. Eles descrevem um paradoxo em que a internet tanto liberta quanto limita a vida dos que participam dessa comunidade de prática. Demonstrando que o uso e a importância das comunidades online não se limitam a pessoas jovens ou de meia-idade, Kanayama (2003) afirma que idosos japoneses se beneficiam de interações comunitárias online uns com os outros de diversas maneiras e usam diversos formatos linguísticos, tais como *emoticons* e haicais.

Em seu estudo dos relacionamentos e amizades online, Carter (2005) apresenta o argumento de que algumas pessoas estão investindo tanto tempo e esforço em relacionamentos online quanto em outros relacionamentos. Seu estudo, focado em um site etnográfico chamado Cybercity, fornece evidências de que "muitas das amizades formadas no Cybercity estão rotineiramente sendo transferidas para a vida fora da rede", e, em consequência disso, "as pessoas estão ampliando suas redes de relacionamentos pessoais para incluir o ciberespaço. Nesse aspecto, o ciberespaço não é mais distinto e separado da vida real. Ele faz parte da vida cotidiana, na medida em que esses relacionamentos estão sendo embutidos na vida cotidiana" (2005, p. 164). Contudo, a natureza dos relacionamentos e amizades pode estar mudando em função das diferentes formas e liberdades disponíveis por meio das comunicações mediadas por computador. Por causa das comunidades online e da TIC, os relacionamentos sociais, estão atualmente em um estado de transformação.

Uma conclusão semelhante poderia ser tirada do estudo de Whitty (2003) dos "ciberflertes". Entretanto, Whitty também explora o aspecto muito conhecido da desencarnação online. Ela sugere que, em vez de haver uma ausência do corpo nas interações comunitárias online, o corpo é reconstruído ou reencarnado de diferentes maneiras. Ela também relata a interessante combinação de elementos realísticos e fantásticos que permitem o surgimento de uma comunicação rica e divertida.

As comunidades virtuais parecem inclusive estar mudando a natureza do trabalho e as relações de trabalho. Gossett e Kilker (2006) realizaram um estudo de sites contrainstitucionais, no contexto de uma análise minuciosa da RadioShackSucks.com. Eles afirmam que estes sites permitem e autorizam as pessoas a manifestarem suas frustrações ligadas ao trabalho de maneira pública e anônima. Elas fazem isso em um ambiente de apoio e anônimo que lhes proporciona um reduzido medo de retaliação ou demissão de seus empregos. Existem algumas implicações teóricas e práticas importantes no fato de que os participantes podem usar esses sites para envolverem-se em esforços de expressão e resistência fora dos limites formais dos diversos tipos de organizações, tais como departamentos de recursos humanos ou sindicatos. "Está claro", eles afirmam, "que a internet está se tornando cada vez mais um lugar para os trabalhadores se reunirem, trocarem informações e se engajarem em ações coletivas fora dos limites da organização" (Gossett e Kilker, 2006, p. 83).

Outro tema importante é o da inter-relação entre instituições comerciais e de *marketing* e as comunidades que elas promovem, mantêm e se propõem a atender por meio da TIC. Kozinets (2001) identificou muitas tensões essenciais entre as estigmatizadas comunidades de fãs de *Jornada nas Estrelas*, suas ideologias utópicas e inclusivas, e as grandes iniciativas corporativas que as reuniram para fins comerciais em locais físicos e online. Kozinets e Sherry (2005) também estudaram as tensões entre comunidades e organizações comerciais da sociedade em geral no contexto do festival Burning Man e sua comunidade online permanente.

Um aviso de precaução é feito por Campbell (2005) em sua análise de comunidades online de *gays*, lésbicas, bissexuais e transexuais (GLBT). Ele retrata como os portais *gays* da internet cortejam abertamente a comunidade *gay* online com promessas de inclusão e de uma autêntica experiência comunal. Entretanto, eles também simultaneamente reposicionam *gays* e lésbicas em um pan-óptico comercial que os coloca sob vigilância corporativa. Ele se pergunta se "todos os portais comerciais que se propõem a atender grupos politicamente marginalizados levantam a questão de se é possível haver um equilíbrio entre os interesses da comunidade e os interesses do comércio" (2005, p. 678; ver também Campbell, 2004; Campbell e Carlson 2002).

Pertinente a essa discussão do poder comercial são as emergentes correntes de pesquisa que sugerem que o aumento da TIC e da participação comunitária online ao redor do mundo está retirando o poder "de nações e suas agências regulatórias em termos de vigilância, monitoramento e políticas administrativas e de gerenciamento cultural" (Olaniran 2008, p. 52). Também é o caso de que a participação em comunidades online parece enfraquecer a influência de culturas locais existentes e suas práticas embutidas. O fácil acesso e exposição dos membros de tais comunidades aos diferentes valores de diversas culturas nacionais e regionais podem ter impactos dramáticos sobre como os indivíduos veem seus modos de vida locais. Nesse sentido, Robert McDougal (1999) sugere, em um estudo da introdução do correio eletrônico entre os índios Mohawk, que os membros desse grupo consideraram que a tecnologia alterou o que eles consideravam modos importantes de relacionar-se com o mundo e até seu próprio modo de vida tradicional.

Um ponto saliente é levantado por Olaniran (2008). Ele observa que:

> um fator que media as experiências de interação nas tribos virtuais é o fato de que os membros são separados da população geral do país de origem. Esse fator cria, ou no mínimo estabelece, a necessidade de se conformar e adotar normas de grupo nas tribos virtuais. A implicação na comunicação é que os membros precisam desenvolver um novo conjunto de normas que seja peculiar a seu grupo particular. (Olaniran, 2008, pp. 44-5)

À medida que novos websites e formas de comunidade tornam-se institucionalizados – um processo cuja alacridade só pode impressionar qualquer um que esteja assistindo à ascensão meteórica do Youtube ou do Facebook –, as comunidades locais podem descobrir suas próprias normas e padrões ficando atrás dessas novas instituições. As implicações de mais longo prazo dessa tendência de "deslocalização" das comunidades locais e dos modos de vida tradicionais estão longe de serem claras.

Por fim, as comunidades online mudam o modo como as pessoas buscam a mudança em seu mundo. Um estudo inicial concluiu que as organizações ambientais tornaram-se politicamente mais ativas por causa da internet e das comunidades eletrônicas (Zelwietro, 1998), e sugere que as comunidades online têm um efeito transformativo em seus participantes, permitindo-lhes se organizarem melhor e focarem nas tarefas específicas necessárias para a realização de seus objetivos de mais longo prazo. Bolanle Olaniran (2004, p. 161) afirma que os participantes de comunidades eletrônicas podem e servirão de agentes sociais para a transformação cultural em suas outras diversas culturas e comunidades. Ele sugere que, nas comunidades eletrônicas, "os interesses do grupo [podem] inspirar os devotos a demandar e buscar mudança positiva dentro e fora do grupo" (2008, p. 47).

RESUMO

A pesquisa interdisciplinar demonstra como qualidades comunais autênticas, benéficas e diversas se transferem para o ambiente online. Investigações etnográficas nos ensinam sobre as variedades de estratégias e práticas usadas para criar um senso comunal e também nos ensinam sobre as variedades e a substância da participação, dos membros, dos estilos de participação e das formas das comunidades eletrônicas. Recentes acontecimentos na pesquisa etnográfica online revelam o quanto as comunidades eletrônicas estão mudando as noções de *self*, os sistemas de apoio social, as relações pessoais e de trabalho, o poder institucional e o ativismo social. O capítulo a seguir faz um apanhado geral e compara os diversos métodos de pesquisa utilizados para compreender o mundo social das comunidades e culturas online. Isso ajudará a avaliar essas abordagens antes de prosseguirmos para os capítulos que introduzem, explicam e demonstram a abordagem netnográfica.

Leituras fundamentais

Baym, Nancy K. (1999) Tune In, Log On: Soaps, Fandom, and Online Community. Thousand Oaks, CA: Sage.

Kozinets, Robert V. (1999) 'E-Tribalized Marketing? The Strategic Implications of Virtual Communities of Consumption', European Management Journal, 17(3): 252–64.

Markham, Annette N. (1998) Life Online: Researching Real Experience in Virtual Space. Walnut Creek, CA: Altamira.

McKenna, Katelyn and Gwendolyn Seidman (2005) 'You, Me, and We: Interpersonal Processes in Electronic Groups,' in Yair Amichai-Hamburger (ed.), The Social Net: Human Behavior in Cyberspace. Oxford: Oxford University Press.

Walther, Joseph B. (1992) 'Interpersonal Effects in Mediated Interaction: A Relational Perspective', Communication Research, 19: 52–90.

3
Pesquisando online: métodos

☑ Resumo

Este capítulo oferece uma análise geral de alguns dos métodos usados para examinar diferentes aspectos das comunidades e culturas online: levantamentos, entrevistas, diários, grupos de foco, análise estrutural de redes e etnografia. Compara-se o foco e o âmbito de pesquisa de cada método. Diretrizes centradas em perguntas ajudam o pesquisador a integrar essas abordagens umas com as outras e com a netnografia.

Palavras-Chave: Etnografias de comunidades e culturas online, etnografia, pesquisa na internet, grupos de foco online, entrevistas online, diários online, métodos de pesquisa online, levantamentos online, análise estrutural de redes

CONSIDERANDO A ESCOLHA DO MÉTODO

Uma das escolhas fundamentais que todo pesquisador pode ter que fazer refere-se a qual método utilizar. Na academia contemporânea, os pesquisadores podem apegar-se a determinadas técnicas quando decidem ingressar em determinados campos acadêmicos, trabalhar com determinadas cadeiras ou orientadores de pós-graduação, ou publicar em determinados periódicos. Isso é lamentável. Contudo, a profundidade de conhecimento e a habilidade necessária para muitos desses campos especializados exige que alunos e profissionais foquem seu conhecimento e atenção.

Uma das primeiras escolhas importantes que o pesquisador precisa fazer é se vai utilizar uma abordagem quantitativa, uma abordagem qualitativa, ou uma abordagem que usa métodos mistos. Creswell (2009) complica a divisão perfeita entre pesquisa qualitativa e quantitativa. Considere que os dados conversacionais que fluem por meio da internet são compostos de vários *bits* numéricos percorrendo fios entre vários servidores distantes, e que a codificação de substantivos e verbos nesses dados converte, com relativa facilidade, palavras qualitativas a um formato passível de leitura por máquina, formato este que é facilmente quantificado e analisado como dados quantitativos. Creswell (2009, p. 4) afirma que a principal diferença entre essas abordagens é que a pesquisa qualitativa é útil para explorar e compreender significados, ao passo que a pesquisa quantitativa é usada para testar teorias examinando as relações entre variáveis mensuráveis. Entretanto, Sudweeks e Simoff (1999, p. 32) questionam "essa dicotomia qualitativo-quantitativo perfeita", argumentando que "cada metodologia tem seu próprio conjunto de custos e benefícios, principalmente quando aplicada à pesquisa na internet, e que é possível trazer à tona e combinar as virtudes de cada uma com determinadas variáveis de interesse". É esse processo de combinação entre abordagens e questões que deve interessar os pesquisadores netnográficos, e que será o principal tema deste capítulo.

O conselho norteador aqui é que seu método de pesquisa deve ser diretamente relacionado para fornecer dados e análise capazes de responder a questão de pesquisa que você quer investigar. O método que você escolhe para fazer sua pesquisa deve depender da natureza e do âmbito de sua questão. Em um campo novo e em constante transformação como o dos estudos da internet, técnicas qualitativas podem ajudar a desenhar (ou redesenhar) o mapa de um terreno novo ou em rápida transformação. Essas técnicas também podem ajudar a dizer aos futuros pesquisadores quais são os construtos e relações mais interessantes. À medida que o pensamento torna-se mais desenvolvido sobre alguns desses tópicos, análises quantitativas e mais confirmatórias geralmente são empregadas para aprimorar o conhecimento do modo como esses pequenos conjuntos de construtos se inter-relacionam. Contudo, em qualquer ponto desse processo, a pesquisa qualitativa pode "agitar as coisas" questionando definições, reoperacionalizando construtos ou introduzindo novos construtos e relações ignoradas.

Meu conselho geral aos estudiosos é ler em uma área de conhecimento que seja do seu interesse, familiarizando-se com os construtos e teorias em uso. Simultaneamente, mantenha-se sintonizado com determinados fenômenos da vida real o máximo que puder. Pergunte a si mesmo: quais teorias ou construtos se encaixam ou não nesse mundo social real que eu vejo e experimento? A partir disso, você terá alguma direção sobre os tipos de questões de pesquisa que lhe interessam. As explicações a seguir, juntamente com outros textos metodológicos, o ajudarão a discernir o tipo apropriado de dados que você precisa. A coleta e a análise desses dados, e sua posterior conversão em uma resposta para sua questão de pesqui-

---

☑ QUADRO 3.1

O que deve determinar o método de pesquisa online que você usa?

- ✓ Métodos devem sempre ser guiados pelo foco de pesquisa e pelas questões de pesquisa.
- ✓ Combine o tipo de dados que você precisa com o tipo de questão que está tentando responder.
- ✓ Utilize a abordagem metodológica mais adequada para o nível de análise, construtos e tipos de dados.

sa, exigirão que você adote uma metodologia de pesquisa rigorosa e legítima.

Muitos métodos são complementares à netnografia. A netnografia, como sua irmã mais velha, a etnografia, é promíscua. Ela se apega e incorpora uma imensa variedade de diferentes técnicas e abordagens de pesquisa. Assim, comparação e contraste não são necessariamente um sinal de concorrência. A despeito do que alguém possa lhe dizer, um método de pesquisa não pode ser inerentemente superior a outro. Ele só pode ser melhor para estudar um determinado fenômeno ou responder a determinados tipos de questões de pesquisa.

LEVANTAMENTOS

Levantamentos podem ser usados para informar uma série de questões importantes sobre comunidades e culturas online. Eles têm sido úteis para fornecer uma visão geral da área das comunidades online, a partir da qual podemos discernir padrões em ampla escala. Uma vez que categorizações e classificações adequadas tenham sido feitas, levantamentos podem ajudar a compreender quão populares e mesmo quão válidas essas categorizações poderiam ser. De modo semelhante, levantamentos podem nos dizer muito sobre as atividades das pessoas em comunidades online, e também sobre o modo como sua comunidade e suas atividades culturais influenciam outros aspectos de suas vidas diárias. Também podem ser usados após entrevistas online para confirmar ou verificar determinados tipos de entendimento local.

Quantas pessoas leem blogs? Quantas usam comunidades online para aprender sobre um *hobby*? Com que frequência as pessoas se conectam com suas comunidades? Todas essas questões exigem pesquisa por levantamento.

A aplicação de levantamentos usando páginas da internet ou outros formatos online é chamada de método de levantamento online. Tais métodos cresceram rapidamente na última década (Andrews et al., 2003; Lazar e Preece, 1999). Praticamente partindo do zero, tornaram-se os principais métodos para investigar uma ampla variedade de questões sociais. São uma excelente forma de obter um determinado tipo de compreensão sobre comunidades e cultura online. Existem dois tipos de levantamentos online que se destacam nessa discussão. Primeiro, são pesquisas que tratam de tópicos de comunidades online, e nos revelam aspectos dessas comunidades e da cultura online. Segundo, são levantamentos que tratam de outros tópicos não diretamente relacionados a essas comunidades ou culturas virtuais, mas que estudam tópicos relacionados aos membros de uma comunidade online.

Primeiramente, vamos conversar sobre o segundo tipo, mais geral, de pesquisa online. Enquanto a pesquisa tradicional por correio ou telefone excluía muitos pesquisadores potenciais das coletas de dados em grande escala (Couper, 2000), levantamentos online são muito mais acessíveis e fáceis de usar. Por exemplo, o serviço SurveyMonkey.com é simples de montar e usa, assim como inclui, um grupo pronto de participantes. Atualmente, o serviço também pode ser utilizado gratuitamente por estudantes ou outras pessoas que trabalhem com amostras de pequena escala. Ele tem sido muito popular entre alunos de meus cursos. Outros sistemas e empresas de levantamento online populares incluem Surveywiz, SurveyPro, SurveySaid, Zoomerang e WebSurveyor; porém, existem muitos outros.

Uma pesquisa com levantamento online pode ser muito econômica quando comparada com pesquisas por correio (Weible e Wallace, 1998). Um estudo de Watt (1999) demonstra, inclusive, que o custo por entrevistado pode diminuir muito à medida que o tamanho da amostra aumenta, algo que não acontece com nenhuma outra forma de levantamento. Em termos de precisão, a pesquisa até aqui indica que os resultados de levantamentos online parecem não diferir significativamente dos resultados de pesquisas postais, mas oferecem fortes vantagens no tempo de distribuição e devolução (Andrews et al., 2003; Yun e Trumbo, 2000).

Tais levantamentos online são singulares. Eles têm características distintas – tais como suas propriedades tecnológicas, as características demográficas particulares dos grupos que eles pesquisam na internet e os padrões particulares das respostas dos entrevistados. Essas características sem par alteram o modo como os desenvolvedores de levantamentos devem formular suas perguntas, quando os levantamentos podem ser usados, como envolver pessoas que não respondem ou os "observadores" da internet, e como analisar os resultados adequadamente (Andrews et al., 2003; Sohn, 2001).

Os Pew Internet Reports (2001) são conjuntos de dados que nos ajudam a compreender o universo de rápidas transformações da atividade online. Eles são os resultados de pesquisa com levantamentos. Muitos pesquisadores interessados na feição geral da internet e suas culturas e comunidades online empregam esses dados. Eles os utilizam para compreender a frequência, a popularidade e as mudanças nas atividades das pessoas em suas interações e comunicações online, usam blogs e utilizam ferramentas de tecnologia social. Esses estudos baseados em levantamentos também elucidam padrões interessantes de uso por diferentes grupos demográficos, tais como homens e mulheres, diferentes raças e grupos étnicos e diferentes idades e coortes geracionais. De modo análogo, levantamentos repetidos de grupos virtuais, tais como The Digital Futures Project (2008) são úteis como estudos de rastreamento que nos permitem discernir as mudanças nos padrões gerais de uso das comunidades online. A Forrester Research também faz levantamento de informações para formar seu "Perfil Tecnográfico Social". Esse perfil nos ajuda a compreender as "atividades pessoa a pessoa" que transparecem no grande número de comunidades online disponíveis (Li e Bernoff, 2008, p. 41). Por exemplo, eles constataram que o maior grupo de pessoas envolvidas com este tipo de comunidades online são "expectadores", que espiam, leem e usam as postagens em comunidades eletrônicas. A categoria dos espectadores abrange 48% dos norte-americanos adultos online, dois terços dos adultos japoneses online e dos habitantes das grandes cidades chinesas, e 37% dos europeus adultos online (Li e Bernoff, 2008, p. 45). Eles também constatam que existe um considerável número de "criadores" que publicam um blog ou um artigo online ao menos uma vez por mês, editam sua própria página na internet, ou publicam vídeos, podcasts ou arquivos de áudio em sites como o YouTube. De acordo com o Forrester Research, 18% da população online adulta nos Estados Unidos, 10% dos adultos europeus e incríveis 38% dos sul-coreanos são criadores, as espinhas dorsais de muitas comunidades online (Li e Bernoff 2008, p. 41-42). Essas estatísticas mundiais obtidas com levantamentos reforçam a natureza disseminada da participação em comunidades virtuais.

Levantamentos sobre o universo da cultura e das comunidades online fornecem respostas para questões sobre adoção, padrões de uso, preferências de uso e dados demográficos. Para obter uma visão global do fenômeno, comparar o comportamento de uma comunidade ao de outras comunidades, conversar sobre constituintes demográficos, fornecer estimativas numéricas da população, ou influenciar, ou fornecer, outras informações comparativas, um netnógrafo pode precisar incorporar dados e análises relacionados a levantamentos. Levantamentos online são, portanto, bons para pesquisa em culturas e comunidades online em que se quer:

✓ tirar conclusões sobre o uso de comunidades eletrônicas que sejam representativas de uma determinada população;
✓ tirar conclusões sobre mudanças nos padrões do uso de comunidades eletrônicas;
✓ compreender atitudes expressas sobre comunidade online;
✓ obter uma ideia das correlações entre diversos valores, tais como dados demográficos, atitudes e uso de comunidade online;
✓ obter descrições retrospectivas sobre o que os membros de comunidades online recordam-se sobre suas ações;
✓ obter uma ideia das atitudes e opiniões das pessoas sobre as comunidades online;
✓ obter um senso das atitudes e opiniões das pessoas sobre as comunidades online;

- aprender sobre as representações das pessoas sobre o que fazem, ou pretendem fazer, em relação a sua comunidade e atividade cultural online.

Levantamentos online e de outros tipos podem ajudar a responder questões de pesquisa sobre culturas e comunidades virtuais como:

- Quantas pessoas ao redor do mundo participam em comunidades online?
- Os homens participam mais em comunidades do que as mulheres?
- Quais são as atividades mais populares em comunidades online?
- Quantas pessoas na Finlândia se conectam a um universo virtual diariamente?
- Quanto tempo os adolescentes passam usando correio eletrônico *versus* websites de redes sociais?
- Quantas pessoas planejam conhecer pessoalmente alguém que conheceram por meio de uma comunidade online no próximo ano?

Levantamentos não são especialmente apropriados para pesquisas que devem:

- explorar um novo tópico de cultura ou comunidade online sobre o qual pouco se sabia anteriormente;
- explorar uma comunidade ou cultura online cujas características você não compreende, e na qual desconhece as questões relevantes a perguntar;
- compreender o que as pessoas realmente fizeram ou disseram no passado;
- obter revelações sem retoques (p. ex., ComScore (2001) relata que os entrevistados em levantamentos online superestimam de maneira consistente e drástica o quanto compram online);
- especificar com precisão as relações ou estruturas comunitárias;
- obter uma compreensão profunda do ponto de vista de outra pessoa;
- aprender o modo peculiar com que a linguagem e as práticas são usadas para manifestar cultura;
- exibir uma compreensão complexa e sutil de um fenômeno, cultura ou comunidade.

ENTREVISTAS E MÉTODOS DE DIÁRIOS

Em um nível mais básico, uma entrevista é uma conversa, um conjunto de perguntas e respostas entre duas pessoas que concordam que uma delas assumirá o papel de perguntador e a outra o de respondedor. A única diferença entre uma entrevista online e uma entrevista face a face é que aquela ocorre com a mediação de algum aparelho tecnológico. O que, contudo, é uma grande diferença.

No mundo físico, o tópico da entrevista está tão entrelaçado com a conduta da etnografia que os dois são praticamente inseparáveis. Assim é também com a netnografia e a entrevista online. A entrevista online tornou-se o principal elemento da pesquisa netnográfica, presente como parte do método desde os primeiros trabalhos nesse campo (p. ex., Baym, 1995, 1999; Correll, 1995; Kozinets, 1997b, 1998; Markham, 1998). Neste capítulo, ofereço um apanhado geral da conduta de entrevistas aprofundadas online. Embora, como veremos nos próximos capítulos, seja possível conduzir uma netnografia exclusivamente observacional, a postura de observação participante recomendada com frequência exige um componente de entrevista (online ou não). Bruckman (2006, p. 87) opina que "entrevistas online têm valor limitado" e afirma que entrevistas face a face ou telefônicas oferecem muito mais compreensão. Embora eu concorde que entrevistas sincrônicas, baseadas em texto por meio de bate-papo eletrônico tendam a oferecer uma interação muito limitada, além de apressada e superficial, acredito que outros meios eletrônicos como correio eletrônico, e, evidentemente, conexões de áudio e audiovisual, são extremamente valiosas (ver Kivits, 2005). O Capítulo 6, que examina os métodos de coleta de dados netnográficos, apresenta uma discussão detalhada e um conjunto de diretrizes para ajudar a planejar e conduzir entrevistas.

Entrevistas online têm tradicionalmente sido prejudicadas pela falta de identificadores individuais e de linguagem corporal. Com quem, exatamente, eu estou falando? Sem alguma forma de contextualizar os dados sociais e culturais além do fato patente do encontro online, os dados podem ser difíceis de interpretar. Esse desafio interpretativo pode significar que a utilidade dos dados para compreensão de outros contextos culturais e sociais está em questão. Nos Capítulos 6 e 7, discutimos essas questões e provemos algumas estratégias para lidar com elas.

Conduzir uma entrevista por meio de seu computador significa que suas comunicações serão moldadas pelo meio que você utiliza. Estudos que procuram compreender o impacto subjetivo da conectividade da internet também podem coletar documentos dos participantes de pesquisas. Esses documentos com frequência tomam a forma de diários ou periódicos em que participantes registram, diariamente ou mesmo de hora em hora, eventos, reflexões, ou impressões de experiências. Por exemplo, Andrusyszyn e Davie (1997) descrevem o estudo de textos periódicos interativos que eles realizaram online. O formato eletrônico de redação de periódicos ou diários apresenta diversas vantagens intrínsecas. Os participantes podem ser lembrados ou estimulados automaticamente para fazerem suas contribuições. Estas podem ser salvas também de maneira automática. Além disso, os participantes podem fazer registros em seus diários de uma maneira que é mais fácil de ler do que pela escrita manual, e em um formato de texto legível por computador. Muitas das vantagens das entrevistas online também podem estar ligadas ao fato de que os dados são oriundos de diários ou registros eletrônicos.

Dependendo de seu foco de pesquisa, você pode precisar ou não do tipo de compreensão pessoal detalhada, aberta, descritiva e reflexiva que pode ser obtido a partir de diários ou entrevistas aprofundadas. Como no caso da etnografia pessoal, uma simples conversa *in situ*, ou um rápido intercâmbio de informações, pode ser suficiente para informar sua questão de pesquisa. Como no caso de pesquisas em geral, o tipo recomendado de entrevista será determinado pelo tipo de dados necessários. Para o tipo de compreensões culturais sutis de grupos sociais online que geralmente são o objetivo em uma netnografia, a entrevista aprofundada geralmente é o método de escolha. A maioria dos etnógrafos online empregou técnicas de entrevistas em profundidade em estudos culturais, antropologia e sociologia.

As entrevistas em profundidade permitem aos pesquisadores netnográficos alargarem sua compreensão do que observaram online. Por exemplo, pode-se tentar compreender a situação social do membro da cultura – sua idade, gênero, nacionalidade, orientação étnica, orientação sexual e assim por diante – e como isso influencia sua participação em comunidades online, e de que maneira é influenciado por elas, caso seja. Entrevistas em profundidade também permitem que os netnógrafos questionem a relação entre atividades comunitárias online e outras atividades sociais na vida do membro da comunidade. Dessa forma, pode-se desenhar um retrato mais completo do papel da comunidade virtual na vida inteira da pessoa – online e longe do computador.

Entrevistas em profundidade online são adequadas para pesquisa em culturas e comunidades virtuais em que é preciso:

✓ trazer à tona uma compreensão subjetiva detalhada da experiência vivida pelos participantes de uma comunidade online (o que é chamado de compreensão "fenomenológica");
✓ aprofundar a compreensão da relação entre a situação sociocultural única de uma pessoa e suas atividades ou comportamentos em uma cultura ou comunidade online;
✓ obter um senso subjetivo detalhado e fundamentado da perspectiva e do senso de significado de um membro de uma comunidade eletrônica;
✓ ouvir as recordações e interpretações de eventos das pessoas.

Entrevistas online podem ajudar a responder perguntas de pesquisa sobre culturas e comunidades virtuais, como:

- ✓ Como as pessoas se relacionam e aplicam as informações que adquirem nas comunidades online em suas vidas diárias?
- ✓ Quais são as metáforas mais comuns que os noruegueses usam para compreender a cultura online?
- ✓ Como os membros da família experimentam o comportamento de seus entes queridos em comunidades online?
- ✓ Como as pessoas usam suas conexões online para moderar seus estados emocionais durante o dia?
- ✓ Como as narrativas sobre as relações online se relacionam com importantes tópicos de cuidado da saúde nas vidas das pessoas?
- ✓ Que impacto as histórias que pessoas ouvem em comunidades online têm no modo como elas se relacionam com seu cônjuge?

Entrevistas não são necessariamente úteis quando você quer:

- ✓ tirar conclusões que sejam representativas de uma determinada população;
- ✓ tirar conclusões que sejam generalizáveis a outras populações;
- ✓ compreender o que realmente aconteceu em determinados lugares;
- ✓ compreender as relações causais entre eventos;
- ✓ quantificar relações.

GRUPOS DE FOCO

Quando uma entrevista é conduzida em um formato de grupo, este com frequência é chamado de grupo de foco. Grupos de foco são uma forma popular de pesquisa qualitativa usada para reunir rapidamente opiniões e perspectivas, como dados para tomada de decisão industrial ou governamental. As interações grupais dinâmicas dentro de um grupo de foco criam desafios para moderadores bem como achados de pesquisa interessantes, podendo também criar uma atenção artificial aumentada para um determinado tópico de pesquisa.

Entrevistas online com grupos de foco tornaram-se populares nos últimos cinco anos. A razão pode ser identificada no resumo do método apresentado por Mann e Stewart (2000, p. 125): "o grupo de foco online é um mecanismo eficiente e altamente econômico para coletar dados detalhados e em grandes quantidades". O meio online também oferece ao moderador do grupo de foco nova flexibilidade. A sessão do grupo de foco pode ser espalhada no tempo, misturada culturalmente, dispersada geograficamente, ou organizada usando qualquer combinação desses fatores. Os membros do grupo de foco podem ver uns aos outros ou não. O grupo pode ser moderado para prevenir que uma ou duas pessoas dominem a sessão (como acontece com frequência em ambientes face a face), ou não. Em uma exposição inicial, Gaiser (1977) considerou algumas das oportunidades de inovação metodológica com grupos de foco online. Um grupo conduzido por meio de software de teleconferência foi anunciado como uma das principais tendências no desenvolvimento de grupos de foco (Greenbaum, 1998) e os procedimentos para conduzi-los foram aprimorados por um número de empresas de pesquisa de *marketing* comercial.

A maioria dos estudos investigativos que utilizaram técnicas de grupo de foco empregou métodos assíncronos, tais como quadros de aviso, em vez de métodos sincrônicos (em tempo real) (Fox et al., 2007). É possível que, nesse ponto, esses métodos comecem a matizar-se sutilmente um sobre o outro. Uma postagem assíncrona de um conjunto de questões para um grupo também é uma técnica comum na netnografia. Além disso, ela poderia ser muito semelhante a uma série de entrevistas pessoais em profundidade conduzidas de modo sequencial ou mesmo paralelo. A capacidade de conduzir sessões de pergunta e resposta de modo assíncrono com o grupo é, na verdade, uma das marcas características de muitas formas de comunidade online.

Krueger (1994) sugere vários arquétipos de grupos de foco interessantes, tais como "o expert, o falante dominante, o participante tímido, e o excursionista". Contrastando seu trabalho online com diretrizes de grupo de foco face a face de Krueger (1994), Hughes e Lang (2004) oferecem uma gama de diretrizes metodológicas úteis para grupos de foco online, e observam que comunicações textuais tendem a assumir determinados padrões, tais como monólogos, repetições, ditos espirituosos, elaboração de ensaios e desafios. Esses padrões são muito familiares, e convergem com outras descrições de grupos de notícias e fóruns (ver, p. ex., Baym, 1999; Cherny, 1999; Jenkins, 1995; Kozinets, 1997a).

Outras conclusões importantes sobre entrevistas de grupo de foco sincrônicas são que:

1. a fadiga em salas de bate-papo tende a se estabelecer depois de uma hora;
2. o fórum online é mais apropriado para tópicos online do que físicos, por exemplo, para obter respostas a um novo site na internet do que para um novo telefone celular;
3. pode ser mais difícil garantir plena participação online do que em pessoa;
4. grupos online não podem ser tão grandes quanto grupos face a face, pois mesmo cinco pessoas pode ser difícil de manejar; e
5. o método requer participantes tecnologicamente capazes e hábeis na digitação que podem nem sempre estar disponíveis ou serem apropriados (Hughes e Lang, 2004; Mann e Stewart, 2000).

Diferente das entrevistas em profundidade online, que seriam comumente usadas, é provável que exista menos ocasiões em que entrevistas de grupo online serviriam em uma abordagem netnográfica. A netnografia tende a preocupar-se mais com as interações que ocorrem naturalmente em grupos online do que com as de grupos artificiais que são reunidas por pesquisadores para o propósito de alguma investigação particular. Entretanto, grupos de foco online realmente têm seus papéis. Como mencionado acima, tais grupos podem apresentar aos gerentes públicos ou corporativos um modo econômico de obter uma compreensão oportuna de determinado tópico usando um orçamento estabelecido. Essa compreensão se baseria em quantidades significativas de dados qualitativos reunidos em um grupo de foco composto de indivíduos recrutados e específicos, geralmente identificáveis.

Em uma netnografia, grupos de foco de participantes de comunidades existentes podem ser valiosos por duas razões principais. Primeiro, membros da comunidade e da cultura online podem ser entrevistados em grupo – assim como indivíduos podem ser entrevistados individualmente. Eles podem ser usados para aprender sobre as normas, as convenções, as histórias e os papéis dos membros de comunidades eletrônicas quando interagem online. Essa coleção de dados pode acontecer rapidamente, e os dados com frequência podem ser fornecidos com significativo detalhamento. Segundo, eles podem ser entrevistados para compreender como atividades online e offline estão relacionadas. Questões para o grupo de foco podem se ampliar e alargar nosso conhecimento da inter-relação da comunidade online com outros grupos e atividades sociais das pessoas, e o impacto de outros grupos e atividades sociais no que observamos na comunidade e cultura online. Por serem administrados e "moderados", os processos grupais de negociação de significado não podem substituir dados observacionais, mas são, sem dúvida, um adjunto útil.

ANÁLISE DE REDES SOCIAIS

Visão geral

A análise de redes sociais é um método analítico que focaliza as estruturas e os padrões de relacionamento entre atores sociais em uma rede (Berkowitz, 1982; Wellman, 1988). Na análise de redes sociais, existem duas principais unidades de análise: "nodos" (atores sociais) e "vínculos" (as relações entre eles). Uma rede é composta de um conjunto de atores ligados por um conjunto de laços relacionais. Os atores, ou "nodos", podem ser pessoas, equipes, organizações, ideias, mensagens ou outros conceitos. Os termos "vínculo" e "relação" podem ser usados de forma intercambiável para descrever a ligação entre atores. Exemplos de vínculos incluiriam compartilhamento de informações, transações econômicas, transferência de recursos, associações ou afiliações compartilhadas, relações sexuais, conexões físicas, compartilhamento de ideias ou valores, e assim por diante (Wasserman e Faust, 1994). Um grupo de pessoas, conectadas por determinadas relações sociais, tais como parentesco, amizade, trabalho conjunto, *hobby* compartilhado ou interesse comum, ou intercambiando qualquer tipo de informação, pode ser considerado uma rede social.

A análise de redes sociais tem suas bases na sociologia, na sociometria e na teoria dos grafos e na linha estrutural funcionalista dos antropólogos de "Manchester, que se basearam nesses dois elementos para investigar a estrutura de relações 'comunitárias' em sociedades tribais e aldeãs" (Scott, 1991, p. 7). Assim, a análise de redes sociais lida com dados relacionais e, embora seja possível quantificar e analisar estatisticamente essas relações, a análise de rede também "consiste em um corpo de medidas qualitativas da estrutura de rede" (Scott, 1991, p. 3). Existe, consequentemente, uma relação muito natural entre uma abordagem estrutural da etnografia, ou netnografia, e a abordagem de análise de redes sociais.

Durante os últimos 30 anos, a abordagem da análise de redes sociais em pesquisas cresceu rapidamente na sociologia e nos estudos de comunicação, tendo se espalhado para uma série de outros campos.

> Os analistas de redes sociais parecem descrever redes de relações da maneira mais completa possível, extrair os padrões proeminentes nessas redes, traçar o fluxo de informações (e outros recursos) por meio delas, e descobrir que efeitos essas relações e redes têm nas pessoas e nas organizações. (Garton et al., 1999, p. 75)

O sociólogo da University of Toronto, Barry Wellman (2001a, p. 2031), argumentou de maneira convincente que "as redes de computador são redes inerentemente sociais" e que, na medida em que as redes de computadores se proliferaram, vimo-nos em uma sociedade em rede que "tinha contornos indefinidos e laços frouxos". Wellman é considerado uma das figuras-chave, mas certamente não a única, sendo o pioneiro na aplicação das abordagens de análise de redes sociais às comunidades e culturas online que povoam a internet (ver, p. ex., Wellman et al., 1996). Examinando uma rede de computadores que conecta as pessoas como uma rede social, as abordagens de redes sociais são amplamente aplicadas para ajudar a compreender a interação entre redes de computador, comunicações mediadas por computador e redes sociais.

A análise de redes sociais é estrutural. Sua unidade de análise é a relação, e o que ela descobre de interessante nas relações são seus padrões. Existe, portanto, considerável sobreposição com certos tipos de netnografia, que pode ser focada na cultura e em seus padrões de significados e relações.[4] Analistas de redes sociais consideram os diversos recursos que são comunicados entre as pessoas em comunidades e culturas eletrônicas – estes podem ser textuais, gráficos, animados, de áudio, fotográficos, ou audiovisuais, e podem incluir compartilhamento de informações, discussão de rumores relacionados ao trabalho, compartilhamento de conselhos, provimento de apoio emocional, ou provimento de companhia (Haythornthwaite et al., 1995). Os netnógrafos também consideram tais recursos, vendo-os como fontes de significados e portadores de cultura.

Os netnógrafos não precisam adotar técnicas de análise de redes sociais em seus estudos. Entretanto, eles devem se familiarizar, ao menos em um nível básico, com técnicas, procedimentos e resultados investigativos gerais de análise de redes sociais. Existem muitas oportunidades de sinergias entre a análise estrutural de redes sociais e as análises mais centradas no significado da netnografia. Oferece-se, a seguir, um apanhado geral breve da adaptação e integração das técnicas de redes sociais na netnografia. O pesquisador interessado deve, evidentemente, consultar textos das fontes e talvez outros pesquisadores familiarizados com essas abordagens antes de prosseguir.

Os netnógrafos devem primeiramente entender que as relações e os vínculos estudados pelas análises de redes sociais resultam, de modo geral, em diferentes abordagens descritivas. A primeira examina essas relações da perspectiva "pessoal" ou "centrada no ego" de pessoas que estão no centro de sua rede. "Em um estudo de rede ego-centrado, faz-se perguntas a um conjunto de pessoas (selecionadas com base em algum critério de amostragem) para gerar uma lista de pessoas (*alters*) que são membros de sua rede social pessoal" (Garton et al., 1999, p.88). Por exemplo, em um questionário ou em uma entrevista, as pessoas podem ser indagadas sobre a quem elas fariam uma pergunta pessoal e a quem elas poderiam fazer uma pergunta ligada a lazer ou *hobby*. Essas perguntas podem ser limitadas a determinados grupos ou irrestritas. Estudos irrestritos podem revelar as diferentes comunidades e grupos culturais dos quais determinadas pessoas extraem determinados recursos culturais e informacionais.

Certamente é possível coletar os dados sobre todas as pessoas com as quais alguém faz contato online, mas existem "questões de codificação e invasão de privacidade" em relação a isso (Garton et al., 1999, p. 89). Embora incompletos, alguns desses dados estão publicamente disponíveis online. Perfis públicos de indivíduos – ou seus pseudônimos, ou dados de seus provedores de serviços – e suas postagens em grupos, como os do Google, podem ser qualitativa e quantitativamente analisados para mostrar os diferentes tipos de grupos com os quais as pessoas se relacionam virtualmente, a inter-relação de suas postagens, e a natureza geral da rede pessoal ou egocentrada que se forma ao redor de qualquer pessoa que participa na cultura online.

A segunda abordagem descritiva, com frequência denominada abordagem de rede integral, considera uma rede social inteira com base em alguma definição investigativa particular dos limites daquela rede. Em uma netnografia, a fronteira de uma rede social poderia ser o website onde a atividade cultural foi encontrada, ou onde a comunidade definiu a si própria, tais como os grupos de notícias alt.coffee ou rec.arts.startrek. Ou então, as fronteiras da rede social poderiam estar focadas em torno de uma determinada atividade, interesse ou objetivo. Assim, por exemplo, a comunidade de conhecedores de café poderia ser estudada em muitos locais, incluindo páginas da internet, grupos de notícias, listas de correio, restaurantes e lojas, grupos de degustação de café, listas de assinaturas de revistas e espectadores que participam de programas de televisão a cabo. Poderíamos também imaginar estudar a comunidade de conhecedores de café como uma única rede inteira, e a comunidade como ela existe em locais físicos como outra rede inteira. Uma vez que a consideração das fronteiras de grupo é tão imprescindível, a análise netnográfica pode ser extremamente útil para compreender a natureza das diversas comunidades e culturas sob investigação antes de medir a rede social.

Em estudos de redes integrais, estamos interessados na identificação das diferentes conexões entre os membros de determinados grupos. Uma abordagem é investigar todo o grupo, ou uma amostra de pessoas em um grupo, sobre suas ligações com outras pessoas específicas em um dado grupo. Essas questões também podem ser automatizadas, por meio de um levantamento online administrado aos membros da comunidade, ou por meio de diversas técnicas de codificação ou rastreamento em rede que capturam "dados de contato online de-quem-para-quem dentro de um grupo" (Garton et al., 1999, p. 89). Isso fornece uma representação da estrutura de relações, a qual revela conexões bem como desconexões sociais. A abordagem de rede integral também ajuda os pesquisadores a identificar as posições relativas que os membros ocupam dentro de uma rede, além de sugerir a partição em subgrupos ou "panelinhas" dentro do grupo.

Cada vínculo pertence, em seu nível mais básico, à díade formada entre dois atores. As relações se referem aos recursos que são intercambiados, e estas relações podem ser caracterizadas por seu conteúdo, sua direção e sua força. Os vínculos dos membros de comunidades eletrônicas podem incluir compartilhar uma fotografia, compartilhar um link de um blog, intercambiar histórias, adicionarem-se como amigos em um website de rede social, avisar um ao outro sobre um programa ou notícia interessante, oferecendo críticas, e assim por diante. Vínculos fortes parecem incluir "combinações de intimidade, autoexposição, fornecimento de serviços recíprocos, contato frequente e afinidade, tal como se tem entre amigos próximos ou colegas" (Garton et al., 1999, p. 79). Muitas vezes, os vínculos serão aludidos como fracos ou fortes. Em geral, uma vez que as definições de fraco ou forte variam conforme o contexto, um vínculo fraco é aquele que é esporádico ou irregular, e tem pouca ligação emocional. Um exemplo seria o de pessoas que são visitantes do mesmo blog, mas que nunca se comunicaram ou comentaram sobre os comentários uma da outra. A força dos vínculos pode ser operacionalizada dependendo do tipo de comunidade. Pares podem comunicar-se com mais ou menos frequência. Eles podem trocar grandes ou pequenas quantidades de informação ou bens; as informações que compartilham podem ser importantes ou triviais. Deve-se observar que esses julgamentos tendem a depender da situação cultural dos atores sociais – se a informação é importante ou trivial é uma determinação cultural de valor.

Existe uma faixa de unidades de análise interessantes usadas em análise de rede social. Para compreender as relações criadas por esses vínculos, a análise de rede social focaliza nas propriedades do relacionamento. Dois atores poderiam ter um vínculo baseado em uma única relação – tal como pertencer à mesma lista de correio para discussão do *American Idol*. Esse par poderia também ter uma relação múltipla baseada em algumas relações diferentes, tais como trabalhar para a mesma empresa, viver na mesma parte de Nova Délhi, pertencer ao mesmo templo hindu, e ser um membro do mesmo grupo no MySpace dedicado ao karaokê. Vínculos múltiplos são mais apoiadores, duradouros, voluntários e íntimos, e também são mantidos por meio de mais fóruns ou meios diferentes. A multiplicidade é uma das propriedades dos vínculos sociais, assim como direcionalidade, reciprocidade e simetria, força e homofilia.

O nível "diádico" é apenas um dos níveis possíveis de análise. A análise de "tríades" e mesmo redes maiores, tais como as que compreendem comunidades online, envolve a consideração das propriedades estruturais dessas redes, assim como as propriedades estruturais dos indivíduos dentro dessas redes. Uma medida importante na netnografia é a centralidade, esta revela os atores que podem ser os mais importantes, proeminentes ou influentes em uma rede. Existem diversos tipos diferentes de centralidade. A centralidade de grau considera os atores ativos mais populares em uma rede. Ela se concentra na medição de com quantos outros atores um determinado ator mantêm contato direto. A centralidade de vetor característico mede quanto um nodo está conectado com outros nodos que também estejam fortemente conectados entre si. A centralidade de vetor característico refere-se mais ao poder e influência do que à popularidade. A centralidade de interposição mede a esfera de influência de um ator. Um ator central nesse contexto está verdadeiramente no meio das coisas. Quanto mais influência um ator tem sobre o fluxo de informações, mais poder e controle ele possivelmente pode exercer (Wasserman e Faust, 1994). Finalmente, a centralidade de proximidade considera "o" alcance e a acessibilidade em vez de o poder ou a popularidade" (Vam den Bulte e Wuyts, 2007).

A análise de rede social nos ajuda a aprender sobre como as redes sociais se manifestam por meio da conectividade da rede de computadores. Haythornthwaite (2005, p. 140) observa como a mudança tecnológica está se fundindo com o que ela chama de "mecanismos sociais". As comunidades online parecem ser capazes de ajudar a inclinar vínculos latentes a vínculos fracos. Comunidades online e redes comunitárias também podem ajudar vínculos fracos a transformarem-se em vínculos fortes, à medida que pessoas nessas redes acrescentam, de par a par, novos tipos de conexões, tais como encontrar-se pessoalmente, encontrar-se sincronicamente online, e adicionar correio eletrônico a suas discussões públicas (Haythornthwaite 2005, p. 141). Um uso prático é "formar vínculos fortes o suficiente entre estranhos para que eles envolvam-se em comércio eletrônico" (Haythornthwaite 2005, p. 140). Desenvolver a confiança por meio de sistemas de reputação, como o que a eBay usa para fornecer aos membros um feedback sobre transações bem-sucedidas, é um exemplo. Relações de confiança, ligadas a vínculos fortes, também são relevantes para compreender e planejar a provisão online de muitos tipos de informação pública. Outros usos incluem o manejo de ativismo social e campanhas de base popular, tais como a campanha política para Howard Dean e a do presidente Barack Obama, ainda mais bem-sucedida.

Coletando dados para análise de rede social

As informações sobre redes sociais têm tradicionalmente sido "reunidas por questionários, entrevistas, diários [e] observações" (Garton et al., 1999, p. 90). Cada vez mais, elas também têm sido coletadas por monitoramento de computadores e diversos outros métodos – tais como "mineração de dados" para capturar dados de redes de computadores publicamente acessíveis. A maioria dos pesquisadores de rede parece concordar que as melhores abordagens usam uma combinação de métodos de coleta de dados. A captura automatizada pode levantar preocupações sobre o manejo de dados, sobre a interpretação destes, bem como preocupações em relação à privacidade. Embora seja uma questão relativamente simples coletar informações, de forma rotineira, em redes inteiras ou subamostras de redes, essas preocupações emergem na análise de redes sociais, assim como acontece na netnografia. Muitas das sugestões neste livro sobre questões relativas a coleta e análise de dados e ética da pesquisa na internet, portanto, se aplicam igualmente à netnografia bem como à análise de rede social desse tipo.

A netnografia pode informar e inter-relacionar-se com a análise de rede social de diversas formas importantes. Com suas ricas descrições expansivas e situadas, a netnografia pode ajudar a posicionar um estudo de rede dentro dos limites de sua análise. Ela também pode identificar nodos – sejam eles individuais, atividades, mensagens, grupos, ou algum outro "ator" social. A netnografia pode ser usada para identificar tipos de relacionamentos apropriados para se examinar mais a fundo. A netnografia pode também ajudar a informar se análises ego-centradas ou de rede inteira são apropriadas. Ela pode investigar os significados por trás das relações e vínculos. Ela também pode ajudar a prover explicações do tipo "por que" para uma série de características, tais como relações de poder e influência, vários tipos de vínculos sociais, e as aglomerações de subgrupos e panelinhas. De modo semelhante, a análise de redes sociais e suas ricas técnicas de visualização podem elucidar, alargar e fornecer ideias e evidências adicionais que ajudem a revelar as propriedades e as relações que constituem o complexo mundo das comunidades e culturas online.

Existe, atualmente, uma grande quantidade de programas desse tipo de análise disponíveis para auxiliar o analista de rede social. Alguns programas que são comumente usados para finalidades de pesquisa acadêmica incluiriam UCINet, KrackPlot, Pajek, ORA e GUESS. Existem muitos outros para finalidades comerciais e mercadológicas. Esses pacotes de software podem ser usados para minerar dados relacionais da internet, extraí-los de bases de dados de diversos formatos, ou gerá-los a partir de levantamentos e questionários. Eles também são muito úteis para analisar dados relacionais e fornecer visualizações de diferentes arranjos de redes sociais. Welser e colaboradores (2007), por exemplo, usaram técnicas de análise e visualização para distinguir "pessoas de resposta" – que predominantemente respondem perguntas postadas por outros – de "pessoas de discussão" em comunidades eletrônicas, e representar claramente o modo como seus comportamentos foram representados em redes sociais. Fournier e Lee (2009) usaram diagramas de tipos de redes sociais para sugerir que existem estruturas diferentes, mas complementares, em "comunidades de marcas" baseadas em interesses e em consumo. Técnicas de visualizações foram, inclusive, utilizadas para estudar comunidades, redes ou conversas extremamente amplas e difusas – até a própria internet (ver Sack, 2002). Nas netnografias, esse software pode ser empregado para mapear as relações entre indivíduos, tópicos, sequências de mensagens, construtos ou ideias, valores, grupos ou comunidades. Ele pode ser usado para fornecer informação adicional e representações visuais das estruturas sociais que operam em comunidades e culturas online.

Em suma, a análise de rede social com frequência é um complemento útil da netnografia e pode inclusive ser mesclada com um estudo netnográfico. Ela é adequada para pesquisa em culturas e comunidades online em que você quer:

✓ aprender sobre a estrutura das comunicações de uma comunidade;
✓ discutir padrões de relações ou "vínculos" sociais;
✓ descrever diferentes tipos de relações e intercâmbios sociais entre membros de uma comunidade online;
✓ estudar os padrões reais e o real conteúdo das comunicações de comunidades eletrônicas;
✓ estudar fluxos de comunicação e conexão entre diferentes comunidades eletrônicas;
✓ estudar fluxos de comunicação e conexão entre diferentes tipos de comunidades eletrônicas;
✓ comparar estruturas de comunidade e fluxos de comunicação entre comunidades online e face a face.

A análise de rede social lhe permitirá responder questões de pesquisa como:

✓ Qual é a estrutura das comunicações nessa comunidade online? Quem está se comunicando com quem? Quem se comunica mais?
✓ Quais são os comunicadores mais influentes nessa rede comunitária eletrônica?
✓ Existe um grupo central e um grupo periférico nessa comunidade particular?
✓ Quais são os diversos subgrupos nessa comunidade ou cultura?
✓ Como flui a informação por meio dessa comunidade eletrônica específica?
✓ Como a comunicação em um universo virtual difere de comunicações face a face em termos de quem a utiliza, e o que é comunicado?
✓ Quais são os padrões gerais de difusão das informações entre estas duas comunidades eletrônicas específicas?

A análise de rede social em si não é especialmente apropriada para estudos cujo objetivo seja:

✓ obter uma compreensão detalhada e sutil da experiência vivida pelos membros da cultura ou comunidade eletrônica;
✓ compreender as práticas sociais e sistemas de significados relacionados dos membros da cultura ou comunidade eletrônica;
✓ comunicar e comparar o modo peculiar como a linguagem é usada para manifestar cultura por meio de formações sociais online.

ETNOGRAFIA E NETNOGRAFIA

Como detalharemos no próximo capítulo, a netnografia complementa e estende essas outras abordagens de pesquisa. Nesta breve seção, faremos um apanhado geral curto e contrastaremos a etnografia com a netnografia. Como abordado nas seções anteriores, esse contraste é um pouco artificial porque muitas netnografias são conduzidas como parte de um projeto de pesquisa que combina diversas técnicas. Este capítulo procurou salientar os contrastes entre esses diferentes métodos. Mas o aluno e pesquisador deve saber que o mais importante é que outras técnicas e abordagens complementam e ampliam a netnografia. Isso é especialmente verdade em relação à etnografia em pessoa, ou face a face.

Etnografias face a face são extremamente valiosas na pesquisa industrial e acadêmica, encontrando ampla aplicação em praticamente toda literatura e domínio de aplicação de conhecimento, da medicina e enfermagem à economia, da arquitetura à ciência da computação e *design*, comportamento e contabilidade organizacional e, é claro, em estudos culturais, sociológicos e antropológicos. A pesquisa etnográfica permite que o pesquisador adquira uma compreensão detalhada sutil de um fenômeno social, e depois capte e comunique suas qualidades culturais. Ela fornece um senso da experiência vivida pelos membros da cultura, assim como uma análise fundamentada da estrutura do seu grupo, como ele funciona, e como ele se compara a outros grupos. Práticas sociais são cuidadosamente consideradas e sistemas de significado delicadamente analisados. Na "etnografia interpretativa", uma única frase ou evento pode ser analisada nos mínimos detalhes, eventos podem ser capturados por meio de um "olhar de *voyeur*" cinemático, colocados em um poema, ou trançados formando uma rica tapeçaria de quadros, imagens gráficas e textos relacionados (Denzin, 1997). A etnografia contemporânea oferece muitas oportunidades ricas não apenas de "escrever cultura", como Clifford e Marcus (1986) diriam, mas também de representá-la.

Etnografias "clássicas", face a face, de imersão completa, certamente não são fáceis de conduzir. Elas demandam muito tempo e recursos. Por envolverem observação direta dos participantes por parte do pesquisador, elas são inevitavelmente intrusivas. Quando comparamos etnografia em pessoa com grupos de foco face a face e entrevistas pessoais, não há dúvida de que os grupos de foco e as entrevistas demandam menos tempo, além de serem mais simples e fáceis de conduzir. Em ambientes industriais, grupos de foco são consideravelmente mais econômicos do que etnografias realizadas profissionalmente. Isso explica, muito provavelmente, por que estas são as técnicas mais populares. Entretanto, grupos de foco e entrevistas – assim como levantamentos – são muito conspícuos. As perguntas que fazem são preconcebidas e as situações em que colocam os participantes são artefatos do delineamento de pesquisa. Os dados que eles produzem, então, devem ser vistos como um pouco artificiais e descontextualizados quando comparados com dados etnográficos. A rica compreensão que ela oferece pode ser a razão pela qual a etnografia profissional é cada vez mais valorizada no mundo do gerenciamento de *marketing,* inovação de novos produtos, e *design* (Sunderland e Denny, 2007).

Uma das principais vantagens da netnografia é o fato de que ela, como a etnografia com a qual ela está tão intimamente relacionada, é uma técnica naturalista. Em muitos casos, a netnografia usa as informações publicamente disponíveis em fóruns eletrônicos. Contudo, existem diferenças que podem levar a algumas eficiências úteis. Em termos de tempo gasto fazendo escolhas sobre campos de estudo, organizando apresentações pessoais, indo e voltando de locais, transcrevendo dados de entrevistas e notas de campo escritas a mão, e assim por diante, a netnografia demanda muito menos tempo e recursos. A netnografia também tem o potencial de ser conduzida de um modo que é inteiramente inconspícuo, ainda que, como discutiremos no próximo capítulo, essa seja uma opção que levanta algumas limitações no engajamento. Não obstante, quando empregada de modo rigoroso, a netnografia pode proporcionar ao pesquisador uma janela para comportamentos que ocorrem naturalmente, tais como discussões comunais, e depois realçar tal compreensão com opções mais intrusivas, tais como participação comunal e entrevistas com membros. Os etnógrafos em pessoa não têm a opção de espreitar invisivelmente, ou a possibilidade de recuar no tempo para rastrear com perfeição conversas comunais.

A análise das conversas de comunidades online existentes e de outros discursos na internet combina opções que são tanto naturalistas quanto inconspícuas – uma combinação poderosa que distingue a netnografia dos grupos de foco, entrevistas em profundidade, levantamentos, experimentos e etnografias em pessoa. A análise de rede social também tem esse importante benefício: ainda que suas técnicas não sejam capazes de prover uma compreensão cultural ricamente texturizada, ela oferece, em seu lugar, uma compreensão estrutural.

É visível que muitas dessas técnicas podem facilmente operar em harmonia umas com as outras. Os resultados de um tipo de estudo podem simplesmente e utilmente informar as questões de pesquisa de qualquer outro tipo de estudo. Por exemplo, um quadro netnográfico dos contornos e classificações de novas culturas e comunidades online informará o trabalho de levantamento feito para confirmar e quantificar essas classificações de diferentes tipos. Analogamente, asserções derivadas netnograficamente sobre a relação entre diferentes tipos de participação de comunidades online e diferentes atitudes ou demografia podem ser estudadas com adicional trabalho de levantamento. Razões causais, de nível individual, extraídas das ricas cultura e construção da psicologia social podem ser organizadas para explicar alguns dos elementos observados nas relações em comunidades online. Essas hipóteses podem ser analisadas em experimentos online. As estruturas sociais subjacentes a essas redes divergentes também podem ser analisadas usando análise de redes sociais. Em conjunção umas com as outras, um retrato mais completo da natureza multifacetada dos fenômenos online pode ser pintado.

RESUMO

O capítulo anterior revisou muitas novas teorias interessantes sobre as culturas e comunidades online. Este capítulo delineou e fez um apanhado geral de diversos métodos usados para produzir essas teorias: levantamentos, entrevistas, diários, grupos de foco, análise de rede social e etnografia. Existem oportunidades para integrar um ou vários métodos aos estudos que examinam as múltiplas facetas dos fenômenos de comunidades virtuais. As diretrizes e comparações metodológicas gerais presentes neste capítulo prepararam o palco para a introdução pormenorizada da netnografia no próximo capítulo.

Leituras fundamentais

Garton, Laura, Caroline Haythornthwaite and Barry Wellman (1997) 'Studying Online Social Networks', *Journal of Computer-Mediated Communications*, 3 (June), available online at: http://jcmc.indiana.edu/vol3/issue1/garton.html/

Mann, Chris and Fiona Stewart (2000) *Internet Communication and Qualitative Research: A Handbook for Researching Online*. London: Sage Publications.

Welser, Howard T., Eric Gleave, Danyel Fisher and Marc Smith (2007) 'Visualizing the Signatures of Social Roles in Online Discussion Groups', *Journal of Social Structure*, 8, available online at: http://www.cmu.edu/joss/content/articles/volume8/Welser/

4
O método da netnografia

☑ Resumo

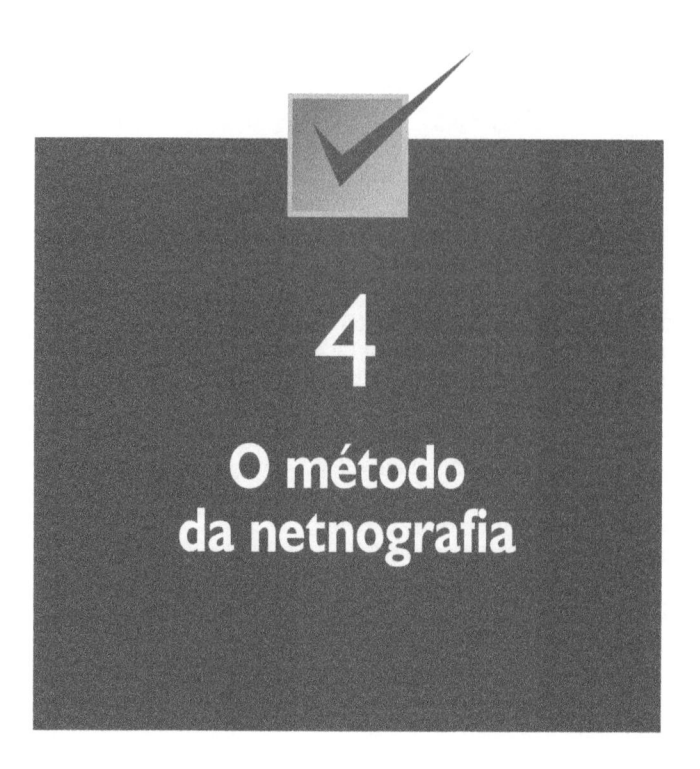

A netnografia adapta os procedimentos etnográficos comuns de observação participante às contingências peculiares da interação social mediada por computador: alteração, acessibilidade, anonimato e arquivamento. Os procedimentos incluem planejamento, entrada, coleta de dados, interpretação e adesão a padrões éticos. Este capítulo explica a natureza e o papel da netnografia, comparando-a com técnicas online e offline e explicando quando e como abordagens etnográficas e netnográficas devem ser associadas.

Palavra-chave: anonimato, bricolagem, comunicações mediadas por computador, etnografia, métodos de pesquisa da internet, netnografia, pesquisa em comunidades online

O PROCESSO DA ETNOGRAFIA E DA NETNOGRAFIA

Etnografia e netnografia devem trabalhar em harmonia para iluminar novas questões nas ciências sociais. Entretanto, a forma em que essa coordenação deve ocorrer tem sido, até agora, duvidosa e confusa. Este capítulo procura aprofundar-se na relação entre etnografia e netnografia, e depois fornecer um guia simples, mas flexível, para a coordenação de etnografia e netnografia.

O que é etnografia, exatamente? Etnografia é uma abordagem antropológica que adquiriu popularidade na sociologia, nos estudos culturais, no *marketing* e na pesquisa de consumo, e em muitos outros campos das ciências sociais. O termo se refere ao ato de fazer trabalho de campo etnográfico e às representações baseadas em tal estudo. Dick Hobbs oferece uma definição convincente da etnografia como:

> um coquetel de metodologias que compartilham da suposição de que o engajamento pessoal com o sujeito é fundamental para compreender uma determinada cultura ou ambiente social. A observação participante é o componente mais comum desse coquetel, mas entrevistas, análise de conversação e discurso, análise documentária, filme e fotografia, têm todos o seu espaço no repertório do etnógrafo. A descrição reside no âmago da etnografia, e independente de como essa descrição seja construída, é o intenso significado da vida social a partir da perspectiva cotidiana dos membros do grupo que se busca. (2006, p. 101)

A popularidade da etnografia provavelmente decorre de sua qualidade aberta bem como do rico conteúdo de seus resultados. A sua flexibilidade permitiu que ela fosse usada por mais de um século para representar e compreender os comportamentos das pessoas pertencentes a quase todas as raças, nacionalidades, religiões, culturas e faixas etárias. Etnografias maravilhosas foram realizadas sobre os estilos de vida locais de "tribos" não humanas, como as de gorilas, chimpanzés, golfinhos e lobos. Nas duas últimas décadas os etnógrafos mostraram-se cada vez mais preocupados com o reconhecimento e a inflexão de sua própria reflexividade como pesquisadores. Isso porque a etnografia depende muito do que o antropólogo John Sherry (1991, p. 572) chama de "acuidade do pesquisador como instrumento". Boas etnografias são criações dos bons etnógrafos. A natureza do empreendimento etnográfico, sua técnica e abordagem, bem como sua necessidade de interpretação sutil, metafórica e hermenêutica, rapidamente torna transparente o nível de habilidade retórica do pesquisador. Embora a etnografia esteja intimamente relacionada com o estudo de caso e, como nestes, as etnografias construam um corpo de conhecimentos que seja abrangente e comparável, etnografias individuais tendem a não ser utilizadas para oferecer generalizações universais. A etnografia é fundamentada no contexto: ela está imbuída e mescla os conhecimentos locais do particular e específico.

A etnografia é, assim, uma prática intrinsecamente assimilativa. Ela está interligada a vários outros métodos. Damos a esses outros métodos aos quais ela está ligada outros nomes: entrevistas, análise de discurso, análise literária, semiótica, videografia. Eles têm outros nomes porque são suficientemente diferentes da prática geral da etnografia para requererem novas designações exclusivas. Eles requerem novo treinamento especial. Embora se relacionem à observação e à participação em comunidades e culturas, eles o fazem de modos particulares, capturando dados de maneiras específicas, determinados por padrões consensuais específicos.

Qualquer etnografia, portanto, já é uma combinação de múltiplos métodos – muitos dos quais nomeados separadamente, tais como entrevistas criativas, análise de discurso, análise visual e observações – sob uma designação. Sirsi e colaboradores (1996) conduziram sua etnografia de um mercado de comida natural com uma série de experimentos de psicologia social, os quais usaram para compor um modelo de equação causal. Howard (2002) ofereceu uma "etnografia de rede" que aliava pragmaticamente uma análise de rede social à etnografia. Por estar sintonizada com as sutilezas do contexto, nenhuma etnografia emprega exatamente a mesma abordagem que outra. A etnografia se baseia na adaptação ou bricolagem; sua abordagem está continuamente sendo remodelada para satisfazer determinados campos de saber, questões de pesquisa, locais de pesquisa, tempos, preferências do pesquisador, conjuntos de habilidades, inovações metodológicas e grupos culturais.

A netnografia é pesquisa observacional participante baseada em trabalho de campo online. Ela usa comunicações mediadas por computador como fonte de dados para chegar à compreensão e à representação etnográfica de um fenômeno cultural ou comunal. Portanto, assim como praticamente toda etnografia, ela se estenderá, quase que de forma natural e orgânica, de uma base na observação participante para incluir outros elementos, como entrevistas, estatísticas descritivas, coletas de dados arquivais, análise de caso histórico estendida, videografia, técnicas projetivas como colagens, análise semiótica e uma série de outras técnicas, para agora também incluir a netnografia.

Seria correto, então, ver, em uma seção de método de uma etnografia, uma linha declarando que o método incluiu observação participante além de entrevistas, videografia e netnografia. O uso do termo netnografia, nesse caso, representaria a tentativa do pesquisador de reconhecer a importância das comunicações mediadas por computador nas vidas dos membros da cultura, de incluir em suas estratégias de coleta de dados a triangulação entre diversas fontes online e offline de compreensão cultural, e de reconhecer que, como entrevistas ou semiótica, a netnografia tem seus próprios conjuntos de práticas e procedimentos exclusivamente adaptados que a distinguem da conduta de etnografia face a face. Como detalharemos posteriormente neste capítulo, a pesquisa não precisa ser conduzida exclusivamente como uma etnografia ou uma netnografia. O uso do termo e abordagem da netnografia no projeto geral sinalizaria não apenas a presença, mas o peso do componente online. Significaria que um tempo significativo foi gasto interagindo e tornando-se parte de uma comunidade ou cultura online.

Referir-se à netnografia como uma prática particular além da etnografia é importante. O que ela sinaliza aos diversos constituintes da pesquisa – aqueles que aprovam sua ética, aqueles que a patrocinam e financiam, aqueles que a consentem, aqueles que dela participam, aqueles que formam seu público, aqueles que a analisam e aqueles que a leem – é que essa pesquisa em particular segue um conjunto comum distinto e especificado de procedimentos e protocolos metodológicos que foram acordados por uma comunidade de estudiosos. Como a própria etnografia, ela tem uma flexibilidade intrínseca e necessária. Contudo, também como a etnografia, ela objetiva a legitimidade e busca a confiança de seus constituintes por uma cuidadosa atenção a práticas investigativas compartilhadas, detalhadas e rigorosas.

Dada toda essa diferenciação, variedade e bricolagem, pode-se perguntar: o que as etnografias têm em comum entre si? A combinação de abordagens participativa e observacional está no centro da iniciativa etnográfica. Fazer uma etnografia significa empreender um engajamento imersivo prolongado com os membros de uma comunidade ou cultura, seguido por uma tentativa de compreender e comunicar sua realidade por meio de uma interpretação "densa", pormenorizada, sutil, historicamente curiosa e culturalmente fundamentada, e por uma descrição profunda de um universo social que é familiar a seus participantes, mas estranho a forasteiros.

A fim de engajar-se nesse empreendimento, os etnógrafos desenvolveram um conjunto de protocolos gerais para ajudar a regular, mas nunca a determinar completamente, sua abordagem. Os etnógrafos que ingressam e trabalham em um campo cultural ou comunal confrontam questões semelhantes.[5] Primeiro, eles devem planejar a pesquisa do trabalho de campo. Eles devem buscar, encontrar e ingressar no campo de uma comunidade ou cultura – a parte da etnografia denominada entrada (*entrée*). Enquanto situados no campo, eles devem coletar dados sobre a cultura e a comunidade. Esses dados requerem análise e interpretação consistente. Durante a abordagem e o trabalho de campo, o etnógrafo precisará apresentar o produto final da pesquisa concluída à comunidade científica (ou outra), e assim representar o trabalho investigativo bem como a própria comunidade ou cultura.

A netnografia, portanto, segue estes seis passos da etnografia: planejamento do estudo, entrada, coleta de dados, interpretação, garantia de padrões éticos e representação da pesquisa. A Figura 4.1 apresenta um fluxograma. A figura, evidentemente,

Primeira etapa
Definição das questões de pesquisa, websites sociais ou tópicos a investigar

⇩

Segunda etapa
Identificação e seleção de comunidade

⇩

Terceira etapa
Observação participante da comunidade (envolvimento, imersão) e coleta de dados (garantir procedimentos éticos)

⇩

Quarta etapa
Análise de dados e interpretação iterativa de resultados

⇩

Quinta etapa
Redação, apresentação e relato dos resultados de pesquisa e/ou implicações teóricas e/ou práticas

FIGURA 4.1
Fluxograma simplificado de um projeto de pesquisa netnográfica.

---

oferece uma representação muito mais organizada e "limpa" do processo de estudo netnográfico do que realmente ocorre na realidade. Contudo, antes de prosseguirmos para descrever esses procedimentos, precisamos cobrir duas áreas importantes. Primeiramente, precisamos compreender quando e como combinar a etnografia – que utiliza dados coletados por meio de interações culturais em pessoa ou face a face – com a netnografia – a qual utiliza dados coletados por meio de interações online. Em segundo lugar, precisamos compreender as diferenças do ambiente social online, a fim de orientar de maneira adequada e consistente a adaptação das técnicas etnográficas. Esses assuntos são o tema das duas seções a seguir.

VISÕES DA NETNOGRAFIA COMO UMA ETNOGRAFIA INCOMPLETA

Vários livros excelentes foram escritos sobre a abordagem etnográfica, guiando os pesquisadores por meio de seus procedimentos complexos e fluidos (ver, p. ex., Atkinson et al., 2001; Denzin e Lincoln, 2005; Fetterman, 1998). Mas, por bastante tempo, não havia absolutamente nenhuma diretriz para a conduta de trabalho de campo online. Quando publicações sobre o trabalho de campo e as representações de culturas e comunidades virtuais começaram a surgir, muitas delas continham certa confusão fundamental sobre o papel e a natureza da netnografia.

Virtual Etnography, de Christine Hine, é uma das abordagens mais extensas de um único autor sobre o tema da etnografia online até a presente data. Comparando as variantes virtual e face a face da etnografia, Hine (2000, p. 63-6) sugere que a etnografia online é deficiente em aspectos importantes. Ela oferece uma visão um pouco cética do que denomina "etnografia virtual", afirmando que:

> a etnografia virtual não é virtual apenas no sentido de ser desencarnada. A virtualidade também tem uma conotação de "não muito" adequada para propósitos práticos mesmo não sendo rigorosamente a coisa verdadeira [...] A etnografia virtual é adequada para o propósito prático de explorar as relações de interação mediada, mesmo não sendo exatamente a coisa real em termos metodologicamente puristas. Ela é uma etnografia adaptativa que se propõe a adaptar-se às condições em que ela se encontra. (Hine, 2000, p. 65)

A ideia de adaptação da etnografia a novas condições é um dos elementos-chave que explicam o sucesso da etnografia como método. Mas considere a sugestão de Hine (2000, p. 10) de que uma narrativa etnográfica é apresentada como autêntica quando ela contém "interação face a face e a retórica de ter se deslocado para um remoto campo experimental". Claramente, por definição, uma etnografia online não pode ter essas qualidades. A questão do local é particularmente problemática porque "o conceito de campo experimental é posto em juízo. Se cultura e comunidade não são obviamente localizados em um lugar, tampouco o é a etnografia" (Hine, 2000, p. 64). Consequentemente, a "etnografia virtual é necessariamente parcial. Uma descrição holística de qualquer informante, local ou cultura é impossível de se realizar" (Hine, 2000, p. 65). As etnografias online, para Hine, são, portanto, sempre "sinceramente parciais". Elas são "quase, porém não exatamente a coisa verdadeira" (2000, p. 10).

Todas as construções de "realidade" e "autenticidade", viabilidade, e mesmo "adequação" e "holismo", são, contudo, na etnografia e alhures, socialmente realizadas, contextualmente determinadas e dependentes de padrões que julgamos ou não julgamos aceitar. Não existe etnografia *realmente verdadeira*, nenhuma etnografia *de facto* perfeita que satisfaria todo purista metodológico. Nem precisa haver. Existe, na verdade, uma variedade agradável de diferentes tipos de etnografia, desde as narrativas realistas às narrativas de aventuras de viagens, das autoetnografias reflexivas aos polílogos polivocais, de contos impressionistas a incisivos retratos estatísticos em grande escala e mesmo videografias vívidas (ver, p. ex., Van Maanen, 1988).

Quando compreendemos diversos novos fenômenos sociais, construímos os significados dos termos metodológicos de uma nova forma. A antropologia é um campo muito diverso, com uma série de normas, e a etnografia se espalhou muito além dela, mudando campos e sendo mudada por eles no processo. Nessas circunstâncias, o que é "a coisa verdadeira", ou seja, uma etnografia genuína, autêntica, fiel, confiável, é uma peça de trabalho etnográfico que satisfaz algum grupo ou determinados padrões de grupos para o que é necessário em um determinado momento. Hine (2000) está absolutamente correto ao afirmar que muitos antropólogos, de seu elevado poleiro de capital cultural, têm encarado com menosprezo as etnografias de comunidades online e, talvez, muitos outros tipos de etnografias de estudos culturais não-inventados-aqui (baixa cultura?). Escrevendo de dentro do campo da antropologia para seus colegas antropólogos, Lysloff (2003) diz o mesmo. Mas isso certamente não significa que suas críticas sejam verdadeiras ou devam ser aceitas ao pé da letra, principalmente por aqueles que suam e desenvolvem a etnografia de fora do campo da antropologia. Ou inclusive, com certeza, por aquele grupo de estudiosos indisciplinados e sempre questionadores que praticam de dentro dela.

Sob certas condições, as netnografias são necessariamente "parciais". O que precisamos discernir é quais poderiam ser essas condições. Quando uma netnografia é com base somente em dados online insuficiente? E, inversamente, quando ela é suficiente? Sua suficiência ou parcialidade dependeria totalmente do foco e das questões de pesquisa que o etnógrafo estava tentando investigar. O etnógrafo está estudando algum fenômeno diretamente relacionado às comunidades e à cultura online? Ou o etnógrafo está interessado no estudo de um fenômeno social geral que tem algum aspecto de grupo da internet? Qual é o grau de importância, ou não, do componente físico que está sempre atrelado ao comportamento social humano?

Isso leva a uma importante distinção que ajuda a guiar a coordenação da netnografia e etnografia. Essa distinção e suas implicações ajudam a iluminar a natureza da netnografia como uma abordagem que às vezes é usada como técnica independente e, em outras vezes, como parte de um estudo maior que inclui entrevistas em pessoa, trabalho de campo e talvez outros métodos. Na seção a seguir, distinguimos pesquisa em "comunidades online" e pesquisa "online em comunidades".

DIFERENCIANDO A PESQUISA DE COMUNIDADES ONLINE DA PESQUISA ONLINE EM COMUNIDADES

Pesquisa de "comunidades online"

Para simplificar esse argumento, faremos uma dicotomia. A pesquisa em "comunidades online" estuda alguns fenômenos diretamente relacionados às comunidades eletrônicas e a cultura online em si, uma determinada manifestação delas, ou um de seus elementos. Por exemplo, uma pesquisa interessada nos processos sociais que governam o comportamento de novatos que ingressam em comunidades eletrônicas baseadas em *hobby* seria, por essa definição, pesquisa em "comunidades online". Investigações que consideram os diferentes tipos de papéis que se manifestam em uma variedade de diferentes culturas online relacionadas à discussão política estariam exclusivamente preocupadas com um fenômeno relacionado a CMC. Estudos sobre a mudança no uso da linguagem, imagens e símbolos por comunidades online seriam, mais uma vez, pesquisa em "comunidades online".

O estudo etnográfico de Nancy Baym (1999) do grupo de discussão de novelas rec.arts.tv.soaps foi um estudo de uma comunidade online específica, assim como o estudo de Shelley Correll (1995) sobre o Lesbian Café. Em um sentido mais geral, o estudo de Annette Markham (1998) sobre o que significa estar vivendo em espaços virtuais e interagindo em comunidades eletrônicas também foi claramente um estudo sobre comunidade e culturas online. Um estudo de um determinado grupo de notícias, de um determinado mundo virtual, de um tipo de comportamento em um website de rede social, de um padrão linguístico em um microblog, de um determinado tipo de padrão de vinculação em blogs: todos esses são exemplos de pesquisa relacionada com comunidades online. Esses estudos são notáveis porque comunidades online, identidade online, padrões sociolinguísticos online, cibercultura(s), relacionamentos que emergem por meio de CMC e vários outros elementos interativos sociais humanos online *serão construtos centrais essenciais que a pesquisa tenta explicar.*

Pesquisa "online em comunidades"

Por outro lado, temos a pesquisa online em comunidades". Esses estudos examinam algum fenômeno social geral cuja existência social vai muito além da internet e das interações online, ainda que essas interações possam desempenhar um papel importante com a afiliação ao grupo. Estudos online de comunidades tomam um determinado fenômeno social ou comunal como sua área focal de interesse e depois estendem isso, argumentando ou presumindo que, por meio do estudo da comunidade online, algo significativo pode ser aprendido sobre a comunidade ou cultura focal mais ampla, e depois generalizado para o todo.

Em muitos casos, o pesquisador está interessado nesse estudo da comunidade online porque as comunicações do grupo informam e se relacionam ao fenômeno social mais amplo, seus comportamentos, seus participantes, seus valores ou crenças. Kozinets (2001) examinou o fenômeno mais amplo da cultura e comunidade de *Jornada nas estrelas*, e de modo mais generalizado, como as culturas e comunidades de fãs criavam e distribuíam significados e estruturas sociais alternativas relacionados a produtos produzidos comercialmente. Esse foi um "estudo online de uma comunidade". Embora as perspectivas dos participantes, com base na internet, tenham sido extremamente valiosos, a comunidade eletrônica de fãs de *Jornada nas estrelas* e seus vários interesses ciberculturais não foi a área focal de interesse desse artigo. De modo semelhante, Campbell (2006) estudou um grupo eletrônico de *skinheads* para compreender o significado que o grupo associava à "raça branca". Os resultados de Campbell foram usados para informar nosso entendimento do alegado racismo das culturas *skinheads* em geral, não simplesmente no que se refere à cultura *skinhead* expressada online. Estudos de adolescentes e o efeito da tecnologia em suas vidas, de imigrantes indonésios na China, ou o modo como fãs de *Twilight* são influenciados pelo programa de televisão, poderiam envolver o uso que esses grupos fazem da internet e das comunidades online. Mas esse componente provavelmente não teria importância central para o estudo. Em relação à pesquisa sobre comunidades online, a questão fundamental a perguntar é se o componente online é *consideravelmente menos importante* para a orientação teórica da investigação do que outros aspectos da pesquisa. As informações e acesso eletrônicos, em vez disso, aguçam nossa compreensão de algum construto, teoria ou conjunto de interesses focal mais amplo?

Essa dicotomia é uma conveniência, e sobreposições entre essas categorias evidentemente vão ocorrer. Como quase todas as dicotomias neste livro, essa deve ser interpretada mais como um *continuum*. Estudos podem variar de um foco geral em um tópico social para um foco mais específico em vários elementos do website online que informa nosso entendimento daquele tópico.

Entretanto, como regra geral, eu gostaria de sugerir que a *pesquisa em comunidades* online *tenderia a ter um foco primordialmente netnográfico*. Para a pesquisa online *de uma comunidade, a netnografia desempenharia um papel auxiliar ou secundário*.

MESCLANDO ETNOGRAFIA E NETNOGRAFIA

As seguintes características também podem ajudar a esclarecer o uso relativo da netnografia em um projeto e também a mescla de uma netnografia. Vamos pensar em uma netnografia "pura" como aquela que é conduzida exclusivamente usando dados gerados de interações online ou de outras interações relacionadas a CMC ou TIC – sejam elas entrevista online, participação online ou observação e descarregamento online. Uma etnografia "pura" seria conduzida utilizando-se dados gerados por meio de interações face a face e sua transcrição em notas de campo, sem dados de interações online. Uma etnografia/netnografia seria uma combinação de abordagens, incluindo dados coletados em interação face a face bem como online. Etnografias/netnografias mistas podem assumir muitas formas, utilizar muitos métodos específicos e favorecer diferentes proporções de interação, dados e análise online para face a face.

Devemos nos perguntar, em primeiro lugar, se estamos estudando uma comunidade online, ou conduzindo outra pesquisa com foco em fenômenos culturais ou comunais online, ou seus elementos. Em caso afirmativo, podemos utilmente empregar a netnografia como um método único e independente. Podemos justificadamente conduzir uma netnografia "pura". Uma netnografia nesse caso é inteiramente apropriada, exaustiva e completa dentro de si mesma.

Alternativamente, quando o construto focal estende-se além do contexto da comunidade online para o mundo social mais amplo, seria errôneo presumir que podemos obter um quadro completo por meio de uma netnografia pura. Se estivéssemos estudando as experiências de trabalhadores migrantes turcos na Dinamarca, e encontrássemos um pequeno quadro de avisos dedicado a esse tema, nossa netnografia do quadro de avisos não deveria ser tomada como um entendimento geral das experiências de trabalhadores migrantes turcos escandinavos. Para fazer alegações mais gerais e adequadas de uma etnografia desse tipo, precisaríamos suplementar o trabalho netnográfico com vários outros tipos de investigação, tais como a observação de participantes em pessoa e entrevistas face a face. Dependendo do tipo de acesso fornecido e dos discernimentos e revelações de seus participantes, a netnografia do quadro de avisos poderia ser um componente muito útil de uma investigação mais ampla mesclando netnografia com etnografia. Mas sozinha, a netnografia seria parcial e incompleta.

O pesquisador vai querer considerar cuidadosamente os seguintes aspectos da questão de pesquisa e seus interesses focais antes de decidir conduzir uma netnografia pura, uma etnografia pura ou etnografia/netnografia mista:

- ✓ *Integração* versus *Separação de Mundos Sociais*. Quão intimamente relacionados são os comportamentos online e os de situações face a face? Existe uma relação direta, ou eles são comportamentos diferentes, separados? Por exemplo, se estivermos estudando o uso de websites de redes sociais por adolescentes, precisamos vê-los digitando em seus teclados para saber que eles estão realizando essa tarefa? Os mundos sociais do uso estão interligados ao nível de online/offline. Por outro lado, se estivermos teorizando sobre como adolescentes que estão disputando jogos em rede na mesma sala interagem entre si, provavelmente será insuficiente estudar apenas o que é transmitido e manifestado na tela do computador. Esses mundos sociais serão diferentes.
- ✓ *Observação* versus *Verbalização de Dados Relevantes*. Quão importante é a repetida observação de comportamentos fisicamente manifestos em vez de verbalmente articulados? É provável que exista nova informação útil que será comunicada ou não online? Existem ricas representações virtuais do comportamento, talvez incluindo fotografias ou registros audiovisuais? Por exemplo, embora as pessoas possam conversar sobre o modo como elas interagem com seus cães, uma real observação pode revelar elementos tácitos interessantes do comportamento que elas não comunicam, não podem comunicar, ou não estão dispostas a comunicar.
- ✓ *Identificação* versus *Desempenho dos Membros*. Quão importante é a identificação adicional do membro individual da cultura, isto é, sua ligação com características como idade, raça, gênero e assim por diante? Ou são os desempenhos das ações capturadas e registradas na comunidade ou cultura online totalmente suficientes para a geração de teoria? Por exemplo, se o pesquisador está estudando um determinado grupo de pessoas, digamos, jovens pais solteiros, então a confirmação e a verificação das identidades dos publicadores das mensagens pode estar justificada e ser útil. Se o anonimato não influencia os resultados, como seria o caso se estivéssemos estudando as estratégias de persuasão de blogueiros com interesses comerciais que espalham boatos em seus blogs, a identificação pode não ser necessária.

A Figura 4.2 oferece uma representação visual da ponderação de trabalho de campo online e offline que leva a netnografias e etnografias puras ou mistas. Na prática, estas avaliações são delicadas. Não obstante, uma pesquisa que mais se assemelha a um estudo de uma comunidade online teria um componente netnográfico muito mais proeminente e central, ao passo que a netnografia desempenharia mais um papel coadjuvante em estudos online de comunidades.

Quão prevalentes são essas distinções? Ou, colocado de outra forma, os dias da etnografia pura estão contados?

Talvez sim. Garcia e colaboradores (2009) iniciam sua avaliação das abordagens etnográficas na internet afirmando que a distinção entre os universos conectados e desconectados (online e offline) está se tornando cada vez mais inútil. A razão? Essas

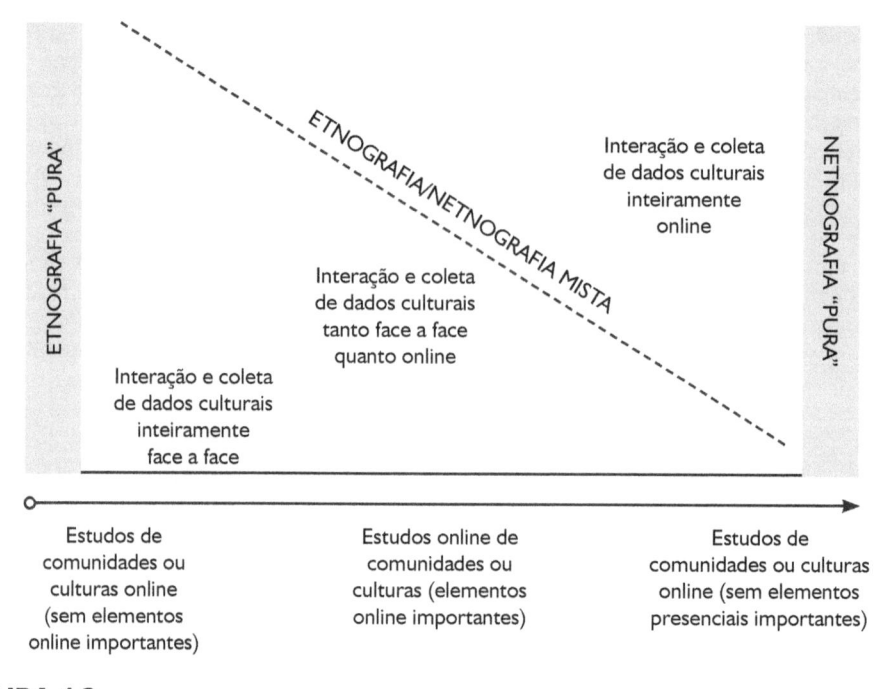

```
ETNOGRAFIA "PURA"                                                      NETNOGRAFIA "PURA"
                    ╲
                     ╲ ╲ ╲
                            ╲ ╲ ╲
                                   ETN̄OG̲R̲A̲F̲I̲A̲/̲N̲E̲T̲N̲O̲G̲R̲A̲F̲I̲A̲ ̲M̲I̲S̲T̲A̲
                                                                Interação e coleta
                                                                de dados culturais
                                                                   inteiramente
                                                                       online
                                    Interação e coleta
                                    de dados culturais
                                    tanto face a face
                                      quanto online
            Interação e coleta
            de dados culturais
               inteiramente
                face a face
```

| Estudos de comunidades ou culturas online (sem elementos online importantes) | Estudos online de comunidades ou culturas (elementos online importantes) | Estudos de comunidades ou culturas online (sem elementos presenciais importantes) |

FIGURA 4.2

Coordenando a interação e a coleta de dados online e face a face.

categorias tornaram-se irremediavelmente entrelaçadas em nossa sociedade contemporânea. Eles observam que "a maioria dos etnógrafos ainda conduzem estudos firmemente situados no mundo social desconectado" (Garcia et al., 2009, p. 53). Entretanto, estamos rapidamente chegando ao ponto, se já não estivermos lá, em que precisamos referenciar, estudar e compreender os dados em comunidades e culturas online a fim de estudar de modo efetivo e significativo alguns dos "interesses centrais e duradouros da pesquisa etnográfica em antropologia, sociologia e estudos culturais" (Garcia et al., 2009, p. 53). Estes incluiriam tópicos como: natureza, configuração e hibridização de subculturas e microculturas; o processo e os elementos de construção da identidade; os valores e as visões de mundo que impelem a ação humana e a vida social contemporânea; a influência das tecnologias e das mídias; e as raízes e transformações dos movimentos sociais e do ativismo social. Os autores chegam a aconselhar que praticamente todas as etnografias da sociedade contemporânea "devem incluir comunicação, comportamento ou artefatos mediados tecnologicamente (p. ex., websites na internet) na definição do campo ou ambiente para a pesquisa" (Garcia et al., 2009, p. 57).

Se acreditarmos nesse argumento, então o valor das descrições netnográficas "mistas" só vai se amplificar no futuro, à medida que as comunidades e as culturas online permeiem cada vez mais a sociedade mundial. O que o argumento sugere é que comunidade online e mediação tecnológica não são mais uma nova forma de comunicação e de comunidade, mas passaram – ou em breve passarão – para a esfera do *status quo*, o modo como nossa sociedade simplesmente é. Se isso for verdade, os pesquisadores que ignoram essa realidade verão seu trabalho cada vez mais ignorado, representado e considerado irrelevante.

Tendo feito essas importantes diferenciações, e, cuidadosamente, considerado essas justificações, podemos agora partir para uma discussão mais específica sobre como abordar o trabalho netnográfico. A próxima e última tarefa deste capítulo é desenvolver uma estrutura sobre como o ambiente mediado por computador encarado pelos netnógrafos é diferente do ambiente face a face encarado pelos etnógrafos. Uma vez compreendido isso, teremos uma estrutura norteadora para a adaptação dessas técnicas.

O CONTEXTO DO CAMPO DE TRABALHO MEDIADO POR COMPUTADOR

Rice e Rogers (1984, p. 82) afirmaram que o novo ambiente online fornece contextos que "podem limitar como um delineamento experimental e métodos fielmente tradicionais podem ser aplicados [...] a natureza dos meios em si pode criar limitações, bem como novas oportunidades". A adaptação das técnicas etnográficas ao ambiente online não é, portanto, direta. Se fosse, não haveria necessidade deste livro. Para adaptar as técnicas da etnografia face a face ao contexto online, um passo inicial necessário é especificar as diferenças entre interações sociais face a face e mediadas por computador.

Felizmente, dispomos de mais de uma década de literatura etnográfica e científica social relacionada às comunicações mediadas por computador e comunidades online para guiar nossa adaptação. Uma leitura atenta dessa literatura revela que podemos identificar, significativamente, quatro diferenças fundamentais. A primeira, e talvez mais óbvia, é a *alteração*. Alteração significa simplesmente que a natureza da interação está alterada – tanto coagida quanto liberada – pela natureza e por regras específicas do meio tecnológico em que ela é realizada. Depois vem o *anonimato*, diferença amplamente analisada, particularmente relevante nos primeiros anos de interação online, mas ainda significativa hoje. A ampla *acessibilidade* de muitos fóruns eletrônicos à participação de qualquer pessoa é a terceira diferença crucial que nossas técnicas revisadas precisam acomodar. Por fim, existe o *arquivamento* automático das conversações e dos dados facilitado pelo meio online. Repetidamente retornaremos a essas diferenças a fim de desenvolver e justificar nossa abordagem netnográfica diferenciada. Assim, nossa compreensão se beneficiará de uma discussão sobre essas quatro diferenças.

Alteração

Muito tem sido feito da chamada "mediação tecnológica" da interação online. Não existe, evidentemente, nada intrinsecamente "artificial" em relação à interação social mediada tecnologicamente. Historiadores, arqueólogos e outros analistas de artefatos culturais precisam lidar com o fato de que grande parte dos seus dados vem na forma de comunicações "mediadas": cartas, documentos públicos, epítetos em lápides, hieróglifos em rolos de pergaminhos de papiro, incisões em blocos de argila e assim por diante. A radical textualização das comunicações pela internet não é, sob esse ângulo, uma coisa muito nova. Considere, também, que entrevistas telefônicas são comunicações mediadas por tecnologia e programas de televisão são uma forma de TIC. Algumas cartas e telefonemas sofrem do mesmo anonimato dúbio e ausência de corporificação que comunicações textuais e interações online.

A história nos ensina que as novas épocas anunciadas pela introdução de novas tecnologias nem sempre são revolucionárias como elas a princípio podem parecer. Como observou Schivelbusch (1986, p. 36), após a introdução da ferrovia acreditava-se que "a ferrovia aniquilava o espaço e o tempo [...] [contudo] o que se experimentou aniquilado foi o *continuum* de espaço-tempo tradicional que caracterizava a tecnologia de transporte tradicional". Mas assim como as ferrovias alteraram a percepção subjetiva das pessoas do que era possível em termos de cobrir uma determinada distância em uma determinada quantidade de tempo, também a computação em rede transformou radicalmente as ideias das pessoas sobre com quem, quando, como, com que frequência e até por que elas podiam se comunicar. É essa compreensão subjetiva que, em muitos aspectos, é tão significativa para um entendimento cultural da internet, pois ela vem acompanhada de reflexividade, consciência, percepções de limitação e discursos de emancipação.

Por parecerem, a princípio e quando de sua introdução, tão pouco naturais, as comunicações online abrem múltiplas possibilidades. Elas também privam. Limitações tecnológicas e de largura da banda podem criar a característica de defasagem de tempo, evidente em meios de comunicação sincrônicos como janelas de bate-papo, principalmente quando há várias pessoas conversando no mesmo momento. A defasagem de tempo também pode ser evidente em mundos ou jogos virtuais, os quais podem exigir conjuntos de teclas para comunicar linguagem corporal sutilmente por meio de um avatar. As interações por esses meios tendem a ser não apenas mais prolongadas do que comunicações face a face, mas também mais fragmentadas. As mensagens sofrem interrupções, tentativas frustradas, lapsos e frequência esporádica (Baym, 1995; Cherny, 1999).

Em meios assíncronos (temporizados) de CMC, tais como quadros de avisos, grupos de notícias, fóruns e blogs, a textualização e o prolongamento das comunicações são acentuados. O resultado é uma topografia simbólica e temporal alterada para a interação social – apresentando a seus participantes uma forma mais artificial de comunicação, mais oportunidades de aplicar controle estratégico sobre as informações e autoapresentação do que em intercâmbios face à face, e requerendo investimentos de tempo para obter as informações e o nível de conforto necessários para compartilhamento de cultura e intimidade comunal.

Parece relativamente claro que quando uma pessoa está conectada, principalmente durante suas primeiras experiências online, aspectos técnicos do meio comunicativo criam uma experiência cultural nitidamente nova e, a princípio, importuna. Essa sensação de inabilidade e inadequação, misturada com um senso de possibilidade e fascínio, é muitas vezes sua introdução à cibercultura (ver, p. ex., Cherny, 1999; Holeton, 1998; Jones, 1995; Markham, 1998) A interação online força o aprendizado de novos códigos e normas, abreviaturas, emoticons, sequências de teclas e outras habilidades técnicas para transferir informação emocional vital às relações sociais.

Depois de um certo tempo, contudo, as convenções linguísticas e técnicas começam a parecer uma segunda natureza, como as linguagens aculturadas tendem a fazer. Os elementos dessa segunda natureza com frequência são altamente informativos para o netnógrafo. A alteração tecnológica da participação online é uma razão fundamental pela qual os procedimentos etnográficos face a face devem ser alterados para os universos culturais da interação online.

Anonimato

Sem recorrer à causalidade simplista do determinismo tecnológico, pode-se considerar que as interações mediadas por computador oferecem novas oportunidades distintas para liberar comportamentos não tão facilmente proporcionados por interações face a face. Um dos fatores fundamentais que precipitam essa sensação de liberação é o anonimato, muitas vezes opcional, proporcionado pelo meio online. Esse anonimato confere aos atores online um novo senso de flexibilidade de identidade. No mundo do texto e das imagens controladas, a autoapresentação tem graus de liberdade muito mais amplos, e a vida social online oferece muito mais oportunidades para experimentação de identidade. Ou como Peter Steiner expressou em um conhecido cartum publicado na *New Yorker* em 1993 (5 de julho) – e eu parafraseio aqui: "Na internet, ninguém está ciente do fato de que na verdade você é uma pequena criatura canina usando um computador e um teclado, fingindo que é um ser humano".

Sherry Turkle (1995, p. 190) descreve um jovem que simultaneamente abriu várias janelas em seu computador, agindo como um homem "florido e romântico" em um fórum eletrônico, um homem "quieto" e "seguro de si" em outro, e uma mulher "paqueradora" e sexualmente receptiva em outro. Jones (1995) sugere que o desempenho de papéis e disputa de jogos online oferece múltiplas oportunidades para um tipo de ser "sem gênero", e a habitação de "corpos não humanos imaginários". O anonimato combina-se com a imaginação de modos que permitem a exibição de características e desejos que poderiam ser difíceis, socialmente inaceitáveis, ou ilegais se expressos em outros contextos, como demonstra o imenso sucesso das salas de sexo virtual, pornografia online, webcams eróticas, diatribes subversivas e jogos ultraviolentos. Assim, as expressões online de identidade podem ser, em alguns aspectos, mais reveladoras das "verdadeiras", ou ocultas, identidades e intenções dos consumidores do que uma observação prosaica da vida e consumo cotidianos poderia divulgar (Jones, 1995; Turkle, 1995).

Não obstante, esse anonimato também pode confundir e perturbar pesquisadores que pretendem fixar algum dado demográfico sobre produções textuais, ou de outro tipo, publicadas online. Com quem estamos nos comunicando em uma interação cultural online ou em uma entrevista online? O meio torna difícil ver o mensageiro. O anonimato e seu primo próximo, o pseudoanonimato (o uso de pseudônimos em vez de nomes), torna a abordagem netnográfica necessariamente diferente da abordagem da etnografia face a face.

Acessibilidade

Uma vez superadas as barreiras financeiras e técnicas necessárias para adquirir aptidão na procura e na comunicação mediada por computador, uma grande variedade de interações sociais torna-se disponível a uma pessoa. A ética participativa igualitária da internet, ao que parece, originou-se de seu contato com comunidades acadêmicas e de hackers cujo etos era "a informação deve ser gratuita". As interações sociais online manifestam esse etos por meio da democracia geral e da inclusão de muitos, se não da maioria, dos grupos sociais online. Muitos grupos de notícias, fóruns e quadros de avisos oferecem livre adesão, além de uma seção de perguntas frequentes (FAQ) para introduzir os neófitos às excentricidades culturais do grupo e conduzi-los diretamente ao *status* de membros participantes. Os blogs geralmente são inclusivos, e os mundos virtuais, clãs de jogos e redes sociais têm seus próprios conjuntos de regras que regem a afiliação, muitas vezes baseada na expansão de redes e no enriquecimento de comunidades existentes pela adição frequente de "sangue novo".

Embora ganhar aceitação e *status* em comunidades online ainda dependa de conhecimento e normas, e certamente não independa de nossa posição social e capital cultural em outros mundos sociais, um etos participativo e democrático é predominante. Além disso, o universo online oferece uma inédita acessibilidade mundial. A reunião social de participantes geograficamente dispersos dispõe de acesso quase instantâneo uns aos outros. A acessibilidade mundial acarreta a potencial afiliação em massa, mas outros fatores acarretam fragmentação. O mais importante entre estes são as diferenças linguísticas. Falantes do mandarim tendem a permanecer como falantes do mandarim, e raramente participam de conversas com falantes de húngaro e português, por mais que o grupo ou o tópico seja mundial.

Estudos anteriores sugerem que grupos online grandes são menos comunais, sociais e amigáveis do que pequenos grupos (p. ex., Baym, 1995; Clerc, 1996). Os grupos menores são os mais íntimos, como no caso da frase de convite, "[Você quer] ir para a sala privativa?". Comunidades online menores e os subgrupos dentro delas oferecem uma sensação mais comunal, hibridizando e transcendendo os marcadores de limites tradicionais de "comunidade" – geografia, política, gênero, genealogia, etnicidade, ocupação, religião. Quer estejamos falando da audiência de um blog, de uma rede social ou de uma "corrida" construída por computador em um mundo virtual, os participantes nesses grupos com frequência se autossegmentam organizando-se em grupos online definidos por interesses, gostos, ou comprometimentos preexistentes.

A interação social virtual é um híbrido público-privado sem igual que oferece aos participantes a sedução de ser o centro das atenções perante uma "audiência" sem deixar os limites seguros de seu próprio lar.

As oportunidades são abundantes não apenas para divulgar suas próprias informações privadas, mas também para participar publicamente nas informações privadas dos outros. Esse novo nível de voyeurismo e exibicionismo é significativamente diferente de qualquer coisa que um etnógrafo face a face encontraria. A acessibilidade é, portanto, outra diferença fundamental com a qual a abordagem netnográfica deve estar sintonizada.

Arquivamento

Existe outra coisa que distingue as conexões e comunicações online. O termo mundo persistente foi criado para referir-se à persistência dos mundos virtuais, e às mudanças feitas neles pelos usuários, mesmo depois de o usuário ter saído do website ou programa de computador. Essa qualidade de persistência se aplica igualmente bem a muitos aspectos da internet. Newhagen e Rafaeli (1997, n.p.) observam que "a comunicação na internet deixa mais rastros do que em qualquer outro contexto – o conteúdo é facilmente observável, gravado e copiado. Os dados demográficos do comportamento de consumo, escolha, atenção, reação, aprendizagem, etc. dos participantes são amplamente capturados e registrados".

Grupos de notícias, fóruns e outros quadros de avisos, blogs, listas de correio e a maioria de outros meios assíncronos são automaticamente arquivados. A Wayback Machine ou Internet Archive captura retratos da internet em determinados momentos no tempo e os salva para futura referência. Mecanismos de busca eficientes tornam acessível toda interação ou toda postagem em um dado tópico em um grupo de discussão específico, ou toda postagem por um determinado indivíduo em qualquer grupo de discussão. A analogia física seria ter acesso aos registros de todo contato social público em uma dada cultura, ou todos os contatos sociais públicos de um indivíduo especificado. Meios sincrônicos podem não ser arquivados de maneira automática em um formato publicamente acessível. Entretanto, o registro de conversas e interações sincrônicas não constitui um desafio técnico muito grande. Em qualquer um dos casos, ter um registro quase completo de interações sociais online é muito mais fácil do que notas de campo sub-repticiamente registradas e recordações fragmentadas do etnógrafo em pessoa.

> Graças ao equipamento e aos programas, temos os vestígios textuais dos artefatos de interação criados instantaneamente, no momento da elocução. Para estudiosos interessados em análise de discurso, crítica literária, estudos da retórica, análise textual e assemelhados, a internet é um ambiente de pesquisa por excelência, praticamente irresistível em sua disponibilidade. (Jones, 1999, p. 13)

Não é de surpreender, então, que as técnicas de análise de conteúdo estão usufruindo um renascimento em sua aplicação à análise de conversas online. O arquivamento instantâneo de comunicações sociais presente na esfera da internet torna este um contexto muito diferente para fazer pesquisa etnográfica comparado com o contexto da interação social face a face.

RESUMO

A netnografia é uma abordagem da pesquisa online de observação participante que segue um conjunto de procedimentos e protocolos distinto. A netnografia é apropriada para o estudo tanto de comunidades virtuais quanto de comunidades e culturas que manifestam interações sociais importantes virtualmente. Considerações norteadoras do uso e coordenação do campo de trabalho netnográfico e etnográfico incluem: o grau de integração de comportamentos sociais online e face a face focais, a relativa importância da observação corporificada em vez da autorrepresentação verbal ou de outro tipo, e a necessidade de identificação individual. O capítulo identifica quatro diferenças fundamentais entre interação social online e face a face: *adaptação* a vários meios etnológicos; participação em condições opcionais de *anonimato; acessibilidade* cultural amplamente maior; e *arquivamento* automático dos intercâmbios. A etnografia é calibrada para essas contingências únicas no resto do livro. Iniciamos os primeiros dos cinco capítulos procedimentais a seguir com uma discussão e conjunto de diretrizes específicas para o planejamento do trabalho de campo etnográfico e a realização da entrada no campo netnográfico.

Leituras fundamentais

Hine, Christine (2000) *Virtual Ethnography*. London: Sage.

Kozinets, Robert V. (2002a) 'The Field Behind the Screen: Using Netnography for Marketing Research in Online Communities', *Journal of Marketing Research*, 39 (February): 61–72.

Markham, Annette N. and Nancy K. Baym (2008) *Internet Inquiry: Conversations about Method*. Thousand Oaks, CA: Sage.

5
Planejamento e entrada

☑ Resumo

Este capítulo mostra como planejar, focar e iniciar seu estudo netnográfico. Você vai aprender sobre questões e tópicos de pesquisa que são apropriados para o estudo. Vai aprender sobre os recursos que precisa, incluindo mecanismos de busca, para investigar, refinar e iniciar sua pesquisa, e também sobre as muitas formas de interação online. Finalmente, você vai aprender sobre modos corretos e incorretos de entrar e iniciar sua pesquisa em uma comunidade online como pesquisador netnográfico.

Palavras-chave: blogs, entrada, campo de trabalho, fóruns na internet, recursos de busca na internet, grupos de notícias, participação, observação participante, delineamento de pesquisa, planejamento de pesquisa, questões de pesquisa, mecanismos de busca, conteúdo social, websites de redes sociais, mundos virtuais, pesquisa em Web 2.0, wikipédias

ALGUMAS PALAVRAS SOBRE PARTICIPAÇÃO

A essência da netnografia – o que a diferencia de uma coleta e codificação de dados online qualitativos – é que ela é uma *abordagem participativa* para o estudo de culturas e comunidades online. Quando me solicitaram que contribuísse com um verbete no *Sage Dictionary of Social Research Methods*, minha definição enfatizou cuidadosamente que a netnografia é uma adaptação de "procedimentos etnográficos observacionais participantes" (Kozinets, 2006b, p. 135).

Alguns estudiosos questionaram, indiretamente, o valor da participação do pesquisador na netnografia (Langer e Beckman, 2005), afirmando que "estudos velados" das comunidades online são às vezes desejáveis. Outros criaram uma linguagem especializada para se referirem a sua adaptação da netnografia, tais como especificar que estavam realizando uma netnografia exclusivamente "observacional" ou "passiva" (p. ex., Beaven e Laws, 2007; Brown et al., 2003; Brownlie e Hewer, 2007; Füller et al., 2007; Maulana e Eckhardt, 2007). A abordagem observacional poderia, inclusive, implicar que os dados interativos e conversacionais das comunidades online poderiam ser tratados como dados qualitativos a terem seu "conteúdo analisado".

Existe um espectro de participação e observação que os etnógrafos negociam regularmente em seu campo de trabalho. Entretanto, retirar o papel participativo do etnógrafo da netnografia também significa retirar a oportunidade de experimentar uma compreensão cultural embutida. Sem esse profundo conhecimento e experiência do contexto cultural, a interpretação fica enfraquecida. O netnógrafo é obrigado a fazer suposições sobre os significados culturais que não compreende plenamente. Uma vez que o pesquisador não é um participante da comunidade, ele não tem a quem recorrer naquela comunidade para validar, discutir ou expandir sua interpretação. Ou, ainda pior, o netnógrafo pode então ignorar tais significados e oferecer uma análise superficial puramente descritiva que codifica e classifica as palavras e outros conteúdos que encontra online.

Quando estamos em busca da *gestalt* simpática, de união à dança tribal, fenomenológica e reveladora (Eureca!) pela qual a etnografia é famosa, contar menções de uma determinada palavra, ou observar quantas vezes ela é modificada por termos como "bom" ou "grande", simplesmente não vai realizar nosso objetivo. Sem *insight* etnográfico, a netnografia torna-se basicamente um exercício de codificação. O relatório netnográfico também se torna achatado e bidimensional. Em muitos aspectos, é muito mais fácil codificar dados culturais do que viver, sondar, frustrar-se, envergonhar-se e ruminar profundamente sobre eles. Mas se quisermos escrever netnografias que possam fazer frente aos padrões de etnografia de qualidade, recheadas de profunda compreensão e densa descrição, então espreitar, descarregar dados e fazer análises ficando do lado de fora simplesmente não são opções.

PRONTO?

Então agora você está totalmente pronto para participar do universo online? Ótimo. Apenas sente-se com aquela boa xícara de café, aponte seu mecanismo de busca na direção certa, clique algumas vezes e dê início àquela conversa online solta sobre as agruras dos estudantes de pós-graduação e como eles se relacionam com o aquecimento global. Para, espera aí... talvez você *não* esteja pronto.

Antes de dar início ao trabalho, ingressar naquela cultura online e iniciar sua participação, existem algumas coisas importantes que você precisa entender. Você precisa decidir exatamente o que é que você vai estudar. Como você vai estudar. Como você vai se representar. Como você vai manejar esse projeto de maneira ética. E que grau de ruptura você vai criar nas comunidades ou culturas que estiver estudando.

Podemos iniciar essa discussão de modo proveitoso com um exemplo ilustrativo de uma entrada netnográfica malograda. Um professor adjunto novo – e possivelmente ávido – que deseja realizar um projeto de pesquisa sobre boicotes online, publica uma mensagem que diz algo assim:

> Olá a todos:
>
> Sou professor na [Universidade X] em [cidade]. Eu e um colega começamos a pesquisar boicotes a partir do ponto de vista do consumidor. Estamos interessados em descobrir mais sobre o envolvimento do indivíduo (sic) em

boicotes e atualmente estamos usando a internet para tentar reunir alguma informação.

Acreditamos que essas informações ajudarão todos aqueles que se interessam em ajudar a compreender como os boicotes são percebidos e compreendidos pelas pessoas que são persuadidas (ou não) por eles. Isso incluiria qualquer pessoa que organize ou apoie boicotes, e poderia contribuir para aumentar a efetividade de futuros esforços. Estamos dispostos a compartilhar nossos resultados com você individualmente, caso esteja interessado em participar nessa área de pesquisa muito importante.

Todas as respostas serão totalmente sigilosas. Caso citado, você receberá um "pseudônimo" para que permaneça sempre anônimo. *Se* você já participou de um boicote, apreciaríamos muito se você tirasse alguns minutos para enviar-me por correio eletrônico [ávido-adjunto@email.com] suas respostas a estas TRÊS perguntas bastante sucintas: [3 perguntas aqui].

Muito obrigado por sua participação nessa "ciber-entrevista". Reiteramos, por favor, para que envie as respostas por correio eletrônico [endereço] (ou, se preferir, você pode publicá-las neste grupo de discussão). Responderemos a todos que derem um retorno ao nosso pedido de ajuda.

Atenciosamente,
[ávido-adjunto@nome anônimo]

P.S.: Caso você tenha alguma pergunta sobre essa pesquisa, sinta-se à vontade para fazê-la no grupo ou enviá-la a mim.

A abordagem adotada aqui, parece, à primeira vista, razoável e, também, ávida. O ávido professor adjunto se apresenta, informa sua afiliação, comunica com precisão o foco de pesquisa e oferece algumas perguntas. Ele parece educado. Ele fala sobre o anonimato dos participantes e uso de pseudônimos no relatório final da pesquisa. O pesquisador até tenta sugerir que haverá algum benefício aos interessados no tema dos boicotes pela participação na pesquisa.

Então, qual é a resposta a essa postagem? Mista. E instrutiva.

A primeira resposta, escrita por "Josphh" (um pseudônimo) é um conjunto minucioso e útil de respostas às perguntas, postadas para todo o grupo. A resposta seguinte, de "Father Wintersod" (outro pseudônimo), que publica postagens regularmente no espaço comum dessa comunidade, não é tão positiva.

Father Wintersod afirma que ele está totalmente convencido de que pesquisas como essa fazem parte de um sistema geral de controle da mente. Ele sugere que a pesquisa está sob controle do governo, grandes corporações e outras instituições. Pesquisas como essa os ajudam a aprender como manipular psicologicamente o público. Sugere, em termos inequívocos, que esse pesquisador está procurando inteligência útil para usar contra boas pessoas. Esse influente participante então aconselha os outros membros da comunidade a "boicotar essa pesquisa sobre boicotes". Ele alega que isso é importante e diz que está "falando muito sério". Em letras maiúsculas, ele escreve "BOICOTE TODA PESQUISA", depois analisa as intenções negativas das perguntas originais e os usos danosos aos quais elas podem servir, chama a pesquisa de "ciber-interrogatório" em vez de ciber-entrevista, e termina com uma postagem de três linhas em letras maiúsculas grandes, cercada de sequências de asteriscos, incitando os membros do grupo de discussão a "BOICOTAREM ESSA PESQUISA".

Posso contar a vocês que essa resposta pegou o novo pesquisador etnográfico totalmente desprevenido. Eu sei, porque o jovem professor adjunto ávido – que ficou de olho roxo e nariz sangrando – era eu.

A informação propositalmente omitida de minha descrição foi que eu estava postando em um grupo de discussão chamado alt.gathering.rainbow. O alt.gathering.rainbow tinha aparecido nos resultados de meu mecanismo de busca como um grupo com algumas postagens interessantes sobre boicote e ativismo de consumidores. Em 1997, eles eram um dos muitos grupos de discussão que continham mensagens e conversas discutindo boicotes. Entretanto, eu nunca havia feito uma investigação mais profunda sobre essa comunidade. O alt.gathering.rainbow é direcionado a membros do grupo ambientalista radical The Rainbow Family, que realiza reuniões/eventos anuais. Por saber pouco ou nada sobre eles, minha entrada foi totalmente inadequada. Conhecer o histórico desse grupo ilegal, contrário às instituições teria me direcionado a outras comunidades online, ou, ao menos, teria sugerido que eu investisse tempo para educar-me sobre suas crenças idiossincráticas e valores inortodoxos antes de tentar me comunicar com eles.

Vasculhe a internet e você vai constatar que esses tipos de passo em falso cometidos por pesquisadores online são bem comuns. Considere outro exemplo, recentemente encontrado, postado em um grupo de discussão de um *shopping* popular. Uma estudante pesquisadora, "Alexandra34567" (pseudônimo designado), postou uma mensagem que abria com uma pergunta de pesquisa, questionando os membros do grupo sobre "a influência da família e dos amigos" em seus níveis de confiança em "uma marca online". Alexandra34567 explicou que ela era estudante de uma determinada universidade envolvida em uma pesquisa sobre confiança em marca online, e que ela usaria o que chamou de "um método de pesquisa relativamente novo chamado netnografia".

"Lloyd" respondeu. Ele informou a Alexandra34567 que "já ouvimos isso antes". Revela-se que esse grupo de discussão vinha recebendo postagens como essa, usando a mesma pergunta básica, há cinco anos. Talvez o erro não tenha sido de Alexandra34567; pode ser que seu professor tenha prescrito a tarefa a sua classe todos os anos. Ele pode ter sugerido que seus alunos se dirigissem diretamente para esse grupo de discussão ou seu site na internet. Isso parece não influenciar Lloyd. Ele critica a pergunta, que é a mesma que viu ser postada e repostada ano após ano na comunidade (ver Bruckman, 2006, para percepções valiosas sobre trabalhos estudantis usando netnografia).

Uma das principais críticas de Lloyd parece ser a abordagem de pesquisa de Alexandra34567. Lloyd a acusa de praticar "spam" em grupos de discussão. Qual é a implicação desse termo? Eu aprendi, em parte de minha educação no alt.gathering.rainbow e em outras comunidades, que os membros de grupos de discussão e de outras comunidades eletrônicas geralmente acreditam que têm coisas melhores a fazer do que responder a alguma pergunta de pesquisa de algum anônimo jogada em seu fórum. A maioria deles se ressente das intromissões e interrupções de pesquisadores online. Esse ressentimento evidentemente aumenta quando as intromissões se repetem e particularmente não atentam para a comunidade e suas normas.

É um atestado da boa natureza de muitos membros de comunidades online que muitas perguntas como essa ainda acabem colhendo grandes respostas. Membros da cultura até já reescreveram questões de pesquisa de estudantes e depois oferecerem respostas longas e detalhadas. Ai de nós, aqueles dias dourados estão se acabando. Invasões cada vez mais comuns significam que membros de comunidades online são cautelosos e muitas vezes descaradamente negativos ao serem contatados por pesquisadores (ver Bruckman, 2002, para um exemplo). Isso é lamentável. Mas também é a realidade que todos os etnógrafos enfrentam atualmente.

Há muito a se aprender a partir desses exemplos poderosos. Quer cientes ou não, eu e Alexandra34567 adotamos uma abordagem ou estratégia de entrada que poderia ser rotulada como "distante". Eu não tinha conhecimento dos valores e da história do grupo Rainbow Family o qual eu estava abordando. Depois de receber meu castigo digital, fiz algumas investigações, e então ofereci uma resposta racional cuidadosa à crítica feita pelo Father Wintersod à minha pesquisa e suas intenções, contando-lhes um pouco de meus antecedentes e minhas motivações para fazer essa pesquisa. Alguns membros do grupo de discussão postaram comentários de apoio. "Reg" me convidou para participar de uma reunião da Rainbow Family. "Paulie" sugeriu que eu pensasse no quanto o "sistema" é inelutável e como ele é capaz de fraudulentamente usar pessoas tolerantes como ele, ou eu, para alcançar seus próprios objetivos.

No caso de Alexandra34567, ela usou certo vocabulário avançado e informou suas credenciais acadêmicas. Estes atos retóricos podem ser interpretados como sinais carregados de que ela é uma forasteira que sabe, e quer saber, pouco sobre a comunidade ou seus interesses. Eles poderiam sugerir que ela tem pouco interesse pela comunidade além de usá-la como um "recurso" para ajudá-la a completar sua tarefa. A irritação parece motivar Lloyd a oferecer sua própria tradução corretiva de vários dos termos na postagem que ele achou particularmente censurável.

Um dos termos acadêmicos especializados que Alexandra34567 usou em sua postagem foi, por mais irônico que pareça, netnografia. A resposta de Lloyd ao emprego do termo também é instrutiva. Como estudiosos, estudantes, acadêmicos e outros pesquisadores, não podemos presumir que sabemos mais do que os integrantes da comunidade que estamos abordando. Na verdade, seria útil pressupor a atitude contrária em sua pesquisa. Procure genuinamente abordar os membros da comunidade com humildade, sabendo que eles sabem muito mais sobre sua própria cultura (e provavelmente sobre várias outras coisas) do que você. Assim, quando Alexandra34567 menciona que a netnografia é "relativamente nova", Lloyd não demora em corrigi-la de que ela tem seis anos de existência (na verdade, a técnica celebrou seu décimo segundo aniversário em 2007), e ele atribui a metodologia a mim. Lembre-se, em sua própria pesquisa, que qualquer pessoa com acesso à internet pode fazer uma busca do termo netnografia, ou qualquer termo profissional ou acadêmico especializado, e descobrir o que ele significa e quem escreveu sobre ele. Ou talvez Lloyd seja um professor, ou um pesquisador de *marketing*. Não sabemos. E não poderemos presumir.

Considere, por um instante, se Alexandra34567 estivesse realmente realizando uma netnografia no sentido explicado neste livro. Será que a postagem de uma única pergunta para uma seleção de diferentes grupos de discussão seria netnografia? Há participação? Que tipo de observação? Há uma entrevista?

Lloyd conclui dizendo a Alexandra34567 que a resposta à pergunta dela é [GRITO EM LETRAS MAIÚSCULAS]: "NÃO", a qual não é muito útil como resposta. Mas ela é útil, contudo, para entender que uma pergunta de sim-ou-não não vai render dados muito bons sobre muitos tópicos, inclusive este – confiança e recomendações online a uma marca. Observação indireta pode revelar alguns padrões interessantes, mas provavelmente não nesse grupo. Lloyd conclui sua resposta com uma mensagem de que ela está estudando o "grupo errado". As mensagens desse grupo de discussão e sua seção de perguntas frequentes indicam que ele é um grupo moderado dedicado a caça de pechinchas. Embora os membros desse grupo provavelmente apreciem uma marca de qualidade tanto quanto outra pessoa, Lloyd tem quase certeza de que esse provavelmente não é o melhor local entre comunidades online para procurar apreciação por marca.

Como podemos usar essas duas ilustrações meio dolorosas para considerar o que você precisa pensar antes de fazer sua postagem inicial? O que você vai precisar saber para se preparar para sua netnografia?

✓ Você precisa conhecer seu foco de pesquisa e sua questão de pesquisa.
✓ Você vai precisar encontrar e ler estudos relacionados e, se possível, conectar-se com outros pesquisadores em seu domínio tópico.
✓ Você vai ter que encontrar lugares online apropriados para investigar sua questão.

  – Isso significa evitar websites que tenham sido "explorados" por outros pesquisadores recentemente, ou websites que foram "queimados" por más pesquisas no passado.
  – Esse processo de investigação já deve ser tema de suas notas de campo.

✓ Você vai precisar saber sobre a necessidade de se usar programas de análise de dados qualitativos assistida por computador (abreviado, em inglês, como CAQDAS; ver Capítulo 7).

- O uso de CAQDAS não é essencial, mas é muito útil para organizar e administrar projetos com grandes quantidades de dados (muitas netnografias se enquadram nessa categoria).
- Se for usar CAQDAS, você deve comprar e começar a se familiarizar com o programa o mais cedo possível, antes de começar a coletar os dados.

✓ Você precisa se familiarizar com as diversas comunidades online que cogita estudar, isso inclui seus membros, sua linguagem, seus interesses e práticas.
- Isso pode incluir familiarizar-se com comunidades afins, principalmente se seu estudo for uma pesquisa de uma comunidade online (ver Capítulo 4).
- Esse processo de familiarização também deve constar em suas notas de campo.

✓ Você deve obter aprovação ética para seu projeto de pesquisa (caso seja uma pesquisa acadêmica), e garantir que você está atendendo ou excedendo todas as normas éticas, profissionais e legais que se aplicam a seu projeto de pesquisa (para todos os pesquisadores; ver Capítulo 8).

✓ Você vai precisar aprimorar e reaprimorar o modo como aborda essa comunidade.

✓ Você precisa elaborar, analisar e refinar a questão ou questões que irá propor a eles.

✓ Você deve cogitar o uso de várias estratégias diferentes para coleta de dados, e planejá-las atentamente.

✓ Você deve ter um conjunto escrito claro de diretrizes que representem as decisões que você tomou e que irão estruturar e supervisionar sua observação e participação contínua nessa comunidade ou conjunto de comunidades.

✓ Você precisa já ter começado a guardar notas de campo, e estar pronto para adicioná-las toda vez que contatar, pensar ou fizer qualquer outra coisa relacionada a seu grupo social online.

Depois, e somente depois, você *pode* estar preparado para dar início a sua pesquisa netnográfica.

FOCO DE PESQUISA E QUESTÃO DE PESQUISA

Nesta seção, aprenderemos a construir e focar questões de pesquisa apropriadas para a netnografia. Em seu livro sobre os princípios de delineamento de pesquisa, John Creswell (2009, p. 129-30) aconselha os pesquisadores qualitativos a escolherem questões amplas que demandem "uma exploração do fenômeno ou conceito central em um estudo". Ele alega que o objetivo de pesquisadores qualitativos deve ser explorar um conjunto complexo de fatores em torno de um fenômeno central e depois apresentar as diversas perspectivas ou significados mantidos pelos participantes que experimentam esse fenômeno.

Essa perspectiva combina com uma abordagem netnográfica. Ela sugere, implicitamente, uma abordagem exploratória mais aberta que condiz com o novo contexto das culturas e comunidades online. Entretanto, as netnografias são apropriadas para coletar mais do que perspectivas ou significados pessoais. Elas também são úteis para análises de muitos dos aspectos culturais de fenômenos sociais online. Por exemplo, uma netnografia pode revelar uma ampla variedade de processos sociais, tais como de que forma as comunicações e conexões informacionais e sociais são feitas. Ela pode revelar organizações e estilos culturais hierárquicos ou "planos", e discutir como eles são perpetuados e como eles se modificam. Pode analisar, também, como sistemas de significado se alteram, são compartilhados entre diferentes comunidades e culturas, são levados pelos participantes e são encenados por rituais além de outros comportamentos.

Netnografias não precisam necessariamente se iniciar com um fenômeno novíssimo, provendo uma abordagem de *tábula rasa* ou lousa vazia no desenvolvimento da teoria. Elas também podem aguçar, estreitar e focar em determinados relacionamentos ou construtos previamente identificados, a fim de oferecer um entendimento mais profundo ou mais detalhado deles. Pode ser útil iniciar com um conjunto de questões de pesquisa que se desenvolvem durante o processo da investigação. Quando o produto de pesquisa final estiver completo, aquele conjunto inicial de questões pode ter mudado bastante, com a emergência de novas questões no processo de investigação e análise.

Creswell (2009, p. 129-31) também oferece algumas diretrizes gerais para elaborar questões de pesquisa amplas que guiem investigações qualitativas:

- ✓ Elabore uma ou duas questões centrais seguidas por não mais do que sete subquestões separadas.
- ✓ Relacione a questão central à estratégia de investigação qualitativa específica.
- ✓ Inicie as questões de pesquisa com as palavras "o que" ou "como" para transmitir um projeto experimental aberto e emergente.
- ✓ Concentre-se em um único fenômeno ou conceito.
- ✓ Use verbos exploratórios como "descobrir", "compreender", "explorar", "descrever" ou "relatar".
- ✓ Use questões abertas.
- ✓ Especifique os participantes e o website de pesquisa do estudo.

Considere o modo como Michelle Nelson e Cele Otnes representam sua questão de pesquisa em seu artigo netnográfico no *Journal of Business Research:*

> Exploramos os modos como comunidades virtuais ajudam noivas a lidar com a ambivalência intercultural enquanto planejam seus casamentos. Abordamos as seguintes questões de pesquisa: (1) Quais papéis os quadros de avisos matrimoniais desempenham para as noivas enquanto elas planejam casamentos interculturais? (2) Como as noivas usam essas comunidades na internet para lidar com a ambivalência intercultural que experimentam? (2005, p. 90)

Comparando essas questões com as diretrizes, parece evidente que duas questões centrais focaram toda a investigação. As questões estão intimamente relacionadas à investigação focal do papel de comunidades online no manejo da ambivalência intercultural das noivas, concentrando-se em dois principais aspectos: comunidades online e seus papéis, e ambivalência intercultural das noivas. As questões se iniciam com as palavras "o que" e "como". As questões são abertas, elas sugerem facilmente quem devem ser os participantes da pesquisa, e elas ajudam os pesquisadores a estreitar o número quase infinito de possíveis websites para um trabalho de campo netnográfico a algumas áreas relevantes. Nesse caso, são os três sites: theknot.com, ultimatewedding.com e weddingchannel.com. Quando relatam suas conclusões, Nelson e Otnes (2005, p. 94) usam termos de posicionamento como: "esta pesquisa examinou", "uma análise das mensagens postadas em três websites de casamento demonstrou", e "identificamos". Esses são verbos exploratórios apropriados.

De modo geral, as sete sugestões de Creswell (2009) constituem um bom conselho para estreitar sua abordagem de pesquisa e decidir sobre suas questões de pesquisa. Contudo, prescrições como essas não devem ser seguidas servilmente. Em especial, deve-se ter cautela em relação ao conselho contingente de Creswell (2009, p. 131) de que pesquisadores qualitativos devem "usar questões abertas sem referência à teoria ou literatura". Esse conselho não deve ser interpretado como sugerindo que os pesquisadores desconsiderem os trabalhos escritos por outros autores em suas áreas. A ideia para abordar o trabalho de campo com um novo olhar é boa, mas é impossível de ser realizada plenamente. Não devemos entrar em nosso campo de trabalho com "óculos teóricos" que permitam pouca latitude para fazer qualquer coisa a não ser confirmar ou validar teorias existentes. Mas sim, devemos ter o máximo possível de conhecimento sobre o que os outros fizeram e pensaram em áreas relacionadas, em cada etapa de nossa investigação.

Em especial, você deve tentar vasculhar todos os trabalhos publicados, principalmente trabalhos acadêmicos eruditos (mas, com certeza, não exclusivamente) para demarcações, conceitualizações e teorizações que estejam relacionadas aos tópicos focais de interesse de sua netnografia – não importando se os mesmos termos exatos ou enquadramento tenha sido usado por estudiosos anteriores. Assim, por exemplo, se você está interessado em "mundos de fantasia relacionados à mídia" mas outros estão escrevendo sobre ideias relacionadas como "espetáculo" ou "hiper-realidade", você também vai querer incluir as ideias relacionadas, talvez organizando, comparando e contrastando-as umas com as outras, e mostrar a seus leitores como essa literatura é um campo vital florescente, e não algo para o qual você sozinho tem o termo correto.

Lembre-se de que o futuro valor de sua nova ideia ou teoria derivada netnograficamente dependerá do quão ampla e profundamente os outros forem capazes de utilizá-la em seus próprios pensamentos e escritas. Ao relacionar seu trabalho com um quadro de referência mais amplo de pensamento erudito – e mesmo não tão erudito –, você estará não apenas construindo pontes com a literatura relacionada a essa área, como também estará aumentando as chances de que sua pesquisa influencie o modo como outros pensadores compreendem o mundo.

Para avaliar e ampliar seu alcance teórico, estudiosos de culturas e comunidades online tirarão grande proveito da consulta de trabalhos passados em áreas relacionadas e do contato com estudiosos que trabalhem nessas áreas. Como observou Silver (2006, p. 2), estudiosos de comunidades e culturas online, ou do campo mais amplo dos "estudos da internet aos quais elas pertencem", agora têm o benefício de fazer uso de "uma comunidade de estudiosos; conferências e simpósios; diários, artigos de revistas, antologias, monografias e livros-texto; cursos universitários, currículo comum, e especializações; teses e dissertações, teorias e metodologias; e centros acadêmicos". Esperando que esses links não estejam superados na ocasião da leitura deste livro, este capítulo apresenta o máximo possível dessas informações nos Quadros 5.1, 5.2 e 5.3. Você pode querer consultar esses recursos atentamente antes de empreender sua netnografia.

O valor de um único artigo de revista, preciso em sua área, que esclareça e conduza a dezenas de ricas novas referências, ou de um único contato acadêmico, nunca será exagerado. Qualquer esforço que você despender para alcançar outros estudiosos e mergulhar em trabalhos teóricos relacionados muito provavelmente será copiosamente recompensado.

QUADRO 5.1

Comunidades de estudiosos interessados em elementos sociais, políticos e culturais da internet, novos meios e estudos de jogos

- ✓ The Association of Internet Researchers (AIR) (www.aoir.org/)
- ✓ The Institute of Network Cultures (www.networkcultures.org/)
- ✓ The German Society for Online Research (www.dgof.de)
- ✓ Ciberpunk (www.ciberpunk.net) (em espanhol)
- ✓ The Digital Games Research Association (www.digra.org/)
- ✓ Second Life Research Listserv (http://list.academ-x.com/listinfo.cgi/slrl-academ-x.com)
- ✓ Digital Ethnography at Kansas State University (http://groups.diigo.com/groups/ksudigg), e ver o blog em http://mediatedcultures.net/
- ✓ Synthetic Worlds Initiative at Indiana University (http://swi.indiana.edu/)
- ✓ TerraNova (http://terranova.blogs.com)
- ✓ Facebook Netnography group (www.facebook.com/home.php#/group.php?gid=40383234118)
- ✓ LinkedIn Netnography group (www.linkedin.com/e/gis/1602247)
- ✓ LinkedIn Cyber & Web anthropology (www.linkedin.com/groups?gid=146486)

QUADRO 5.2
Periódicos relevantes

- ✓ *Convergence: the Journal of Research into New Media Technologies* (http://convergence.beds.ac.uk/)
- ✓ *Ctheory* (www.ctheory.net/)
- ✓ *Ebr-electronic book review* (http://www.electronicbookreview.com)
- ✓ *First Monday* (www.firstmonday.org/)
- ✓ *Game Studies* (www.gamestudies.org/)
- ✓ *Information, Communication & Society* (www.tandf.co.uk/journals/titles/1369118X.html)
- ✓ *The Information Society* (www.indiana.edu/~tisj)
- ✓ *Journal of Computer-mediated Communication* (http://jcmc.indiana.edu)
- ✓ *M/C: Media & Culture* (www.media-culture.org.au/)
- ✓ *New Media & Society* (http://nms.sagepub.com)
- ✓ *Surveillance & Society* (www.surveillance-and-society.org/ojs/index.php/journal)
- ✓ *Teknokultura* (http://teknokultura.rrp.upr.edu/)
- ✓ *Journal of Web-based Communities* (www.inderscience.com/)
- ✓ *Journal of Virtual Worlds Research* (http://jvwresearch.org/)
- ✓ *Games & Culture: A Journal of Interactive Media* (www.gamesandculture.com)
- ✓ *CyberPsychology & Behaviour* (www.liebertpub.com)
- ✓ *Cyberpsychology: Journal of Psychological Research on Cyberspace* (www.cyberpsychology.eu/index.php)

Nota: Sempre faça uma busca usando o Google Acadêmico (http://scholar.google.com) ou outro bom mecanismo de busca acadêmico de uso geral para encontrar artigos relevantes em vários campos, verificar as citações desses artigos, e depois procurar aqueles que citaram os artigos que lhe pareceram relevantes.

QUADRO 5.3
Centros acadêmicos para estudos de cibercultura

- ✓ Europa
  - International Center for New Media (Áustria; www.icnm.net/)
  - Center for Computer Games Research (Dinamarca; http://game.itu.dk)
  - Oxford Internet Institute (Grã-Bretanha; www.oii.ox.ac.uk/)
  - Institute of Network Cultures (Holanda; http://networkcultures.org/wpmu/portal/)
  - govcom.org (Holanda; www.govcom.org)
  - e-Society (www.york.ac.uk/res/e-society)
- ✓ Ásia e Oceania
  - fibreculture (Austrália; www.fibreculture.org/)
  - Singapore Internet Research Center (www3.ntu.edu.sg/sci/SIRC)
- ✓ EUA
  - Berglund Center for Internet Studies (Pacific University, EUA; http://bcis.pacificu.edu)
  - Center for Digital Discourse and Culture (Virginia Tech; http://www.cddc.vt.edu)
  - Center for Women and Information Technology (University of Maryland, Baltimore County, EUA; http://www.umbc.edu/cwit)
  - Internet Studies Center (University of Minnesota, EUA; http://yorktown.cbe.wwu.edu/ISC)
  - Institute for New Media Studies (www.inms.umn.edu)
  - Resource Center for Cyberculture Studies (University of Washington, EUA; http://rccs.usfca.edu)

ENCONTRANDO SEU WEBSITE: LOCALIZANDO UM CAMPO ONLINE APROPRIADO

As variedades da experiência social online

A próxima etapa do planejamento de sua investigação netnográfica é identificar fóruns eletrônicos que possam ajudar a informá-lo sobre os tópicos de pesquisa que você identificou e responder as questões de pesquisa que você propôs.

Os primeiros escritos sobre netnografia sugeriram que, na época, havia cinco principais escapes ou "locais" para conexões online, "lugares" para serem usados como websites de campo netnográficos onde duas ou mais pessoas se comunicavam, levando e compartilhando cultura, expressando e construindo comunidades. Esses cinco fóruns eram: salas de bate-papo, quadros de avisos, masmorras de jogos, listas e anéis de páginas da internet interligadas (Kozinets 1997a, 1998, 1999). Havia então, e ainda há, considerável diversidade na forma e na estrutura da interação social experimentada nesses lugares. Eles variam nos tipos de conversas que travam (brincalhona e relacionada a jogos, social, informacional), na interface de usuário (textual, gráfica, áudio, audiovisual), nas suas orientações temporais (sincrônica/tempo real, assíncrona/com defasagem de tempo) e em suas modalidades interpessoais e hierarquias de comunicações implícitas (transmissão individual, um para um, grupo). Além disso, esses fóruns podem fazer parte de um website corporativo operado como parte de um esforço para fins lucrativos ou de relações públicas, tais como são muitos fóruns online. Ou eles poderiam ser esforços populares criados e gerenciados por indivíduos com um interesse pessoal. Essas categorias tendem a fundir-se umas com as outras. Websites reais raramente correspondem perfeitamente com essas características. As qualidades são frequentemente aglomeradas em websites e meios únicos, e existe considerável sobreposição entre eles.

A seguir apresentamos uma introdução e descrição muito geral e atualizada de alguns desses websites da cultura e da comunidade online:

- ✓ *Quadros de avisos* ou *fóruns* são uma das formas mais antigas e ricas de comunidade online. Eles são intercâmbios baseados em texto, com frequência organizados em torno de determinadas orientações ou interesses comuns. Os participantes postam mensagens textuais (que também podem ser imagens ou fotos, e, muitas vezes, contém hiperlinks), outros respondem e, ao longo do tempo, essas mensagens formam uma "corrente" conversacional assíncrona. Os quadros de notícia tendem a originar-se com indivíduos interessados, ao passo que os fóruns tendem a fazer parte de websites corporativos ou profissionais.
- ✓ *Salas de bate-papo* são uma forma de comunicação online em que duas ou mais pessoas compartilham o texto, geralmente por objetivos sociais, interagindo sincronicamente – em tempo real – e geralmente sem desempenho de papéis de fantasia (mas frequentemente com um conjunto simbólico complexo de acrônimos, atalhos e emoticons).
- ✓ *Playspaces* (espaços lúdicos) são fóruns de comunicação onde uma ou mais pessoas interagem socialmente por meio do formato estruturado de disputa de jogos e desempenho de personagens. O termo playspace é usado aqui como uma designação geral para indicar vários tipos diferentes de comunicação lúdica online. Os espaços de jogos contemporâneos, tais como jogos eletrônicos em rede, ou MMOGS (massively multiplayer online games; também MMORPGS, ou massively multiplayer online role-playing games), bem como alternate reality games (ARGs), são sincrônicos e altamente visuais, podendo incluir comunicações textuais ou de áudio entre os jogadores, oferecendo múltiplos modos de comunicação. As masmorras (cujo nome Multi-User Dungeon, ou MUD, ou também MOO, origina-se de Dungeons &

Dragons, um ambiente de jogos original baseado em texto) são locais online onde os participantes envolvem-se em comunicações online sincrônicas lúdicas – e com frequência altamente sociais – baseadas em texto. Todos existem simultaneamente na atualidade, ainda que as formas mais antigas sejam, compreensivelmente, menos populares do que já foram. World of Warcraft, Runescape, The Sims Online e Guild Wars são MMOGS populares com milhões de usuários ativos.

✓ *Mundos virtuais* são um tipo de espaço lúdico que combina o ambiente sincrônico visualmente intenso do jogo online com os processos sociais populares e mais abertos de muitas das masmorras, MUDs, ou MOOs originais. O Second Life é um dos mundos virtuais mais conhecidos, embora Habbo Hotel, Club Penguin, BarbieGirls, Gaia Online e Webkinz sejam outros websites populares.

✓ *Listas* são grupos de participantes que produzem coletivamente e compartilham regularmente correios eletrônicos sobre algum tema ou assunto de mútuo interesse; as comunicações, como os quadros de avisos, são assíncronas e predominantemente textuais; diferentes de quadros de aviso, essas conversas são, com frequência, consideradas privadas e não públicas.

✓ *Anéis* são organizações de páginas da internet relacionadas que são concatenadas e estruturadas por interesse; a interconexão entre páginas foi considerada um tipo de comunicação (um pouco fraca).

Como você pode ver a partir dessas descrições, muito mudou em uma década. As masmorras se desenvolveram e mudaram. Os anéis são mais incomuns e foram grandemente substituídos por blogs e interconexões de listas de blogs. A esses fóruns de interação comunitária online devemos acrescentar o seguinte:

✓ *Blogs* são um tipo especial de página da internet que, idealmente, é atualizada com frequência. Ela consiste em postagens datadas organizadas em ordem cronológica inversa, de modo que o que aparece primeiro é a postagem mais recente (Walker, 2008). O aspecto comunitário dos blogs ocorre por meio de comentários, onde ocorre a interação entre o autor e os leitores do blog, entre o autor do blog e outros autores de blogs, assim como entre diferentes leitores de blogs, que podem formar relacionamentos comunais (ver Walker, 2008, pp. 21-2). Os blogs são um tipo assíncrono de comunicação em que o texto ainda predomina, embora muitos blogs usem imagens e fotografias de maneira extensiva, e alguns (vlogs, ou blogs de vídeo) usem meios audiovisuais. Microblogs, tais como o Twitter, são uma recente extensão do blog utilizando pequenas quantidades de textos atualizados com frequência, distribuídos seletivamente, e, muitas vezes, entre múltiplas plataformas, incluindo telefones móveis.

✓ *Wikis* são uma forma especializada e cooperativa de página da internet em que a página está aberta para contribuições ou modificações de seu conteúdo. Comunidades podem se formar em wikis por meio de comentários interacionais assíncronos, geralmente textuais, que os colaboradores fazem uns para os outros, assim como em fóruns opcionais ou quadros de avisos, ou outros meios interacionais, atrelados ou vinculados ao wiki central. A enciclopédia gratuita online Wikipédia é o wiki mais conhecido, famoso por sua comunidade grande e ativa.

✓ *Websites audiovisuais* são locais online onde os participantes compartilham de forma assíncrona e comentam sobre as produções gráficas, fotográficas, de áudio ou audiovisuais uns dos outros. As interações ocorrem por meio do conteúdo do próprio produto compartilhado, assim como por meio de classificações e comentários assíncronos textuais. As produções compartilhadas podem incluir trabalhos artísticos bem como fotografias, música, podcasts e vídeos. Websites conhecidos desse tipo incluem o Flickr, a distribuição de diversos podcasts de interesses diversos pelo iTunes, e o YouTube.

✓ *Agregadores de conteúdo social* são websites e serviços destinados a ajudar as pessoas a comunalmente descobrir e compartilhar conteúdos da internet, votar e comentar sobre eles. Três agregadores de conteúdo social e populares são Digg, del.icio.us e StumbleUpon.
✓ *Websites de redes sociais* (ou serviços; ambos abreviados como SNS) são um formato de comunicações híbrido que oferece páginas individuais, vários meios de interação, grupos de interesse e atividades, e comunidades disponíveis aos usuários por meio de concatenações seletivas. Interação online em SNS ocorre por meio de vários meios, incluindo postagem de identificação e mensagens (que também podem incluir imagens e fotos além de links para material audiovisual) semelhantes a de páginas da internet, intercâmbio de mensagens semelhante a correio eletrônico entre membros, atualizações de *status* semelhantes às de microblogs, e posteriores comentários, semelhantes aos de fóruns entre usuários do website, grupos de fãs e interesses como os de quadros de avisos (todos assíncronos), e mensagens instantâneas como as de salas de bate-papo (sincrônicas e textuais). Os dois websites de rede social mais populares na América do Norte são o MySpace e o Facebook. Outros websites populares ao redor do mundo são Bebo, Orkut, 51.com e Vkontakte.ru.

Sem dúvida, outras formas e hibridizações onde a comunicação online ocorre e onde comunidades eletrônicas crescem foram omitidas nessa descrição introdutória. No espaço de tempo necessário para que um livro passe pelo processo de publicação, eu preveria que ao menos uma nova forma de comunicação online iria surgir e adquirir notoriedade.

Embora essas formas (e as outras) ainda existam como tipos separados, uma das tendências na internet e na interação online em geral é que elas estão cada vez mais se confundindo umas com as outras. Os websites de redes sociais são um excelente exemplo de uma forma híbrida que combina página da rede, correio eletrônico particular, (micro)blog, fóruns e acesso a sala de bate-papo. Portanto, fazer escolhas de pesquisa de um tipo de forma de interação em vez de outro parece forçado e pouco natural. O que é importante em sua investigação netnográfica é que você experimente interação social online da forma como seus participantes a estão experimentando. Isso, com frequência, significa seguir muitos tipos, formas, e estruturas diferentes de comunicação online – talvez passar, no mesmo dia, do acompanhamento de um grupo ou fórum de discussão vinculado a uma página da rede para a leitura e comentário em um blog, tornar-se fã de um grupo relacionado em um website de rede social, participar de uma discussão em bate-papo online com outros membros daquele grupo.

Muitos estudos anteriores consideraram os quadros de avisos muito úteis (p. ex., Baym, 1995, 1999; Correll, 1995; Jenkins, 1995; Langer e Beckman, 2005; Markham, 1998; Muñiz e Schau, 2005; Schouten e McAlexander, 1995).[6] Mas dada a natureza cambiante da internet, seu universo expansivo de formas e influências e a migração fluida das pessoas entre essas formas, os quadros de notícias não devem usufruir um *status* privilegiado em nossas pesquisas de comunidades online. O website ou websites do campo do trabalho netnográfico devem combinar seu foco de pesquisa com as questões que você quer investigar. Um pesquisador interessado em como os idosos jogam online para afastar a solidão pode sentir-se atraído pelos portais da internet que atraem grandes números de jogadores online. Um pesquisador interessado em como consultores comerciais usam a tecnologia para manter-se em contato com clientes poderia sentir-se atraído pelo microblog Twitter e pela rede social LinkedIn.

Usando mecanismos de busca para localizar comunidades específicas

Agora que dispomos de uma compreensão comum dos nomes e descrições de alguns websites de interação online, precisamos aprender onde localizar comunidades online de interesse. Recorde do último capítulo que o arquivamento e acessibilidade eram duas das principais diferenças entre o campo de trabalho online e sua variante face a face tradicional. Essas duas diferenças distinguem muito o encontro de uma comunidade relevante na netnografia. Na verdade, enquanto o etnógrafo tradicional poderia viajar grandes distâncias a fim de estudar uma determinada cultura, ou um etnógrafo de estudos sociológicos ou culturais poderia basear-se em uma apresentação pessoal influente em uma determinada comunidade ou subcultura local, o melhor amigo do netnógrafo principiante é o emprego criterioso de um bom mecanismo de pesquisa.

Na medida em que a internet cresceu e mudou, também os mecanismos de busca se transformaram. Os grandes mecanismos de busca como Google.com, Yahoo! e MSN atualmente apresentam opções de busca em grupo que permitem buscar arquivos de grupos de discussão e de blogs, além de suas postagens correntes. Esses grandes e exaustivos mecanismos de busca com frequência são a melhor fonte de informações comunitárias. O Google.com é o melhor do grupo, mas os pesquisadores também podem conferir o Yahoo!, uma vez que os resultados dos dois principais mecanismos de busca variam. Fazer uma "varredura das comunidades" completa da internet usando o Google é uma questão bem simples:

1. Digite os termos de busca relacionados a sua área, foco e questões de pesquisa na janela de busca principal do Google. Por exemplo, se você está estudando comunidades online dedicadas ao ativismo verde, considere a digitação de variantes de "verde", "ambiental", "ativista", "reciclagem", "conservação" e "comunidade". Isso lhe dará listas de websites na rede, muitos dos quais corporativos. Contudo, alguns desses websites corporativos podem conter links interessantes bem como fóruns comunais próprios.
2. A partir das descrições, você pode decidir quais websites investigar. Não se apresse, esse passo é importante.
3. Você vai notar que no canto superior esquerdo da janela de busca principal do Google você dispõe de diversas opções para tipos adicionais de busca. Se você clicar na opção "mais", você verá uma série de outras opções. Duas modalidades de pesquisa altamente relevantes a usar são "grupos" e "blogs".
4. Pesquisa em "grupos". Os grupos do Google são um repositório de muitos fóruns de discussão combinados com um leitor e interface baseada na rede. O website do Google Groups é, na verdade, uma versão atualizada do antigo DejaNews, ou leitor de grupos de notícias deja.com.
5. Pesquisa em "blogs". Isso o direcionará a blogs dignos de nota relacionados a seu tópico.

Você pode fazer o mesmo tipo de busca no Yahoo! com Yahoo!groups (http://groups.yahoo.com/). Também existem diversos mecanismos de busca de blogs de alta qualidade disponíveis, criados especialmente para a blogosfera, incluindo bloglines, blogscope e Technorati. Alguns outros bons mecanismos de busca de uso geral para buscar informações sobre comunidades são:

✓ Wikiasearch, do grupo Wikipedia (http://search.wikia.com/)
✓ Busca no Twitter, que permite uma busca do microblog Twitter ativo (http://search.twitter.com/)
✓ Ning.com, um website dedicado a comunidades online que permite a coleta de mais de 100 mil grupos online (http://www.ning.com/)
✓ Uma boa combinação de diferentes tipos de mecanismos de busca é oferecida pela Wikipedia em: http://en.wikipedia.org/wiki/List_of_search_engines/

Além disso, considere digitar termos de busca em alguns dos outros websites populares na internet para grupos específicos que possam estar relacionados a seu tópico. Esses websites populares incluiriam YouTube, Flickr, Digg, Wikipedia, MySpace e Facebook (principalmente as seções de grupos e fãs destes websites). Use diversas palavras-

-chaves e termos de busca. Você precisará continuar refinando e desenvolvendo esses termos de busca à medida que obtiver resultados para suas palavras de busca iniciais.

De modo geral, você quer continuar combinando mecanismos de busca geral (como o Yahoo!) com mecanismos de busca de comunidades (tais como groups.google.com) e buscas em websites sociais específicos. Também é importante notar que uma busca computadorizada ampla e completa pode ser necessária, pois o tópico de interesse pode ser categorizado em níveis variáveis de abstração. Por exemplo, se você estivesse tentando estudar comunidades de consumidores de cereais matinais, essas comunidades poderiam existir ao nível da marca (Lucky Charms), da categoria de produto (cereal doce), nível demográfico (alimentação infantil), nível de mídia (personagens de desenhos de ficção) ou nível de tipo de atividade (tomar o café da manhã). Quanto mais você procurar e quanto mais tempo dedicar a isso, melhores serão suas chances de ter coberto um terreno comunal relevante, e descoberto o grupo ou os grupos necessários que melhor atenderão suas necessidades investigativas.

DIRETRIZES PARA ESCOLHA E ENTRADA

Nesta seção, aprenderemos a escolher websites para o trabalho de campo netnográfico. Vamos supor que você já se decidiu sobre suas questões de pesquisa e identificou algumas comunidades e websites que parecem relevantes para seu tópico de pesquisa. Como você julga esses websites e decide em quais deles se concentrar? De modo geral, a menos que haja boas razões para querer de outra forma, você deve procurar comunidades online que sejam:

1. *relevantes*, elas se relacionam com seu foco e questão (ões) de pesquisa;
2. *ativas*, elas têm comunicações recentes e regulares;
3. *interativas*, elas têm um fluxo de comunicações entre os participantes;
4. *substanciais*, elas têm uma massa crítica de comunicadores e um sentimento energético;
5. *heterogêneas*, elas têm diversos participantes diferentes;
6. *ricas em dados*, oferecendo dados mais detalhados ou descritivamente ricos.

Pode fazer sentido abrir mão de um ou mais desses critérios. Por exemplo, você pode optar por investigar uma comunidade online pequena e menos substancial que não obstante apresenta muitas postagens ricas em dados, em vez de outra que é maior e mais ativa, mas contém postagens curtas e superficiais em sua maioria ou repostagens de informações de outras fontes. Você provavelmente vai descobrir que os grupos maiores são menos comunais, contêm mensagens menos elaboradas com menos exposição pessoal, do que grupos pequenos. Alternativamente, você pode constatar que os grupos pequenos são mais homogêneos. Todos os procedimentos de busca listados neste capítulo podem render acesso a grupos apropriados de pessoas autossegmentadas em categorias, mas você pode precisar explorar algumas opções antes de encontrar o website ou os websites que melhor se adaptam às finalidades de sua pesquisa.

Quando você começar a examinar essas opções, antes de iniciar o contato ou a coleta formal de dados, você deve prestar muita atenção às características da comunidade online. Lembre de meu exemplo anterior de descuido ao entrar no grupo de discussão do The Rainbow Family. Leia as FAQ primeiro, se houver. Isso irá responder a uma série de perguntas introdutórias. Depois, inicie o exame dos arquivos. A função de arquivamento é extremamente valiosa para netnógrafos. Nesse ponto, você ainda é anônimo, você ainda não entrou na comunidade online, pois você ainda não tomou a decisão de estudá-la.

Na medida em que for estreitando suas escolhas, continue com seu estudo da comunidade ou comunidades online. Quais são os participantes mais ativos? Quais parecem ser os líderes? Quais são alguns dos temas mais populares? Qual é a história do grupo? Houve grandes conflitos em seu passado? A quais outros grupos seus membros estão conectados? O que você pode dizer sobre as características (dados demográficos, interesses, opiniões, valores) dos cartazes das mensagens e dos comentadores? Quais são alguns dos conceitos e preceitos que lhes são caros? Que tipo de linguagem especializada a comunidade está usando? Eles têm algum ritual ou atividades específicas? Quais são algumas de suas práticas comuns? Se você está fazendo um estudo online de uma comunidade (ver Capítulo 4), então você também deve se familiarizar com algumas das práticas, terminologias, valores pessoais e ícones da comunidade em geral ligados a essa manifestação online. Você não precisa de um entendimento detalhado, como numa dissertação, de todas essas questões, mas uma compreensão pragmática operante que o ajude a escolher o seu campo de trabalho e, quando chegar a hora, a inseri-lo de uma maneira culturalmente apropriada.

No momento em que você faz o primeiro contato, muito sobre essa comunidade online deve lhe ser familiar: seus membros, seus temas, sua linguagem, como ela funciona. Se você achar que uma comunidade foi visitada por um pesquisador no passado recente, você pode pensar em deixá-los em paz e encontrar outra. Seus membros podem ter sido "explorados" pelo esforço recente. Eles podem ter sido pesquisados de uma forma intrusiva ou imprudente, por exemplo, por um pesquisador que retratou uma pessoa desfavoravelmente, ou que escreveu sobre a comunidade de uma maneira que os membros da comunidade consideraram desrespeitosa. Essas comunidades tendem a ser pouco receptivas a novas iniciativas de pesquisa. Nesse caso, deixar a comunidade em paz é mais aconselhável do que tentar convencê-los de que você fará uma netnografia melhor/mais bacana/mais rigorosa/mais respeitosa do que fez o último pesquisador.

DEFININDO SUAS ESTRATÉGIAS INICIAIS PARA A COLETA DE DADOS

Esta seção apresenta algumas recomendações resumidas sobre a forma de gerir a abordagem inicial para o website de trabalho netnográfico. No próximo capítulo detalharemos exatamente como interagir de forma participativa na comunidade ou comunidades online escolhidas e colher dados naquele site de trabalho. Essas diretrizes definirão o cenário para a sua abordagem.

Ética

Se você é um pesquisador acadêmico, você vai precisar obter a aprovação de um conselho de revisão institucional (em inglês, Institutional Rewiew Board) ou comitê de ética em pesquisa de sujeitos humanos (em inglês, Human Subjects Research Ethics Comitee) para poder iniciar sua netnografia. O Capítulo 8 deste livro lida com essas questões éticas e oferece recomendações específicas sobre como planejar e conduzir sua investigação de forma ética. Você vai se beneficiar da leitura desse capítulo antes de iniciar qualquer pesquisa netnográfica, e incorporar essas sugestões em seu plano de pesquisa.

Diretrizes escritas

Quando iniciar sua investigação, mantenha-se organizado e focado. Use este livro como um manual, mas também mantenha uma pasta com suas diretrizes e outros documentos relevantes. As diretrizes devem representar decisões de pesquisa que você tomou, está tomando ou vai precisar tomar. Escreva seu foco e questões de pesquisa nela. Elabore essas questões mais gerais para formar as perguntas específicas que você vai propor aos participantes. Redija um parágrafo detalhando como você vai abordar essa comunidade e o estilo de participação que pretende empregar. Escreva sobre os fóruns e comunidades que examinou, e sobre porque você optou por seguir certas pessoas e não outras. Mantenha uma seção sobre ética em pesquisa. Nessa seção, guarde seu IRB ou documentação de pesquisa com seres humanos. Guarde todos os documentos que você tem ou licenças que você pode precisar. Use suas diretrizes escritas para estruturar e supervisionar sua pesquisa netnográfica durante a entrada, o envolvimento e a imersão.

Preparando-se para dados e análise – e escolhendo programas de análise de dados

Em netnografia, os limites que marcam o interior e o exterior de uma cultura ou comunidade são mais obscuros do que em uma etnografia face a face tradicional. Assim, não há regra geral sobre quando começar a fazer notas de campo. Eu recomendo fazer anotações sobre os primeiros websites visitados ao iniciar sua investigação. Ao retornar a determinados websites e constatar que eles têm valor potencial para você e satisfazem critérios relevantes, você deve aperfeiçoar seus registros em notas de campo mais estruturadas e continuar acrescentando detalhes a elas.

Mesmo nessa fase inicial do processo, você deve estar se preparando para coletar dados. Na verdade, você deve começar a coletar documentos relacionados assim que iniciar o planejamento de um projeto. Lyn Richards (2005) aconselha que você escolha um pacote de análise de dados qualitativos e aprenda a usá-lo antes de iniciar a coleta de dados, não depois de estar sobrecarregado deles. Discutiremos alguns desses pacotes no próximo capítulo. Se você estiver usando um programa de análise qualitativa de dados, você vai querer guardar essas notas de campo iniciais e incursões em comunidades online em algum lugar, a fim de manter seu projeto organizado.

> Comece a usar seu software – armazenando análises de literatura, concepções iniciais, memorandos para o supervisor, diários de pesquisa. Um bom software qualitativo não envolve apenas gerenciar registros de dados, mas integrar todos os aspectos de um projeto – concepção, leitura, dados de campo, análises e relatórios. No momento em que os registros de dados do projeto estiverem sendo criados, você estará qualificado nesse software. (Richards, 2005, p. 27)

Você também pode querer salvar correspondências com os coautores, mensagens de correio eletrônico, exames ou artigos relacionados baixados da internet, novas histórias ou vídeos. Salve qualquer coisa que possa estar relacionada com seu projeto de pesquisa de alguma maneira.

Se você fizer isso, não será um ponto de partida ruim para o procedimento de coleta de dados. No momento em que fizer sua entrada, você já terá vários documentos que indicam sua progressão, assim como dados iniciais obtidos nas primeiras incursões no campo, correspondência e algumas ideias teóricas e relacionadas com a literatura, memorandos sobre seus dados e notas sobre seu trabalho de campo inicial. Além disso, você já estará habituado a aumentar esse conjunto de dados cada vez que contatar, pensar, ou fizer qualquer outra coisa relacionada a seu grupo social online ou a sua investigação sobre ele. E você estará mais familiarizado com seu pacote de software de análise qualitativa de dados, e já estará organizando, escrevendo memorandos e talvez até mesmo codificando seus dados.

Interação

Você também terá de fazer algumas escolhas sobre como vai interagir com sua comunidade online. Você vai interagir de uma maneira limitada, por exemplo, informando as pessoas de seu estudo e então fazendo algumas perguntas de esclarecimento durante um período de tempo? Ou você vai interagir como pleno participante na cultura e comunidade local, talvez até tornando-se um membro valorizado e contribuindo com seu conhecimento ou habilidades para o aperfeiçoamento da comunidade? No capítulo a seguir, discutirei como meu envolvimento em algumas comunidades online mudou e se aprofundou durante o curso de minha investigação netnográfica.

Para muitos acadêmicos, sua abordagem inicial de uma comunidade online pode assemelhar-se à seguinte mensagem postada:

> Ola Pessoal:
>
> Meu nome é [seu nome] e eu sou [cargo] na [universidade ou empresa]. Venho estudando a [cultura X ou assunto] há seis semanas, e a [nome ou descrição da comunidade online] tem me parecido interessante. Tenho algumas perguntas que gostaria de fazer e espero poder entrar em contato com alguns de vocês.
>
> Muito obrigado.
> Seu Nome Aqui

Na verdade, isso é muito parecido com uma postagem que eu fiz ao grupo de discussão alt.coffee em 2000, onde eu disse que:

> Venho observando este grupo há certo tempo, estudando a cultura do café no alt.coffe, aprendendo bastante e gostando muito [...] Eu só gostaria de sair de meu *status* de observador para avisá-los que estou aqui [...] Eu pretendo citar algumas das ótimas postagens que apareceram aqui, e farei contato com as pessoas por seus correios eletrônicos pessoais para pedir-lhes licença para citá-las. Também disponibilizarei o documento sobre a cultura do café aos interessados para seu exame e comentários – para garantir que eu entendi bem o que foi dito.

A seguir, eu apresentei minhas credenciais para que eles pudessem ver quem eu era e como eu tinha representado outras comunidades anteriormente. Agradecimentos foram feitos, juntamente com uma declaração de que os membros da comunidade "se sentissem à vontade para entrar em contato comigo para qualquer pergunta ou comentário", informei meu nome, título e endereço para correspondência.

Embora esse tipo de entrada não seja ruim, ela pode não ser a melhor estratégia. O melhor é que o pesquisador, desde seu primeiro contato com a comunidade, aja como um novo membro, ao mesmo tempo afirmando claramente que está realizando um projeto de pesquisa. Por que não postar um link para uma matéria jornalística? Ou entrar em um debate com um comentário interessante, oportuno e bem planejado? Oferecer alguma nova informação ou perspectiva, talvez da área acadêmica ou científica? Ao emergir do anonimato espreitador escuro para a luz de um dia comunal online, você quer ter algo mais a dizer além de "Eu sou aluno/professor na Univeridade ABC e eu quero estudar vocês". Seja criativo. Elabore sua entrada com minúcia e exatidão. Faça-a bem.

Em setembro de 1996, eu postei uma mensagem em alguns grupos de discussão do *Jornada nas estrelas* com o título "*Jornada nas estrelas* é como uma religião?" Citei alguns estudos acadêmicos que tinham sido publicados indicando que os fãs de *Jornada nas estrelas* eram como devotos religiosos, e depois pedi aos fãs que comentassem sobre isso. Contei-lhes também quem eu era, e convidei-os para saberem mais sobre minha pesquisa. A mensagem um pouco polêmica funcionou bem. Os membros da comunidade comentaram, divertiram-se um pouco com ela e se envolveram na pesquisa. Diferente do meu exemplo da Rainbow Family, eu dediquei tempo para compreender a comunidade online onde eu estava postando minha mensagem. Eu dediquei tempo para adaptar minhas perguntas de pesquisa e abordar a comunidade apropriadamente. Provavelmente auxiliado por meu trabalho de campo em pessoa, eu estava agindo como um participante cultural genuíno.

Ao iniciar seu projeto, esteja ciente de que o arquivamento e a acessibilidade têm dois gumes. A internet é para sempre. Tudo que você posta online está acessível a todos, provavelmente por muito tempo. Assim, lembre-se de que daqui a alguns anos, quando eu estiver pesquisando exemplos de estudos netnográficos excelentes e constrangedores para meu próximo livro, eu poderei me deparar com a *sua* entrada de pesquisa netnográfica. Portanto, antes de pensar em incorporar a interação cultural de membros da comunidade online em sua pesquisa, considere como sua incursão netnográfica pode figurar se fizer parte da *minha* pesquisa.

RESUMO

O netnógrafo tem uma série de decisões importantes a tomar antes do primeiro contato com uma comunidade online. Decisões a respeito de questões e temas da pesquisa devem ser tomadas. Formas adequadas de interação social e comunidades devem ser investigadas utilizando mecanismos de busca e outros meios. Em geral, deve-se dar preferência a comunidades que sejam relevantes, ativas, interativas, substanciais, heterogêneas e ricas em dados. Uma postura adequada para a investigação netnográfica, suas opções participativas e seus protocolos éticos, também devem ser planejados. No próximo capítulo, vamos discutir exatamente como coletar dados durante o trabalho de campo.

Leituras fundamentais

Creswell, John W. (2009) *Research Design: Qualitative, Quantitative, and Mixed Methods Approaches*, 3rd edition. Thousand Oaks, CA: Sage Publications.

Kozinets, Robert V. (1998) 'On Netnography: Initial Reflections on Consumer Research Investigations of Cyberculture', in Joseph Alba and Wesley Hutchinson (eds), *Advances in Consumer Research*, Volume 25. Provo, UT: Association for Consumer Research, pp. 366–71.

Nelson, Michelle R. and Cele C. Otnes (2005) 'Exploring Cross-Cultural Ambivalence: A Netnography of Intercultural Wedding Message Boards', *Journal of Business Research*, 58: 89–95.

Silver, David (2006) 'Introduction: Where is Internet Studies?', David Silver and Adrienne Massanari (eds), in *Critical Cyberculture Studies*. New York and London: New York University Press, pp. 1–14.

6
Coleta de dados

☑ Resumo

Este capítulo ensina como criar e coletar os três tipos diferentes de dados netnográficos: dados arquivais, dados extraídos e dados de notas de campo. Essa abordagem da coleta de dados está especificamente direcionada ao salvamento de dados netnográficos como arquivos de computador que possam ser codificados, impressos, ou reconhecidos por pesquisadores humanos e programas de computador de análise de dados.

Palavras-chave: ciber-entrevistas, coleta de dados, notas de campo, entrevistas online, software de captura de tela, spam, dados visuais

FUNDAMENTOS DA COLETA DE DADOS NETNOGRÁFICOS

Os termos dados e coleta usados em relação à netnografia na verdade são lastimáveis e não muito úteis. Eles parecem implicar que essas coisas, "dados", estão espalhados, como folhas no chão ou documentos sobre uma mesa, e que sua tarefa é simplesmente juntá-los e "coletá-los". Isso é, evidentemente, muito tentador em netnografia. Mas agir assim seria uma análise de "conteúdo" online em vez de um trabalho de campo netnográfico observacional participante "em" uma comunidade eletrônica. Coleta de dados em netnografia significa comunicar-se com membros de uma cultura ou comunidade. Essa comunicação pode assumir muitas formas. Mas, qualquer forma que ela assuma implica envolvimento, engajamento, contato, interação, comunhão, relação, colaboração e conexão com membros da comunidade – não com um website da rede, servidor ou teclado, mas com as pessoas no outro extremo.

Em netnografia, a coleta de dados não acontece isoladamente da análise de dados. Embora eu vá abordá-las separadamente em capítulos distintos neste livro, elas são entrelaçadas. Mesmo que os dados sejam de interações arquivais, durante a coleta de dados cabe ao netnógrafo se esforçar para compreender as pessoas representadas nessas interações a partir do contexto comunal e cultural online em que elas se inscrevem, em vez de coletar essas informações de um modo que destituísse o contexto e apresentasse os membros da cultura ou suas práticas de uma maneira geral, indefinida, universalizada. O próprio fato de participar de uma comunidade muda a natureza da posterior análise de dados. Isso é o que torna a etnografia e a netnografia tão radicalmente diferentes de técnicas como análise de conteúdo ou análise de rede social. Um analista de conteúdo examinaria os arquivos de comunidades eletrônicas, mas ele não os interpretaria com profundidade em busca de informações culturais, ponderando-as e com elas procurando aprender como viver nessa comunidade e identificar-se como um membro dela. Essa é a tarefa do netnógrafo.

A coleta de dados também está interligada com a participação netnográfica. Assim, pode ser útil, antes de começar a coletar os dados, aprender e considerar a natureza da participação netnográfica. Por exemplo, você pode perguntar se ler regularmente as mensagens e clicar nos hiperlinks publicados, mas não postar nada, constitui uma participação netnográfica apropriada. Portanto, a participação precisa envolver a postagem de uma mensagem ou de um comentário online? Ela precisa envolver algum tipo de comunicação ou interação com membros por parte do pesquisador? Os simples registro e adesão a um grupo são suficientes?

Em geral, a participação será ativa e visível a outros membros da comunidade. Preferencialmente, ela deve contribuir para a comunidade e seus membros. Nem todo pesquisador netnográfico precisa estar envolvido em *todo* tipo de atividade comunitária. Mas todo pesquisador netnográfico precisa estar envolvido em *alguns* tipos de atividade comunitária. Um netnógrafo provavelmente não vai querer liderar a comunidade, mas ele também não deve ser invisível.

Existe um espectro de engajamento e envolvimento em comunidades online e em comunidades offline relacionadas que varia desde ler regularmente mensagens em tempo real (em contraposição a baixá-las em massa para serem vasculhadas e automaticamente codificadas), seguir links, classificar, responder a outros membros por correio eletrônico ou outras comunicações entre apenas duas pessoas, fazer comentários breves, fazer comentários longos, aderir e contribuir para atividades comunitárias, até tornar-se organizador, perito ou voz reconhecida da comunidade. A Figura 6.1 demonstra esse envolvimento participativo crescente nas atividades de uma comunidade online. Esse nível de envolvimento crescente pode indicar algumas das etapas de participação netnográfica e, consequentemente, sugerir os diferentes tipos de dados que serão coletados.

Considere a postura participativa adotada por Al Muñiz e Hope Schau (2005) em seu excelente artigo sobre comunidades eletrônicas dedicadas ao extinto assistente pessoal digital (em inglês, PDA) da Apple, o Newton. Além de monitorar websites e quadros de avisos frequentados pelos membros da comunidade, esses pesquisadores compraram um Newton usado e começaram a usá-lo. O esforço para fazer esse velho cão tecnológico realizar novos truques não foi pouco. Sua aquisição do dispositivo os colocou "no lugar" dos outros membros da comunidade e deu-lhes um terreno comum, além de fornecer razões para adquirir um maior entendimento da comunidade.

Aprender

- Encontrar pessoas semelhantes
- Absorver cultura
- Aprender regras e técnicas
- Ganhar senso de pertença
- Refletir sobre retorno
- Aguçar conjunto de habilidades

TEMPO E COMPROMETIMENTO CRESCENTE →

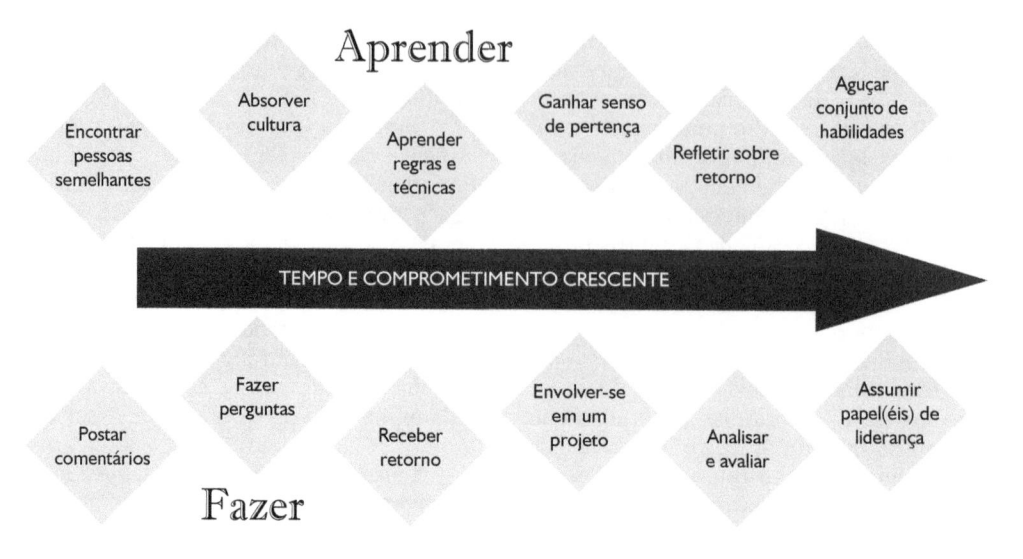

- Postar comentários
- Fazer perguntas
- Receber retorno
- Envolver-se em um projeto
- Analisar e avaliar
- Assumir papel(éis) de liderança

Fazer

FIGURA 6.1

Formas potenciais de participação netnográfica em uma comunidade online (adaptado de Kozinets et al., 2008, Figura 1, p. 342).

As abordagens de análise de conteúdo levam a postura observacional da netnografia a um extremo, oferecendo descarregamentos discretos sem qualquer contato social. Essa abordagem põe o pesquisador em risco de adquirir apenas uma compreensão cultural superficial e apressada. Em um capítulo metodológico de um livro sobre netnografia, eu sugeri que às vezes pode ser útil levar o elemento participativo a um extremo semelhante (Kozinets, 2006a). Podemos especular sobre o valor de uma "autonetnografia", onde a base de uma netnografia é uma reflexão pessoal extremamente autobiográfica sobre afiliação em comunidades online, como apreendida em notas de campo e outros registros subjetivos da experiência online. Porções significativas de *Life Online*, de Annete Markham (1998), são reflexivas e autonetnográficas. Outro exemplo é o de Bruce Weinberg (2000), cujo "Internet 24/7 project" consistia de um dos primeiros blogs onde ele acompanhava e analisava suas experiências como comprador exclusivamente online. Eu e Richard Kedzior recentemente sugerimos que o formato autonetnográfico pode ser aplicado de forma muito útil para aumentar nossa compreensão da experiência subjetiva de "ser" um avatar em um ambiente de mundo virtual (Kozinets e Kedzior, 2009). Sugerimos que o foco subjetivo profundo da netnografia é útil porque os mundos virtuais oferecem características interessantes, tais como a sensação de uma nova realidade e de um novo corpo (características que foram observadas em muitos tipos de experiência comunitária online, incluindo MUDs e MOOs).

Idealmente, a experiência que se tem como um netnógrafo procurará equilibrar o modo reflexivo, autobiográfico e subjetivo do participante cultural, engajado com o objetivo de precisão do observador científico. Inerente à natureza da etnografia e da netnografia, o pesquisador deve constantemente manter uma tensão, alternando-se entre o envolvimento experiencialmente próximo com os membros de cultura online e os mundos mais abstratos e distanciados da teoria, palavra, generalidade e foco de pesquisa.

Assim, a coleta de dados netnográficos incluirá a captura de três tipos diferentes de dados. Primeiramente temos os *dados arqui-*

vais, dados que o pesquisador copia diretamente de comunicações mediadas por computador preexistentes dos membros de uma comunidade online, dados em cuja criação ou estimulação ele não está diretamente envolvido. O prodigioso volume de informações e a facilidade de seu descarregamento podem tornar seu manuseio desencorajador. O pesquisador pode necessitar de muitos níveis de filtragem de relevância. Em segundo lugar temos os *dados extraídos* que o pesquisador cria em conjunção com os membros da cultura por meio de interação pessoal e comunal. Postagens e comentários do pesquisador, bem como entrevistas por correio eletrônico, bate-papo ou mensagens instantâneas, seriam procedimentos comuns para extrair dados netnográficos. Em terceiro lugar temos os *dados de notas de campo*, as anotações de campo em que o pesquisador registra suas próprias observações da comunidade, seus membros, interações e significados, e a própria participação e senso de afiliação do pesquisador. Durante o processo de coleta de dados, dados reflexivos geralmente são reservados para os propósitos pessoais do pesquisador e não são compartilhados com a comunidade. Essas categorias seguem, de forma aproximada as categorias de assistir, perguntar e examinar, de Wolcott (1992); ou as categorias de documentos, entrevistas e observações, de Miles e Huberman (1994). Cada um desses tipos de coleta de dados será explicado separadamente. Primeiramente, este capítulo abordará uma discussão mais geral dos fundamentos da coleta de dados online.

OS FUNDAMENTOS DA CAPTURA E COLETA DE DADOS ONLINE

Esta seção explicará, em um nível muito fundamental, o que é necessário para coletar dados de websites netnográficos. O campo de trabalho netnográfico é bastante singular por ser cultural, mas ele também envolve o uso de um computador ligado a outros computadores por meio de um servidor. Sem tornar-se excessivamente técnica, esta seção lhe dirá como usar as potencialidades de seu computador para capturar dados netnográficos.

O netnógrafo tem duas escolhas básicas a fazer na ocasião da captura de dados, e o tipo de análise de dados que ele pretende fazer determinará a escolha. Se o netnógrafo for codificar os dados qualitativos manualmente, usando uma técnica de caneta e papel, ou alguma variante dessa técnica usando anotações em arquivos eletrônicos ou em uma planilha como o Excel, da Microsoft, então a coleta de dados deve ser limitada a volumes de dados relativamente pequenos, talvez da ordem de mil páginas de texto em espaço duplo ou menos. Essa limitação pode alterar as fronteiras da comunidade online ou do website de exploração cultural. Ela também pode alterar o foco da netnografia, o qual pode ser mais adequado para analisar somente determinadas mensagens ou encadeamentos dentro da comunidade. Além disso, ela pode alterar quais dados o netnógrafo opta por realmente salvar, em vez de simplesmente ignorá-los ou fazer notas ou apontamentos breves.

Se o netnógrafo for usar software de análise de dados qualitativos como auxílio para codificar e organizar os dados, a coleta pode ser muito mais prolífica, estendendo-se a mais de 5 mil páginas de texto em espaço duplo. Essa liberdade pode ampliar as fronteiras da comunidade online ou do website de exploração cultural. Pode ampliar o foco da netnografia. Pode também tornar o netnógrafo mais capaz – ou talvez mais propenso – a coletar dados sem um foco claro, ou com um campo de ação mais amplo. Retornaremos a uma discussão mais detalhada dos programas de análise de dados qualitativos no próximo capítulo deste livro.

Considere o seguinte exemplo de coleta manual de dados netnográficos. Em nosso trabalho sobre consumidores da Volkswagen, que foi codificado e analisado inteiramente a mão, nós inicialmente lemos um grande número de mensagens sobre carros da Volkswagen em nossas telas de computador, fazendo anotações gerais sobre o que víamos e onde encontrávamos aqueles dados (Brown et al., 2003). Depois nos concentramos em encadeamentos e websites que tinham muitas referências ao Fusca da Volkswagen. Novamente, lemos muitas mensagens e fizemos apontamentos sobre elas. Durante essa etapa, salvamos alguns dados na forma de postagens e encadeamentos de mensagens. Então, estreitamos nosso foco mais uma vez a determinados elementos da cultura do Fusca que eram teoricamente interessantes e relevantes para nosso foco central, tais como aqueles que constatamos estarem relacionados à teoria de Walter Benjamin. Examinamos um conjunto muito menor de websites e grupos de discussão do que tínhamos previamente identificado, lemos as mensagens e postagens com muito mais atenção, e salvamos a maioria delas como arquivos de dados. Os reunimos em um grande arquivo do Word da Microsoft. Posteriormente, imprimimos alguns desses arquivos e os codificamos manualmente. À medida que o projeto avançou, fizemos nossa codificação no grande arquivo de dados do Word no disco rígido de nossos computadores. Usamos os recursos de busca do processador de texto para procurar casos de repetição de nossas observações, o que auxiliou a codificação bem como a confirmação e a refutação.

No total, tivemos o equivalente a 560 páginas em espaço duplo quando impresso em fonte de tamanho 10. Embora essa fosse uma grande quantidade de texto, ela era bastante receptiva à leitura hermenêutica detalhada que se faria de um livro ou qualquer outro texto. Como observado aqui, esse texto já estava bastante "destilado". Isto é, nós já havíamos lido, observado, pensado a respeito e processado intelectualmente um grande volume de dados na netnografia que não foi salva. Os números nos quais nos baseamos foram apenas relativos à quantidade de dados que salvamos e codificamos (sem incluir nossas 20 a 30 páginas de notas). Essas 560 páginas representaram 432 postagens que continham 131 nomes de participantes diferentes.

Duas formas básicas de capturar dados online são: salvar o arquivo em um modo legível em computador, ou como uma imagem visual de sua tela que aparece quando você vê os dados. Ambos os métodos têm vantagens bem como desvantagens. Quando as comunicações comunais são principalmente textuais, como acontecem nos quadros de avisos, grupos de discussão, fóruns, microblogs e wikis, salvar o arquivo para ser lido em computador é a melhor opção. Os arquivos dos Google Groups e Yahoo!Groups já são apresentados na tela como arquivos de texto. Quando os dados contêm muitos estímulos visuais, como texto, assim como websites, de compartilhamento de áudio e imagem, mundos virtuais, alguns blogs e algumas áreas de websites de redes sociais, os diversos métodos de captura de telas são preferenciais. Uma terceira opção, que combina ambas as outras, é salvar o arquivo em um formato legível por computador que capture, de maneira aproximada, o que se vê na tela. Se você não for usar um programa CAQDAS automatizado para ajudá-lo a gerenciar todos os seus documentos, o melhor seria agregar todos os seus dados (preferencialmente) em um grande arquivo em um processador de texto que posteriormente você pode limpar e procurar. Todos esses formatos – imagens digitalizadas, arquivos HTML e texto baixado – podem ser reunidos em um arquivo.

A seguir detalhamos, de maneira específica o que você precisa fazer para coletar dados dessa forma. Como exemplo, considere que estamos estudando o modo como os membros usam comunidades eletrônicas para discutir a relação do capitalismo com o ambiente. Usando os procedimentos do mecanismo de busca descritos no Capítulo 5, encontramos algumas postagens interessantes e relevantes no grupo de discussão alt.global-warming, o qual acessamos por meio do website do Google Groups, usando o navegador Firefox em um computador Apple Mac operando com OS X.[8] Na janela do navegador, a busca inicial leva a uma janela que foi capturada como na Figura 6.2.

A imagem na Figura 6.2 foi capturada usando um programa de captura de tela de imagem fixa. Programas para tal função às vezes são também chamados de software "screen shot". Existem muitas escolhas de software para captura de tela para usuários de PC Microsoft, incluindo o Snagit, o Screenhunter, o Shutter, o iQuick, o Snapa e o SnapzPro. A maioria desses programas apresenta uma interface de usuário muito

NETNOGRAFIA 97

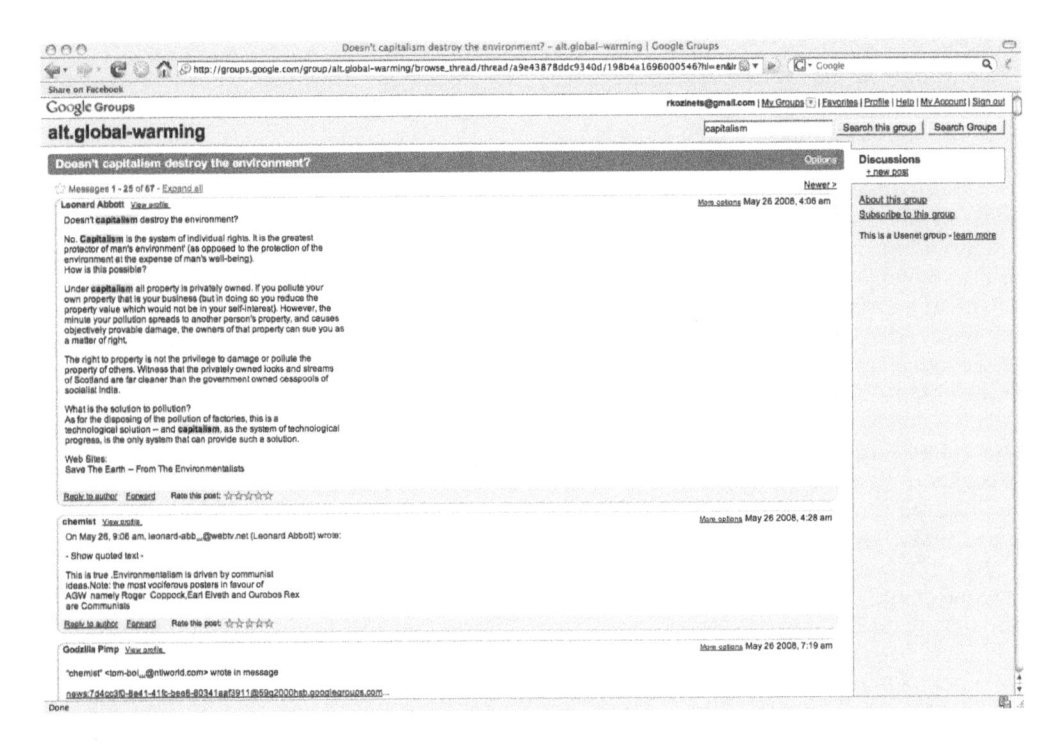

FIGURA 6.2

Captura de tela de um encadeamento de mensagens em grupo de discussão.*
* Nota: salvo em arquivo no formato de imagem jpg e exibido na janela do navegador Firefox.

simples cuja operação é análoga a de uma câmera. O pesquisador abre uma página em seu navegador e depois abre o programa de captura. Ele seleciona uma opção de captura no menu do programa, que geralmente permite selecionar um campo com o mouse, ou capturar a tela inteira. Depois se pressiona um determinado botão e a imagem da tela é capturada. As imagens capturadas são armazenadas em um formato de arquivo de imagem compactada, tais como bmp, jpg ou gif. Portanto, o texto incluído neles não pode ser lido pela maioria dos programas de computador, tais como processadores de texto ou software de análise de dados.

Também pode ser benéfico usar programas de captura de tela de movimento completo para registrar, momento a momento, o que aparece na tela do computador. Diferente das imagens fixas descritas acima (e ilustradas na Figura 6.2), esses programas fornecem uma imagem em movimento que inclui áudio. Programas como Snapz Pro X, Camtasia, Cam Studio, Replay Screencast, ou Hypercam permitem ao netnógrafo registrar, de forma automática, exatamente o que estão vendo ou ouvindo em sua tela de computador em tempo real. Ele pode capturar diversas buscas em comunidades online sequenciais, os websites em que ele navega, as mensagens e postagens que lê, além das imagens, arquivos de sons e arquivos audiovisuais que vê em seu computador. Esses dados são salvos como um arquivo de vídeo digital (muitas vezes um arquivo avi, que pode ser convertido nos formatos de arquivo mpg, mov ou mesmo flv, e os eventos podem ser reprisados no futuro, como um filme em DVD).

Quando dados são coletados dessa forma, o netnógrafo os analisa pausando ou parando os eventos para anotar, codificar ou examiná-los melhor. Detalhes momentâneos podem ser facilmente localizados e analisados. Além disso, você pode facilmente avançar de forma rápida ou retornar a um determinado lugar nos dados. Entretanto, se você for passar muito tempo em sua comunidade online, como deve, registrar cada minuto pode exigir um investimento em mais memória para o computador, ou um disco rígido adicional. Memória externa está disponível com custo relativamente baixo em muitos países. Ainda mais importante é o tempo de pesquisa necessário. A análise de todas essas informações pode tomar muito tempo. Como no caso das capturas de tela, o texto contido nesses arquivos não está em um formato que programas de processamento de texto ou de análise de dados qualitativos possam ler, examinar e buscar como texto. Isso sugere que o netnógrafo ainda vai precisar baixar texto de uma forma que mantenha a legibilidade como arquivo de texto.[9]

Para baixar textos como arquivo de texto, o netnógrafo tem diversas opções. A forma inicial mais rápida para salvar esses dados é arrastar o mouse do computador sobre a área relevante do texto no navegador, marcá-la e depois copiá-la (o comando seria Editar-Copiar no menu ou Control+C para quem estiver usando os sistemas operacionais Windows). Depois, usando um processador de texto, como o Microsfft Word, abrir um novo documento, colar o texto, e salvar o arquivo. O arquivo pode ser salvo no formato doc nativo ou como arquivo txt. O processo também pode ser realizado usando um navegador. Em muitos navegadores, tais como o Firefox, é possível salvar a janela inteira do navegador como arquivo txt. O comando para isso é Arquivo-Salvar Página como... no menu suspenso. Outro menu aparecerá, e neste escolhe-se "Arquivos de Texto" a partir do menu suspenso ao lado de "Salvar como tipo...". Se você estiver codificando manualmente ou sem auxílio de um programa, escolha o formato de arquivo com o qual se sente mais confortável para manusear. Dependendo do programa de análise de dados qualitativos que escolher, diferentes formatos de arquivo podem ser necessários – quase todos podem ler arquivos txt.

O problema com esse procedimento logo torna-se óbvio. Embora ele seja direcionado e completo – vocês só está capturando os dados que identifica –, a coleta de dados rapidamente torna-se tediosa e demorada. Se houver 50 postagens separadas em um encadeamento de mensagens que você deseja capturar, isso envolve muito arrastar, soltar, copiar e colar. A alternativa é capturar o máximo de dados possível de uma só vez. Nesse caso, o netnógrafo localiza os dados relevantes e escolhe "Selecionar todos" no menu suspenso Editar (em alguns navegadores, isto equivale a Control+A). Isso seria seguido de um processo semelhante de colar em um arquivo de documento. Contudo, esse método "pesca" quantidades significativas de dados irrelevantes. O arquivo resultante precisa ser cuidadosamente editado para que possa ser lido por um leitor mediano, embora, para finalidades de codificação, essas capturas textuais desorganizadas possam ser suficientes. O material irrelevante simplesmente não é codificado. Contudo, ele realmente "entulha" o documento e torna a codificação e a compreensão consideravelmente mais difíceis. Uma boa opção é combinar ambas as abordagens, capturando arquivos menos interessantes usando técnicas de arrastar-e-soltar mais direcionadas bem como selecionando grandes volumes de dados e colocando-os em arquivos únicos. A menos que o netnógrafo possa identificar boas soluções de software que permitam automatizar o processo de remoção de dados irrelevantes, ele deve estar preparado para despender um tempo considerável "limpando" esses arquivos. A Figura 6.3 apresenta uma imagem dos dados do alt.global-warming, apresentados anteriormente na Figura 6.2, depois de eles terem sido copiados e colados em um arquivo txt no Microsoft Word e os dados irrelevantes terem sido eliminados.

A opção final combina a legibilidade do arquivo doc ou txt do processador de texto com algumas das imagens de formatação e gráficas na tela de página ou postagem da web. Nessa opção, você salva as mensagens ou informações como um arquivo HTML, ou como uma página de rede completa que seja legível para o seu navegador. O comando relevante no Firefox para salvar informações como um arquivo HTML é Arquivo-Salvar

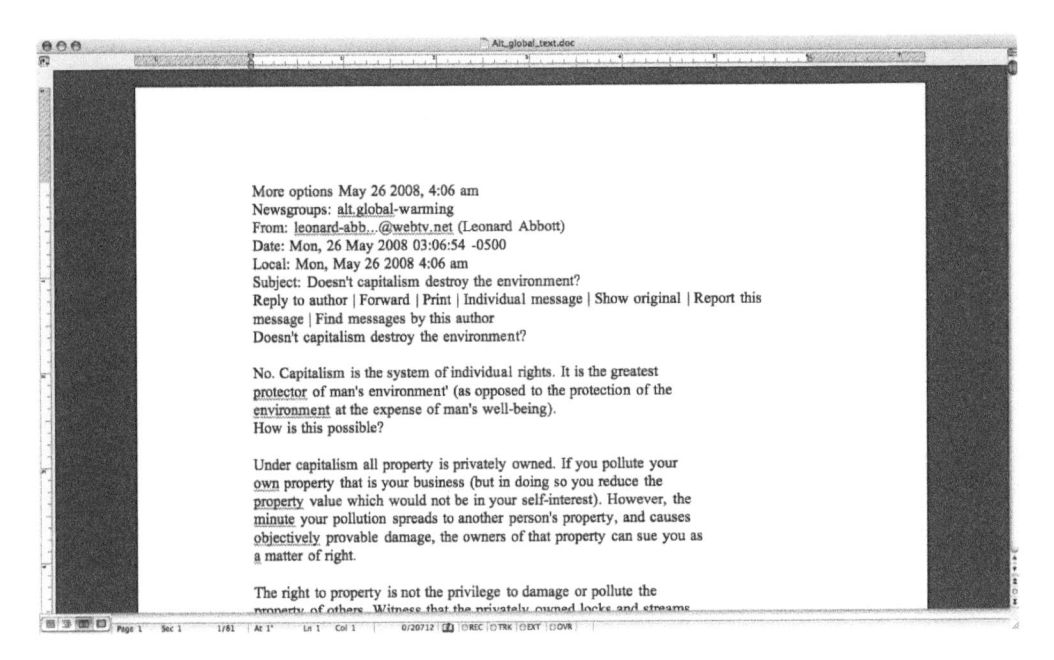

FIGURA 6.3

Encadeamento em grupo de discussão capturado como arquivo de texto.*
* Nota: salvo em arquivo txt e exibido em uma janela de OS X da Microsoft.

Página Como... no menu suspenso. Outro menu vai aparecer, e nesse você vai escolher "HTML" ou "Página da Web, HTML" do menu suspenso ao lado de "Salvar como tipo...". Muitos programas de análise de dados qualitativos vão reconhecer, ler e buscar o texto a partir de arquivos HTML. Dependendo de como você tenha configurado seu navegador, os arquivos HTML podem salvar elementos gráficos ou não – geralmente isso requer um comando especial, como p. ex., "Salvar Como Página Completa" ou "Salvar arquivos gráficos relacionados". A Figura 6.4 apresenta uma imagem dos dados apresentados anteriormente na Figura 6.2 depois de eles terem sido salvos usando Firefox como página HTML.

Se arquivos visuais forem importantes para seu website ou para determinados tipos de dados que você localiza, sua melhor forma de agir é salvá-los como arquivos gráficos separados – ou capturas de imagem. Essas imagens posteriormente podem ser incorporadas em outros arquivos, ou incluídas no corpo geral de dados coletados para sua investigação netnográfica. Esses vários arquivos constituirão seu conjunto de dados para análise. Eles podem ser organizados em diversas pastas, e os dados podem ser colocados em diversas tabelas dependendo da inclinação do netnógrafo. O rastreamento desses arquivos separados pode se tornar um desafio se houver muitos e o netnógrafo não estiver usando algum sistema automatizado para combiná-los ou organizá-los. Os princípios básicos, contudo, permanecem constantes.

Agora que aprendemos esses fundamentos práticos da captura e da coleta de dados online, este capítulo pode prosseguir para a discussão de algumas das questões mais teóricas em torno da coleta de dados netnográficos.

UM BREVE COMENTÁRIO SOBRE SPAM

Os iniciantes netnográficos muitas vezes ficam admirados com a quantidade de "spam", ou mensagens não solicitadas, que pode ser

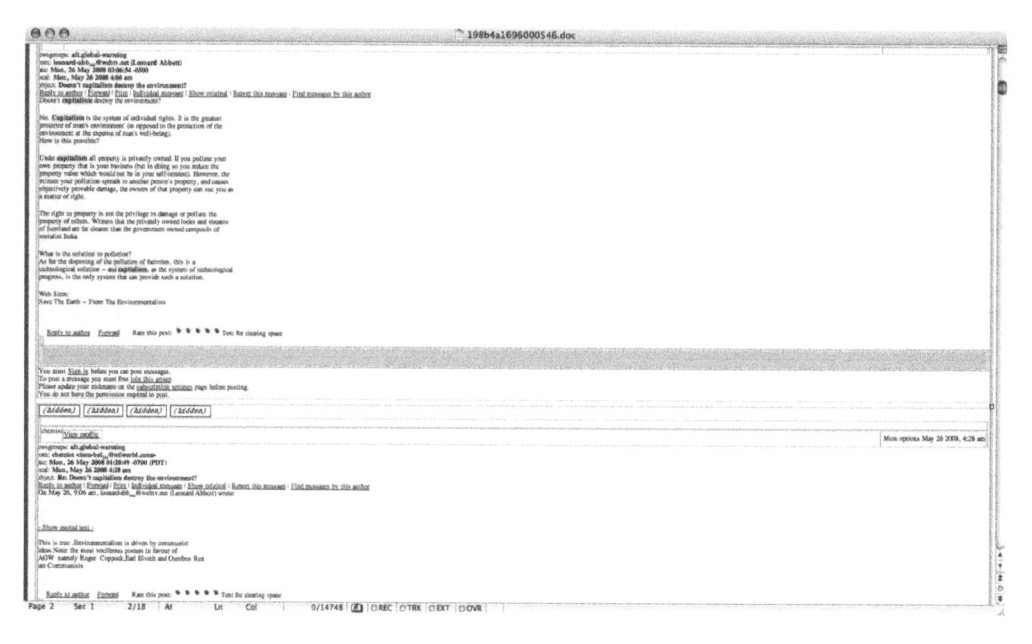

FIGURA 6.4

Encadeamento em grupo de discussão capturado como arquivo de hipertexto.*
* Nota: salvo como arquivo HTML e exibido em janela do navegador Firefox.

encontrada em muitos websites de comunidades online, tais como grupos de discussão, fóruns e mesmo em wikis, websites de redes sociais e listas. Nenhuma abordagem do assunto estaria completa sem ao menos mencionar essa situação. O spam, como outras formas de conexão comercial, assim como a postagem de fotografias pornográficas e links para sites de pornografia, são um fato da vida no universo online. Eles são a realidade da existência online. Os netnógrafos têm ao menos três escolhas no modo como lidam com o spam e essas outras dificuldades.[10]

✓ *Opção 1: Spam pode ser ignorado.* Trate-o como um ruído de fundo ou um pequeno incômodo. Examine os itens enquanto coleta seus dados, mas não os salve. Não se preocupe em mencioná-los em notas de campo.
✓ *Opção 2: Spam pode ser aceito como um fato da vida.* Trate-o como os membros da cultura o tratam. Na maioria dos casos, isso significa ignorar. Às vezes, quando um item se relaciona com alguma coisa relevante para a comunidade ou para o membro, ele pode receber atenção. Nesse caso, ele seria salvo nos arquivos de pesquisa e mencionado em notas de campo.
✓ *Opção 3: Spam pode ser examinado.* Em certas condições, o spam pode ser um tema central para a comunidade, ou ter relação com uma área central do estudo netnográfico. Nessa eventualidade, pode ser lido, codificado, comentado em notas de campo e posteriormente analisado. Um exemplo seria o de um estudo que focasse em mensagens de spam, ou que focasse nas reações da comunidade ao spam.

Em geral, a maioria dos netnógrafos escolhe a primeira opção e o ignora. Netnógrafos podem ter de evitar esquivar-se de comunidades nas quais a proporção de conteúdo de spam em relação a de usuário é muito elevada, e onde as comunicações culturais estão sendo asfixiadas por incursões comerciais. Entretanto, não salte para essa conclusão precipitadamente. Comunidades online vibrantes e importantes enfrentaram e, inclusive, prosperaram a despeito do bombardeio intenso de spam, e provavelmente continuarão assim por algum tempo no futuro. É crucial que os netnógrafos tenham uma estratégia inicial que os oriente sobre como tratar mensagens de spam, a qual eles desenvolvem e adaptam conforme a necessidade durante o progresso de sua investigação. Spam é importante porque, embora ele apareça em quase todos os tipos de comunidade online, ele não pode ser considerado igual às interações entre os membros da cultura, e não podem ser coletados e analisados como o mesmo tipo de dados de comunidades online.

ARQUIVOS DE DADOS NETNOGRÁFICOS

Nesta seção, aprenderemos sobre a natureza e sobre o tratamento de dados culturais arquivais. Dados netnográficos são diferentes de dados etnográficos em diversos aspectos, além da presença muito comum do spam discutida anteriormente. Uma das peculiaridades é que estes frequentemente envolvem grandes quantidades de um tipo de dados culturais conversacionais coletados dos arquivos. Esses dados não são afetados pelas ações do netnógrafo. Os dados culturais arquivais fornecem o que equivale a uma linha de base cultural. As interações comunais salvas fornecem ao netnógrafo um conveniente banco de dados observacionais que podem se estender por anos no passado ou, em alguns casos, por mais de uma década. Os netnógrafos se beneficiam da transcrição prévia de texto, imagens e outras mensagens postadas. Coletar e analisar esses dados arquivais são uma excelente suplementação à participação cultural. Eles podem ser usados de um modo análogo àquele em que os dados arquivais e históricos são utilizados em etnografias para ampliar e aprofundar o conhecimento do contexto cultural.

Com a adição de custos de busca menores do que na etnografia face à face, principalmente quando existem comunidades prevalentes ligadas ao tópico de pesquisa, dados observacionais são abundantes e fáceis de obter. Consequentemente, lidar com a sobrecarga de informações instantâneas é um problema netnográfico importante. Isso, com frequência, significa que o netnógrafo precisa ser mais prudente do que etnógrafos tradicionais sobre como o website de exploração online é definido, que dados são salvos, como os dados são classificados e pré-classificados durante a coleta, que dados não serão incluídos na análise, e quais ferramentas e técnicas analíticas serão empregadas. Assim como uma entrada precisa ser planejada com cuidado, também precisam as estratégias de coleta de dados. Nessas condições, as escolhas do netnógrafo sobre quais dados salvar e quais caminhos comunais trilhar tornam-se importantes.

As seguintes instruções gerais podem ser úteis.

- ✓ Áreas de dados significativos devem ser examinadas primeiramente em busca de áreas de interesse relevantes, principalmente as áreas de interesse baixadas ou salvas.
- ✓ Áreas com volumes menores de texto podem ser salvas ou automaticamente arquivadas de forma integral.
- ✓ Definições do website e das fronteiras de exploração devem ser revistas nas etapas iniciais e relacionadas às estratégias de coleta de dados.
- ✓ Os dados devem ser classificados em categorias preliminares à medida que são inicialmente lidos, e depois reclassificados.
- ✓ Pesquisadores que usam técnicas com caneta e papel ou de interpretação hermenêutica devem fazer descarregamentos de maneira criteriosa, concentrando-se na coleta de conjuntos de dados menores.
- ✓ Pesquisadores que usam técnicas de análise de dados qualitativos assistida por computador podem descarregar maiores volumes de dados, concentrando-se na coleta de conjuntos de dados maiores.
- ✓ Programas de mineração de dados devem ser usados com prudência, pois eles podem obscurecer a experiência cultural da netnografia.

Uma vez que os netnógrafos podem antever grandes volumes de dados, as categorias para interpretação surgem do zero, e as questões e focos de pesquisa mudam durante o trabalho de campo. Assim, é melhor categorizar e constantemente classificar e reclassificar os dados na medida em que eles são coletados. Isso envolve continuar criando novos arquivos e reclassificar os documentos e outros materiais salvos em arquivos antigos. Agrupar macro conjuntos de dados em conjuntos menores pode ser útil. Quando o pesquisador começa a localizar temas relevantes ou classificações, isso pode orientar o subgrupamento dos dados coletados. Pastas e subpastas específicas podem ser usadas para classificar determinadas observações, encadeamentos, postagens, websites ou outros dados.

A coleta de dados desafia o classificador, o bibliotecário e o ordeiro em todos nós. David Weinberger (2007) escreveu um livro excelente sobre as novas possibilidades classificatórias que emergiram por meio da internet à medida que a inteligência coletiva das comunidades incessantemente transforma a desordem ou "a miscelânea", como ele chama, em diferentes formas de ordem. As marcações, denominações, separações e classificações de dados armazenados digitalmente que crescentemente ocorrem, e inclusive definem, as atividades comunais online são análogas ao trabalho de codificação e classificação analítica do etnógrafo e do netnógrafo. Netnógrafos têm muito a aprender nesses grupos, a partir de suas atividades e ferramentas. Marcar e separar são habilidades poderosas a serem praticadas e construídas pelos netnógrafos, podendo inclusive serem desenvolvidas em colaboração com a inteligência coletiva que as tecnologias "Web 2.0", permitem, tais como a Wikipédia. Quanto melhor você conseguir organizar os dados enquanto os coleta, mais metódico e sistemático sobre a coleta de dados você pode se tornar, e melhor netnógrafo você será.

Dados culturais não textuais

Também é importante que você se acostume com os tipos de dados que você vai selecionar e salvar, uma vez que não poderá salvar todos eles. Lembre-se de que nem toda informação importante é veiculada em letras e números. Não negligencie dados visuais e gráficos. Preste atenção às cores de fundo e estilos de fontes, assim como a representações gráficas mais explícitas, como desenhos, emoticons e fotografias. Annette Markham sugere que as postagens dos participantes devem ser capturadas exatamente como aparecem na tela, na fonte original, sem correções de ortografia, gramática, ou pontuação. "Nós literalmente reconfiguramos essas pessoas quando editamos suas frases, pois, para muitas delas, essas mensagens são apresentações deliberadas de si próprias" (Markham, 2004, p. 153). A maioria dos blogs, fóruns e quadros de avisos reformatam automaticamente para fontes semelhantes. Quando as mensagens apresentam estilos divergentes e significativos, salvá-las como captura de tela pode ser justificado, pois tais dados podem ser úteis na etapa de análise. Em geral, contudo, salvar arquivos de texto em um formato básico ou em HTML atenderá perfeitamente os propósitos de sua pesquisa.

Dados visuais muitas vezes transmitem informações e conteúdo emocional omitidos por formatos exclusivamente textuais e mesmo de áudio. Formatos de áudio e audiovisuais são cada vez mais comuns. Se os membros de um grupo de discussão repetidamente discutem ou remetem a certos vídeos do YouTube, você deve assisti-los. Se eles revelam facetas interessantes da cultura que você deseja acompanhar, salve-os para posterior análise. Qualquer tipo de expressão que seja relevante para os membros da comunidade – sejam audiovisuais, gráficos, auditivos, fotográficos ou textuais – é relevante para sua análise. Como especificado acima, isso deve ser salvo em arquivos, classificado e distribuído em pastas e subpastas como dados.

DADOS NETNOGRÁFICOS EXTRAÍDOS

Nesta seção, consideramos a extração de dados netnográficos e como manuseá-los. Existem muitas formas de extrair dados netnográficos, mas essas abordagens podem ser classificadas em duas estratégias básicas: interação comunal e entrevista. Essas duas estratégias básicas podem ser misturadas e combinadas de diferentes maneiras para produzir diversos níveis interessantes de envolvimento e discernimento dos membros da comunidade.

A pesquisa de minha tese iniciou-se com observações de quadros de avisos como o rec.arts.tv.startrek. Contudo, pouco tempo depois, tornou-se óbvio que um envolvimento mais profundo com a comunidade era desejável. Não querendo abusar da hospitalidade dos quadros de avisos, eu adotei uma estratégia de coleta de dados online. Em 1995, quando *Jornada nas estrelas: a nova geração* estava no auge da popularidade, eu aprendi programação HTML. Com essa habilidade, eu criei, e depois publiquei, "The *Star Trek* Research Web-page". A página introduzia a mim e minha pesquisa aos outros fãs, falando sinceramente sobre quem eu era, bem como revelando minha afiliação universitária e o projeto de pós-graduação (ver Figura 6.5).

Como um tipo de "oferecimento" para a comunidade mais ampla de *Jornada nas estrelas*, eu forneci uma análise linguística regular da pesquisa corrente sobre *Jornada nas estrelas*, do texto e de sua comunidade de fãs. No atual ambiente da internet, um blog, uma ilha informativa no Second Life ou em outro mundo virtual, ou mesmo um grupo em um site de rede social funcionariam igualmente bem. O website de pesquisa de *Jornada nas estrelas* analisava trabalhos acadêmicos de pessoas como Constance Penley, Henry Jenkins e Camille Bacon-Smith. Ela continha páginas de links para outros recursos na internet relacionados ao filme. Ela era um pouco brincalhona em seu uso de fontes e elementos gráficos de *Jornada nas estrelas*. Além disso, continha uma página que pedia que os fãs respondessem a uma série de perguntas detalhadas. Posicionei essas perguntas como uma "ciber-entrevista". (ver Figura 6.6).

A iniciativa foi gratificante. Durante os vinte meses de trabalho de campo, o website recebeu *e-mails* de mais de 60 membros da cultura de mais de 20 países diferentes. Ela levou a dois participantes da pesquisa que poderiam ser categorizados como assu-

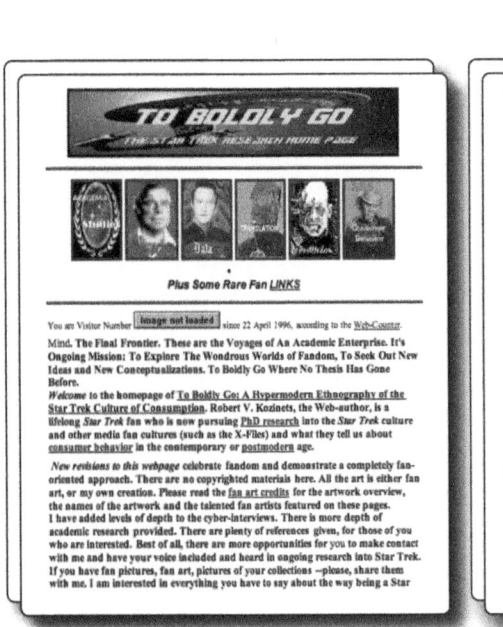

FIGURA 6.5

Exemplo de website de pesquisa.

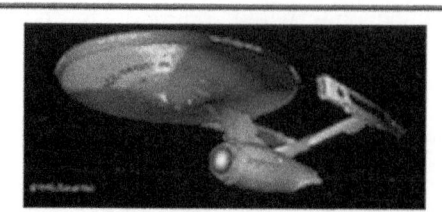

> **NEW AND IMPROVED CYBER-INTERVIEW!**
> *It's Fun, It's Free and You Have A Chance To Include Your Voice In Star Trek Research!*
>
> My thesis research will be published as a dissertation available in its entirety from UMI university publishers. I will be adapting one or more articles from it for publication in top journals. It may even have a future beyond that if there is interest in publishing it as book chapters, or even as a book.
>
> Here is **YOUR CHANCE** to be included, to let your voice ring out, to speak for yourself and for other Internet-using Star Trek fans. Be heard. Be famous. Let me know what you think.
>
> Remember also that all your responses will be kept *strictly anonymous*. No one will ever be able to link you to what you said. But, if you'd like, I'd be happy to acknowledge you personally in the acknowledgements. I am also looking for your comments on the themes and ideas emerging in my research. If I'm wrong, please tell me, and I'll try to get it right.
>
> I would greatly appreciate it if you'd take a few minutes to answer a few exploratory questions regarding Star Trek culture and what it means to you. Particularly in terms of how you buy things, and what kinds of things you buy. Thanks very much. I really appreciate it! And a great big THANK YOU to everyone who has answered so far. Many of you have become friends, co-researchers, and correspondents. This Web page is already a huge research success, with over a hundred cyber-interview already collected --thanks to all of you! But, like the Borg, I'm trying to be inclusive. I need to hear from everyone, to give everyone a chance to speak their mind and their opinions.
>
> <BLINK>The Cyber-Interview</BLINK>
> Please think about some or all of the following questions:
>
> - ARE YOU A TREKKER? Do you identify yourself as a Star Trek fan, or even as a "Trekker"? Why? What does it mean to be a Star Trek fan, or Trekker? What

FIGURA 6.6

Exemplo de pedido de entrevista online em website de pesquisa.

mindo o papel de "informantes-chaves". Ela também me levou a Henry Jenkins, o famoso estudioso de mídia do MIT, que fez contato comigo por meio da página. Com base nesse contato inicial, o professor Jenkins tornou-se um dos membros de minha banca examinadora e continuou sendo um mentor e colega desde então. Estratégias de website semelhantes foram usadas com êxito por diversos estudiosos, incluindo Marie-Agnes Parmentier, uma acadêmica de *marketing* que estudou comigo. Depois de experimentar o formato de blog, Marie-Agnes estabeleceu um website para sua pesquisa de pós-graduação sobre comunidade de fãs online de *America's Next Top Model* (Parmentier, 2009).

O segredo dessa estratégia de "oferecimento" é que ela oferece conteúdo real e conexão comunal antes de solicitar participação cultural na forma de uma entrevista. Existem, evidentemente, muitas outras maneiras de abordar a comunidade em busca de participação na pesquisa. No capítulo anterior sobre como fazer uma entrada cultural, usamos como exemplos uma série de abordagens boas e não tão boas. Postar perguntas perspicazes, relevantes, oportunas, interessantes e dignas de nota em um determinado fórum corretamente identificado, ou enviando, de forma direta, solicitações por correio eletrônico a determinadas pessoas (tais como blogueiros) pode servir como base para um entrevistador habilidoso. Boas perguntas postadas em um fórum ou grupo de discussão, ou em seu próprio website, também podem render excelentes respostas.

Como em todas as entrevistas e pesquisas com levantamento de dados, a clareza na formulação da pergunta é importante. O retorno recebido por meio das primeiras respostas a sua pergunta podem ajudá-lo a revisar as perguntas posteriormente para maior clareza (a coerência nas perguntas não é tão importante nas entrevistas em profundidade quanto o é na pesquisa com levantamento). Respeite as normas da comunidade online. Evite perguntas inadequadas. Evite sair do assunto. Não tente forçar os membros da comunidade a revelar informações sensíveis sobre si mesmos que eles não gostariam que fossem expostos à comunidade mais ampla, tais como falar sobre discordâncias ou sobre outros participantes nos espaços públicos de fóruns ou comissões. Não repita perguntas de pesquisas anteriores que já tenham sido postadas por outros pesquisadores. Em resumo, faça suas perguntas parecerem o mais semelhantes possíveis às postagens de outros integrantes da cultura, ao mesmo tempo sendo aberto e honesto quanto ao fato de que você está realizando uma pesquisa netnográfica.

Respostas às postagens tornam-se oportunidades de continuar a conversa. E esse é o modelo que você deve adotar: *isto é uma conversa, não um interrogatório*. Você é o neófito na cultura. Você está aqui para aprender com eles.

Em sua comunicação, deve haver uma disposição genuína em revelar coisas sobre você mesmo, bem como a oportunidade de os outros também revelarem – podendo inclusive ocorrer um franco autodescobrimento. O contato com a comunidade online pode trazer benefícios gratificantes para um conhecimento e uma conexão significativos. Não se esquive deles. Retribua: dê e receba. Interaja de maneira franca e respeitosa. Não aja nem realize pesquisa de uma só ocasião, "arrancando e agarrando" informações. Trate a afiliação à comunidade como um relacionamento delicado, um privilégio, e não como um direito automaticamente garantido a estudantes ou pesquisadores.

Um pesquisador que se afilia a uma comunidade online pode ter muito a oferecer a ela. Podemos prover pesquisa, conexões e perspectivas que podem ajudar a dar aos membros da cultura um senso de sua própria singularidade. Por exemplo, o website da pesquisa de *Jornada nas estrelas* permitiu que os membros da cultura vissem como já haviam sido retratados na pesquisa acadêmica. O netnógrafo pode tornar-se a pessoa da qual os participantes dependem para novos discernimentos e perspectivas baseadas na pesquisa e no pensamento acadêmico. Ele pode fornecer um serviço, desempenhar um papel comunal contínuo. Isso exige que o pesquisador assuma as obrigações e as responsabilidades de afiliação à cultura com seriedade.

Embora este capítulo separe interações em comunidades de entrevistas online, na prática, ambas as formas de extrair dados estão inter-relacionadas. Por exemplo, vamos dizer que você poste uma mensagem, depois receba uma resposta no fórum onde você costuma oferecer perguntas que são então respondidas, todas no fórum. Isso é uma interação online ou uma entrevista informal? E quanto a uma entrevista formalmente programada em que você trava um debate que posteriormente você continua em um fórum público da comunidade eletrônica porque ele pode ser de interesse mais amplo? Essas categorias de online e offline, entrevista, observação e participação são semipermeáveis, na melhor das hipóteses. Na pesquisa sobre ativismo entre consumidores, conheci pessoas pela interação em grupos de discussão online que posteriormente entrevistei por telefone e voltei a ter contato por correio eletrônico semanas ou meses depois. Uma vez que as entrevistas são um aspecto tão importante da pesquisa netnográfica, a seção a seguir deste capitulo oferece algumas diretrizes e pensamentos sobre este elemento da abordagem.

ENTREVISTAS NETNOGRÁFICAS

Você vai aprender sobre entrevistas netnográficas, sua realização e seu uso, nesta seção. A irmã gêmea fraterna da entrevista, a conversa, permeia o universo online. Os mundos de fóruns e grupos de discussão, salas de bate-papo e espaços virtuais já estão preenchidos de diálogos interpessoais de P & R, o conhecendo-você da interação social. Os participantes da cultura expõem e exploram. Eles compartilham suas histórias pessoais, espalham boatos e relatam histórias. Coletar e decodificar essas conversas em forma livre e desimpedida são um modo de usar fontes de dados arquivais para netnografia. A entrevista online é uma empresa mais pró-ativa.

Em muitos aspectos, a entrevista online está intimamente relacionada com o levantamento de dados online. Pense em um levantamento aberto realizado por meio de algum meio online sincrônico, tal como uma janela ou sala de bate-papo, ou mesmo um programa audiovisual como o Netmeeting da Microsoft ou o iChat da Apple. Existe inclusive um software para entrevista "automatizada" chamado "SelectPro", o qual permite que os pesquisadores realizem uma entrevista totalmente automatizada para fazer uma triagem de possíveis entrevistados antes de realmente entrevistá-los. A entrevista em profundidade é um pouco semelhante a um levantamento com menos perguntas e muito mais interação, sondagem e abertura à perspectiva e à contribuição singular do participante.

Existem opções e escolhas para a realização de entrevistas netnográficas. O conselho neste capítulo vai ajudá-lo a compreender e tomar sua decisão a este respeito. Como no caso de entrevista em pessoa, a entrevista pode ser baseada em grupo ou individual, formal ou informal, estruturada ou não estruturada. Você também tem de escolher entre os múltiplos formatos para realizar a entrevista. Um website ou blog da pesquisa podem ser usados para alcançar possíveis participantes. Outros fóruns possíveis que podem prestar-se a entrevistas online seriam websites de redes sociais, salas e áreas de bate-papo e mundos virtuais. Com uma etnografia/netnografia "mista", você pode até escolher entre entrevistas online e face a face, ou combiná-las em proporções variadas. Uma vez que a entrevista face a face ou por telefone estão bem estabelecidas, e existem muitos livros excelentes para guiar a pesquisa nessa área, este livro não vai oferecer muita instrução sobre essa abordagem. Entretanto, existe certamente um lugar para a entrevista face a face dentro da netnografia. Por exemplo, uma entrevista face a face ou telefônica com alguns blogueiros de saúde natural pode matizar e realçar um estudo de seu mundo social por revelar aspectos dele que não são capturados apenas com base nos textos de seus blogs.

Entrevistas online têm muito em comum com entrevistas em geral. Elas envolvem abordar formalmente um participante, sugerir uma entrevista e conduzir uma conversa a partir do enquadramento de uma entrevista, onde a função do pesquisador é basicamente a de fazer perguntas (ver Gubrium e Holstein, 2001). A abordagem de entrevista "longa" ou "em profundidade" descrita por Grant McCracken (1988) é a técnica preferencial. Essa abordagem requer um investimento considerável de tempo e assim impõe algumas demandas reais ao participante entrevistado. Ela também requer aguçada acuidade do pesquisador, uma habilidade que requer alguma prática para se desenvolver. Ela se inicia com uma série de questões extensivas que ajudam a situar o entrevistado em seu ambiente sociocultural, e depois se estreita para preocupações mais focais de sua pesquisa. Como nas entrevistas em pessoa, o calibre das perguntas e a natureza da interação determinarão a qualidade da resposta do participante. Ao longo de toda a entrevista em profundidade, o entrevistador está sondando e fazendo perguntas de esclarecimento, construindo empatia, esperando genuína revelação e mantendo-se receptivo a transições e elaborações interessantes.

Realizar uma entrevista por meio de seu computador significa que suas comunicações serão moldadas pelo meio que você usa. Adaptação significa que as comunicações culturais já estão adaptadas a determinados meios online. Adaptação e acessibilidade facilitam o compartilhamento de documentos ou imagens fotográficas. O arquivamento implica que a entrevista pode ser automaticamente transcrita e salva. Isso significa que o pesquisador pode ser eximido da tomada de notas rotineira ou de preocupações com transcrição para se concentrar plenamente na principal parte da entrevista. Entretanto, isso exige atenção à captura de dados, como observado nas seções anteriores. Entrevistas por correio eletrônico podem e devem ser salvas em arquivos de texto separados, com cópias de segurança em dispositivos de memória portátil (como pen drives). Entrevistas em salas de bate-papo devem ser capturadas utilizando-se um dos programas automatizados, ou com contínuas capturas de imagem.

O anonimato também entra em jogo. Annette Markham (1998, p. 62-75) oferece algumas ideias interessantes sobre a realização de entrevistas online. As duas principais diferenças que ela aborda são que "online eu apenas vejo o texto – não os sinais não verbais, a para a linguagem, os maneirismos ou atitude geral do participante" e "uma vez que escrever leva muito mais tempo do que falar, ser um bom entrevistador significa ser paciente" (1998, p. 70). A seguir, estão cinco maneiras diferentes de pensar sobre anonimato durante a coleta de dados, principalmente em entrevistas online pessoais entre apenas duas pessoas. Primeiro, a identidade online está interligada a outros identificadores e, portanto, sujeita a níveis crescentes de acessibilidade. Como muitos aspectos da internet como espaço social estão interconectados, é possível acessar as páginas do MySpace e do Facebook das pessoas, postagens no YouTube ou álbuns do Flickr, que podem dar algumas pistas sérias sobre com quem você está falando (mas nunca definitivas). Segundo, a identidade pode sempre ser formalmente confirmada. Como alguém que marca um encontro online, o pesquisador pode usar programas de verificação de identidade, como o Verisign e Veridate, os quais cobram uma taxa para validar ou confirmar a identidade de uma pessoa. Terceiro, pode-se escolher comunicações que revelem as identidades. A natureza das comunicações online mudou muito. Usar Skype ou um meio semelhante para uma entrevista online pode significar que você tem um contato face a face com alguém. Em muitas circunstâncias, isso pode ser quase tão bom quanto uma entrevista pessoal em relação à leitura e ao registro de indicadores sociais como linguagem corporal, e para ter a mesma ideia geral de gênero, idade e disposição étnica que você teria em uma entrevista cara a cara. Mesmo um telefonema pode revelar algo diferente se comparado com uma página de texto, como, por exemplo, sotaques, pausas, e assim por diante. Quarto, você pode pedir a seus participantes que se identifiquem. Geralmente isso significa algum outro tipo de comprometimento, tal como oferecer remuneração financeira: "Envie-me o seu nome e algumas informações demográficas básicas, antes de iniciarmos a entrevista, que eu enviarei seu cheque ao nome e endereço informados". Uma tática como essa precisa ser realizada com ética, usando-se protocolos de consentimento informados estabelecidos e aprovados. Quinto, você pode e deve usar estratégias analíticas que lhe darão alguns resultados consistentes, mesmo na ausência de informações de identificação. Discutiremos essas estratégias no próximo capítulo, onde detalhamos a interpretação e a análise de dados.

Combinando a entrevista com o meio

Dependendo de seu foco de pesquisa, você pode não precisar do tipo de compreensão detalhada que se obtém de entrevistas longas ou profundas. Entrevistas longas podem ser difíceis de obter em certos websites, tais como os de redes sociais ou mundos virtuais, onde os membros da cultura estão ocupados demais para parar durante as uma ou duas horas necessárias. Como no caso de etnografia pessoal, uma simples conversa *in situ*, ou um rápido intercâmbio de informações, pode ser suficiente para informar sua pergunta e foco de pesquisa.

Determinados estilos de entrevista e resultados desejados também servem melhor em certas comunidades online do que em outras. A interação sincrônica, em tempo real, abreviada e superficial da sala de bate-papo – com seu tom conversacional e sua natureza irrestrita – pode ser mais adequada para uma entrevista informal que vise apenas um entendimento rápido por meio de revelação espontânea. Como quem conhece o meio pode atestar, o atual bate-papo baseado em texto, como no IM, no Facebook ou no MSN Messenger, oferece uma experiência conversacional diferente. Ele é linguisticamente distinto, abrupto e menos parecido com uma conversa convencional ou texto escrito do que uma mensagem de correio eletrônico ou postagem em grupo de discussão. Com o tempo, o estilo de bate-papo de texto pode oferecer alguns *insights*, mas esses *insights* podem assemelhar-se menos com as transcrições textuais que os pesquisadores estão acostumados a ver (ver, p. ex., Cherny, 1999; Giesler, 2006; Markham, 1998). Os netnógrafos que usam entrevistas por bate-papo vão precisar adquirir habilidades de extensiva decodificação desse estilo de comunicação único. Shoham (2004) realizou um estudo de salas de bate-papo israelitas para pessoas em seus 40 e 50 anos. Ele iniciava com observação silenciosa e passiva das conversas e depois passava a participar dos intercâmbios e travar conversas virtuais privadas com os presentes. Em seu estudo, ele afirmou que as conversas em chat proporcionavam um novo senso de comunidade, além de proverem um fórum renovador para um tipo de expressão interativa mais livre e mais fluida (para conclusões teóricas interessantes sobre o Napster e sistemas P2P, como economias de doação, ver Giesler, 2006).

Em uma comunidade predominantemente visual ou audiovisual, tais como DeviantArt, Flickr ou YouTube, você pode querer usar o intercâmbio de informações visuais ou audiovisuais. Em todas as formas de interação, intercâmbios visuais ou gráficos podem oferecer aos participantes um tipo de projetivo que os atinge mais no nível tácito e não explícito de compreensão. Receber e decodificar essas informações não textuais pode permitir que os participantes acessem e expressem conhecimentos e sentimentos que são difíceis de articular verbalmente.

Entrevistas por correio eletrônico

Interações de longo prazo por meio de correio eletrônico oferecem uma base de respostas minuciosamente consideradas muitas vezes mais apropriadas para os objetivos de uma entrevista formal. "Uma conversa persistente" em qualquer meio de comunicação online pode levar a uma descoberta pessoal e emocional reveladora. Por causa da quantidade de tempo necessária, pode ser difícil obter o nível de comprometimento e envolvimento necessário em uma sala de bate-papo ou por meio de um conjunto de postagens em websites de redes sociais. O correio eletrônico transmite uma sensação de intimidade. Entretanto, ele estende o tempo necessário para estabelecer empatia. Possivelmente, esse período de tempo também aprofunda e amadurece a relação. Aliadas a genuinidade do pesquisador, construção de confiança e confissão sincera, as entrevistas por e-mail – que podem combinar a sociabilidade de amigos de correspondência com contínua tutela mentor-iniciante – podem fornecer revelações e elucidações interessantes.

DADOS NETNOGRÁFICOS DE NOTAS DE CAMPO

Mantendo notas de campo reflexivas e observacionais

Esta seção fornece orientação sobre a captura e o tratamento do tipo final de dados netnográficos: as notas de campo. A netnografia, como a etnografia, envolve a inscrição da experiência de participação do pesquisador. Entretanto, na netnografia, a natureza do site de exploração e a natureza da participação mudam. Este livro apresenta a netnografia de uma forma um pouco não problemática. Mas, como a discussão metodológica anterior tocou, o modelo tradicional de etnografia "autêntica" "implica um processo de interação face a face que leva à transcrição e escrita de notas, depois no retorno ao território natal, à escrita da etnografia" (Beaulieu, 2004, p. 154; ver também Lyman e Wakeford, 1999, pp. 361-63).

Assim, quando o campo de exploração está plenamente disponível em termos de acesso, parece que não existe um campo real.

> Você não vai ao [seu website de exploração na internet]: você se conecta de onde fisicamente estiver. Fazendo isso, você não está fazendo uma visita no sentido natural; você está executando um ato da fala eletronicamente mediado que provê acesso – um abre-te sésamo. (Mitchell, 1996, pp. 8-9)

Para o etnógrafo, isso poderia ser visto como um problema importante. "Em um universo em que tudo (e todos) é produzido e mediado por texto, a [memória dos computadores] é o derradeiro gravador de campo. Nada escapa ao olhar pan-óptico" (Stone, 1995, p. 243). Schaap (2002, p. 30) apresenta seu campo de estudo netnográfico, um MUD, como "um universo inteiro" que é "literalmente um texto, ou melhor, 'textual'". Nesse caso, onde a cultura online já se apresentou inteiramente como texto, contando sua própria história, qual pode ser a contribuição do etnógrafo?

Beaulieu (2004, p. 155) resume muito bem o problema: "Se acesso e transcrições não são mais coisas especiais que o etnógrafo tem a oferecer, qual é então a sua contribuição?" A resposta é que a netnografia contribui pela adição de compreensão interpretativa valiosa, pela construção, por meio de foco e análise, do que está publicamente disponível na internet para formar um corpo conhecido e respeitado de conhecimento codificado.

A resposta a essa interrogação sobre a contribuição está em nossa conceituação do "campo" real. O que estamos estudando não são textos online, mas as interações das pessoas pelo uso de diversos meios mediados por tecnologia. Etnógrafos não estudam simplesmente os movimentos de corpos e vibrações no ar – eles estudam os significados de atos e elocuções. Como Beaulieu (2004, p. 155) insinua quando ela vê a postura ansiosa de Schaap (2002) "como uma fetichização da comunidade como seu próprio texto", a comunidade online pode se manifestar pelo uso de meios textuais, mas ela definitivamente não é apenas seus textos. O acesso também não é tão simples e direto. Se a genuína participação, como um membro da cultura, é considerada decisiva, o mero acesso ao texto online é tão importante para a compreensão netnográfica quanto a posse de um conjunto de enciclopédias o é para a posse de conhecimento enciclopédico.

Crucial à consideração da perícia netnográfica é a consciência de que o que é tratado como "dados" ou "resultados" é inseparável do processo de observação (Emerson et al., 1995, p. 11). Nesse processo combinado de aculturação e coleta de dados, a manutenção de notas de campo pode cumprir a função crítica de registrar e refletir as mudanças indispensáveis que ocorrem fora do âmbito do texto online.

Uma vez que muitas observações netnográficas de interações já são automaticamente transcritas no processo, notas de campo reflexivas tornam-se muito mais salientes do que notas de campo observacionais na netnografia. Em notas de campo reflexivas, os netnógrafos registram suas próprias observações sobre subtextos, pretextos, contingências, condições e emoções pessoais que ocorrem durante seu tempo online, e relacionadas a suas experiências online. Por meio dessas reflexões escritas, o netnógrafo registra seu percurso de forasteiro para participante, seu aprendizado das linguagens, rituais e práticas, assim como seu envolvimento em uma rede social de significados e personalidades. Essas notas de campo com frequência fornecem entendimentos fundamentais do que a cultura online é e o que ela faz. Elas são muito úteis na análise de dados quando se pergunta por que uma determinada imagem, fotografia, mensagem ou postagem foi feita por uma determinada pessoa em um determinado momento. Elas ajudam o netnógrafo a decifrar as razões por trás de ações culturais, em vez de oferecer o registro ou a descrição mais típica delas.

Também é valioso registrar notas observacionais escritas às margens de dados descarregados, desenvolvendo sobre as sutilezas percebidas no momento, mas que não são capturadas no texto ou nos dados em si. Essas notas de campo oferecem detalhes sobre os processos sociais e interacionais que constituem as vidas e atividades cotidianas dos membros de culturas e comunidades online. É melhor capturá-las contemporaneamente com a experiência dessas interações sociais. Escrever notas de campo no instante em que usufrui das experiências sociais online interativas é importante por que esses processos de aprendizagem, socialização e aculturação são sutis e nossa recordação deles rapidamente se dilui no decorrer do tempo.

Embora a própria natureza visual de nossa experiência comunitária online possa erroneamente nos fazer pensar de outra forma, a interação social online é mais um processo do que um evento. O desdobramento desse processo com frequência contêm muita coisa que é de nosso interesse como estudiosos. Impressões iniciais de comunidades, websites e postagens dos participantes são importantes, assim como eventos ou incidentes-chaves. Registre essas impressões em suas notas de campo. Depois, contemple seus sentimentos. Use essa contemplação para aumentar sua sensibilidade às experiências de outros membros da cultura. Se você se sente chocado com uma determinada postagem questionável, será que os outros se sentem assim também? Todo o processo de reação e observação é contextual. "O etnógrafo está interessado não nos significados nativos dos participantes simplesmente como categorias estáticas, mas em como os membros dos contextos evocam tais significados nas relações e interações específicas" (Emerson et al., 1995, p. 28). Uma vez que as perguntas do tipo quando, onde e quem do contexto são automaticamente registradas no trabalho netnográfico, o que é ainda mais importante capturar em suas notas de campo são suas próprias impressões e expectativas subjetivas sobre as indispensáveis perguntas do tipo "por que", na medida em que elas surgem.

A netnografia não para na tela do computador. Minha netnografia da cultura online do café transformou meu modo de consumir e servir café aos outros, e teve um efeito permanente no modo de me relacionar com outros bebedores de café e no modo como eles se relacionam comigo. Durante aquela netnografia, eu mantive notas de campo sobre as mudanças nos meus hábitos de consumo de café, sobre conversas e refeições na casa de amigos e familiares, sobre minhas incursões de compra, sobre minhas idas ao Starbucks, a Peet's e aos cafés da cidade. Embora eu estivesse interessado – e tenha acabado escrevendo quase que exclusivamente sobre – a comunidade online, eu registrei muitas informações sobre o efeito que aquela comunidade teve em toda a minha experiência social, minhas relações pessoais com amigos, com a família, com minhas próprias papilas gustativas. A netnografia tinha por objetivo capturar a totalidade de minha experiência como membro da cultura online. Isso significava que todos os aspectos da minha vida, afetados pelos significados e conexões sociais oriundos de minha afiliação à comunidade online, eram material relevante – na verdade, eu sugeriria necessário – para minhas notas de campo reflexivas.

À medida que você inscreve essas notas de campo observacionais de sua experiência cultural vivida como membro de uma cultura, escreva o mais descritivamente possível:

> a descrição exige detalhes concretos mais do que generalizações abstratas, imagens sensórias mais do que rótulos avaliativos, e proximidade por meio de detalhes apresentados à queima-roupa. [O etnógrafo sociólogo Erving] Goffman (1989, p. 131) aconselha o pesquisador de campo a escrever "luxuriantemente", fazendo uso frequente de adjetivos e advérbios para comunicar detalhes. (Emerson et al., 1995, p. 69)

Em uma netnografia, essas descrições serão uma combinação entre o que é visto na tela e o que é experimentado pelo pesquisador. Ainda que muitas dessas manifestações dos "eventos" na tela que transpiram por meio da interação online possam ser capturadas por meio de capturas de tela e descarregamentos de dados, o que suas notas de campo devem procurar captar são suas impressões como membro de uma cultura e comunidade, os significados subjetivos das interações e eventos enquanto eles se desdobram no tempo. Nenhum dispositivo de memória, nenhum programa de captura de imagem pode substituir o instrumento de pesquisa finamente sintonizado que é o netnógrafo atento.

Contabilidade de dados

Durante a coleta de dados, alguns netnógrafos podem querer manter uma contagem do número exato de mensagens e páginas de dados que foram lidas. Alguns analistas e editores em meu campo de pesquisa requisitam esse tipo de contabilidade. Essas experiências resultaram em passagens atuariais como as seguintes:

> O volume de texto descarregado foi de 560 páginas digitadas em fonte 10 e espaço duplo, o que representa 432 postagens contendo 131 endereços de correio eletrônico e nomes de usuários (provavelmente equivalente ao número de postadores de mensagem distintos). Houve 76 identificadores de postador de mensagem singulares dentro das mensagens baixadas do Novo Fusca e 55 identificadores de postador de mensagem singulares incluídos com as mensagens baixadas de *Guerra nas estrelas*. (Brown et al., 2003, p. 22).

Na prática, esse é um conjunto de medições meio incômodo de fazer. Quantos participantes distintos estavam envolvidos? Quantas conversas contínuas foram mantidas? Quantos encadeamentos de mensagens foram lidos durante o período de imersão, e quantos nomes de usuários distintos eles representam? Responder a essas perguntas pode exigir uma contadoria impressionante.

As estatísticas públicas sobre o número de membros, número de visitantes e idade de algumas comunidades online são um pouco mais fáceis de encontrar e relatar. É importante entender – e de vez em quando lembrar a comentaristas e analistas – que a força da netnografia são seus laços particularistas com grupos de consumo online específicos e a profundidade reveladora de suas comunicações online. Como no caso da etnografia, a netnografia deve, no fim, ser capaz de descrever e evocar um mundo social e as pessoas que dele fazem parte. Consequentemente, conclusões interessantes e úteis poderiam ser extraídas, de forma concebível, de um número relativamente pequeno de textos se o pesquisador fosse um participante online profundo da comunidade e/ou da comunidade eletrônica, e se essas mensagens contiverem uma riqueza descritiva suficiente e forem interpretadas com profundidade e discernimento analítico convincente.

Como no princípio da "saturação" da teoria indutiva (Glaser e Strauss, 1967; ver também Fetterman, 1998), a coleta de dados deve continuar enquanto a investigação estiver gerando novos entendimentos sobre áreas tópicas teoricamente importantes. A coleta de dados não ocorre isolada da análise de dados. Os dados são incessantemente convertidos e separados à medida que são registrados. A coleta de dados, como aprendemos neste capítulo, tem implicações essenciais para a análise de dados.

RESUMO

A coleta de dados etnográficos está interligada com a interação eletrônica participativa e com a contínua análise de dados, que é o tema do próximo capítulo. Neste capítulo, aprendemos como características do conjunto de dados, tais como tamanho, nível de detalhe e a presença de elementos gráficos e imagens, guiarão a coleta e a análise de dados. De modo geral, os netnógrafos precisam decidir entre salvar dados como arquivos de texto legíveis ou como imagens de tela capturadas. O engajamento por meio de interações comunais e entrevistas são as duas abordagens básicas para a extração de dados netnográficos. Notas de campo reflexivas cuidadosas onde os netnógrafos registram suas próprias experiências online também são salientes e importantes. Além disso, a existência de spam faz parte da realidade do trabalho de campo online.

Leituras fundamentais

Chenault, Brittney G. (1998) 'Developing Personal and Emotional Relationships Via Computer-Mediated Communication', *CMC Magazine*, May, available online at: www.december.com/cmc/mag/1998/may/chenault.html

Emerson, Robert M., Rachel I. Fretz, and Linda L. Shaw (1995) *Writing Ethnographic Fieldnotes*. Chicago: University of Chicago Press.

Gubrium, Jaber F. and James A. Holstein (eds) (2001) *Handbook of Interview Research: Context and Method*. Thousand Oaks, CA: Sage.

Weinberger, David (2007) *Everything is Miscellaneous: The Power of the New Digital Disorder*. New York: Times Books.

7 Análise de dados

☑ Resumo

Este capítulo explica e ilustra dois tipos de análise de dados em netnografia: métodos analíticos baseados em codificação e em interpretação hermenêutica. Diretrizes para escolher e usar um pacote de software de análise dos dados qualitativos também são fornecidas, junto a princípios gerais para o uso de computadores na análise de dados. A seção final apresenta estratégias interpretativas para lidar com os desafios únicos de dados netnográficos.

Palavras-chave: CAQDAS, categorização, codificação, teoria indutiva, interpretação hermenêutica, indução, interpretação, análise de dados qualitativos

ANÁLISE E INTERPRETAÇÃO DE DADOS QUALITATIVOS: UMA BREVE VISÃO GERAL

Nesta seção, você aprenderá os fundamentos da análise de dados qualitativos e indução. A netnografia envolve uma abordagem indutiva da análise de dados qualitativos. Análise significa o exame detalhado de um todo, decompondo-o em suas partes constituintes e comparando-as de diversas formas. De modo geral, a análise de dados abrange todo o processo de transformar os produtos coletados da participação e da observação netnográfica – os diversos arquivos de texto e gráficos baixados, as capturas de tela, as transcrições de entrevistas online, as notas de campo reflexivas – em uma representação acabada da pesquisa, seja ela um artigo, uma apresentação ou um relatório. Como na metáfora frequentemente ensinada nos seminários de pós-graduação, os dados são como um material mineral bruto, próximo do nível sensório da experiência e da observação, que deve ser extraído. Idealmente, com o fogo intelectual da análise e da interpretação, dados "brutos" tornam-se processados e refinados quando extraída sua essência. Eles podem então ser moldados em uma forma teórica que traga novo entendimento. Neste capítulo, você vai aprender sobre esse processo de refinamento.

Indução é uma forma de raciocínio lógico em que observações individuais são construídas a fim de fazer afirmações mais gerais sobre um fenômeno. Análise indutiva de dados é um modo de manipular o volume inteiro de informações registradas que você coletou no decorrer de sua netnografia. De acordo com os estudiosos de pesquisa qualitativa Matthew Miles e Michael Huberman (1994, p. 9), existem alguns processos de análise de dados qualitativos que geralmente são comuns. Esses "passos analíticos organizados em sequência", nomeados e adaptados às necessidades dos netnógrafos, são os seguintes:

✓ *Codificação:* afixar códigos ou categorias para dados retirados de notas de campo, entrevista, documentos, ou, no caso de dados netnográficos, outros materiais culturais, tais como grupos de discussão ou postagens em blogs, rabiscos em murais do Facebbok ou tweets no Twitter, fotografias, vídeos e assim por diante, retirados de fontes online; durante a codificação, códigos, classificações, nomes, ou rótulos são atribuídos a determinadas unidades de dados; esses códigos rotulam os dados como pertencentes ou como um exemplo de algum fenômeno mais geral; categorias de codificação geralmente emergem indutivamente por meio de uma leitura atenta dos dados, em vez de serem impostas por categorias prescritas.

✓ *Anotações:* reflexões sobre os dados ou outras observações são anotadas às margens dos dados; essa forma de anotação também é conhecida como "memorandos".

✓ *Abstração e Comparação:* os materiais são classificados e filtrados para identificar expressões, sequências compartilhadas, relações, e diferenças distintas; esse processo de abstração constrói os códigos categorizados em construtos, padrões ou processos conceituais de ordem superior, ou mais gerais; a comparação considera as semelhanças e as diferenças entre incidentes de dados.

✓ *Verificação e Refinamento:* retorna ao campo para a próxima onda de coleta de dados, a fim de isolar, verificar e refinar a compreensão dos padrões, processos, elementos comuns e diferenças.

✓ *Generalização:* elabora um pequeno conjunto de generalizações que cobrem ou explicam as consistências no conjunto de dados.

✓ *Teorização:* confrontar as generalizações reunidas a partir dos dados com um corpo formalizado de conhecimentos que usa construto ou teorias; construir nova teoria em íntima coordenação tanto com a análise de dados quanto com o corpo de conhecimento relevante existente.

No arcabouço da teoria indutiva apresentada por Strauss e Corbin (1990), duas operações são úteis para integrar as categorias e os construtos que foram definidos e refinados pelo analista durante o ato de codificação. A codificação seletiva move os construtos para níveis cada vez mais altos de abstração, escalonando-os de forma ascendente e depois especificando as relações que os vinculam. A codificação axial integra os dados codificados em uma teoria, observando os contextos, condições, estratégias e resultados que tendem a se aglomerar.

Também existem modos mais holísticos de analisar os dados. Miles e Huberman (1994, pp. 8-9) sugerem que existem ao menos três abordagens diferentes na análise de dados qualitativos, às quais eles denominam interpretivismo, antropologia social e pesquisa social colaborativa. Embora os antropólogos sociais possam estar em uma "busca de relações legítimas", outros podem estar empenhados na "busca por 'essências' que podem não transcender os indivíduos e se prestarem a múltiplas interpretações convincentes" (Miles e Huberman, 1994, p. 9).

A pesquisadora de consumo Susan Spiggle (1994, p. 497) vê esse último processo como interpretação, sugerindo que "na interpretação, o investigador não aciona um conjunto de operações. Em vez disso, a interpretação ocorre como uma mudança na *gestalt* e representa uma compreensão sintética, holística e elucidativa do significado, como na decifração de um código". Vista dessa maneira, a análise de dados torna-se um ato de troca de código, de tradução, de metáfora e tropo (ver Lakoff e Johnson, 1980). Como Thompson, Pollio e Locander (1994, p. 433) observam que a ideia de hermenêutica e, especialmente, o círculo hermenêutico, tem sido considerada "um processo metodológico para a interpretação de dados qualitativos". O processo é

> iterativo, onde uma "parte" dos dados qualitativos (ou texto) é interpretada e reinterpretada em relação ao senso evolvente do "todo". Essas iterações são necessárias porque uma compreensão holística deve ser desenvolvida no decorrer do tempo. Além disso, entendimentos iniciais do texto são informados e muitas vezes modificados à medida que leituras posteriores proporcionam um senso mais desenvolvido do significado do texto como um todo. (Thompson et al., 1994, p. 433)

Arnold e Fischer desenvolvem essa noção fractal da inter-relação do significado de elementos textuais individuais e do todo global:

> o significado de um texto inteiro é determinado a partir dos elementos individuais do texto, ao passo que, ao mesmo tempo, o elemento individual é compreendido por referência ao todo do qual ele faz parte [...] Elementos específicos são examinados repetidas vezes, cada vez com uma concepção ligeiramente diferente do todo global. Gradualmente, uma descrição cada vez mais integrada e abrangente dos elementos específicos, bem como do texto como um todo, emerge. (1994, p. 63)

Ao construir uma interpretação hermenêutica, você deve buscar interpretações que sejam: "coerentes e livres de contradição", "compreensíveis" para o público leitor visado, "respaldadas com exemplos relevantes", claramente relacionados à "literatura relevante", "elucidativas" e "'frutíferas' na revelação de novas dimensões do problema em mãos" e produtoras de "*insights*" que revisem explicitamente nosso atual entendimento, e também que sejam escritas em um estilo de linguagem "persuasivo, envolvente, interessante, estimulante e atraente", que use alusões, metáforas, símiles e analogias (Arnold e Fischer, 1994, p. 64). Thompson e colaboradores (1994) observam também que uma boa interpretação hermenêutica se aprofunda nos contextos social e histórico dos dados em busca de explicações, provendo uma interpretação cultural sutil, específica e matizada.

Esses dois processos analíticos diferentes – codificação analítica e interpretação hermenêutica – se sobrepõem de muitas formas interessantes. Cada um deles precisa, a seu próprio modo, decompor o texto e depois remontá-lo com uma nova interpretação. Como Miles e Huberman (1994) observam, determinados campos e tradições acadêmicas enfatizam uma forma de análise mais do que outra. Na prática, entretanto, o netnógrafo experiente usará ambos os métodos. Na próxima seção, aplicaremos esses princípios com uma breve experiência prática no uso desses métodos para analisar dados netnográficos.

ANÁLISE DE DADOS: UM EXEMPLO NETNOGRÁFICO

Continuaremos aprendendo sobre análise de dados qualitativos aplicando as técnicas de análise de codificação analítica e hermenêutica a um conjunto muito pequeno de dados – 112 palavras, para ser exato. Considere primeiramente uma única postagem escrita, talvez nossa apresentação para uma nova comunidade online e sua cultura. Pode-se ver a mensagem em seu formato original na Figura 7.1.

Para facilitar a leitura, eu reproduzo a seguir o item em forma de texto, após a remoção de grande parte do texto irrelevante, como explicado no Capítulo 6.[11]

Podemos usar isso como um exercício, um aquecimento para a análise do próprio leitor. Não deve levar mais do que de 10 a 20 minutos. Assim, apronte sua caneta ou seu teclado, e depois leia cuidadosamente a postagem algumas vezes. Primeiro, experimente uma codificação analítica do item. Siga as instruções anteriores. Depois, codifique-a, direto sobre esta página do livro. Coloque seus próprios rótulos e nomes no que você acha interessante. Veja se você consegue localizar um padrão nos dados. Escreva pequenas notas sobre o que encontra. Abstraia elementos dos dados, depois os compare e os contraste em busca de semelhanças e diferenças. Faça uma generalização para explicar o que você observa nessa postagem, de modo que esta cubra suas consistências.

Agora, recue do que você fez. Experimente uma interpretação hermenêutica dessa postagem. Considere, por um instan-

Google Groups

alt.coffee

Message from discussion Technique - the ▬▬ (inni) method

View parsed - Show only message text

```
Path: archiver1.google.com!news2.google.com!news.maxwell.syr.edu!wn14feed!wn13feed!worldnet.at
From:
Newsgroups: alt.coffee
Subject: Technique - the ▬▬ (inni) method
Lines: 24
X-Priority: 3
X-MSMail-Priority: Normal
X-Newsreader: Microsoft Outlook Express 6.00.2800.1158
X-MimeOLE: Produced By Microsoft MimeOLE V6.00.2800.1165
Message-ID: <Ksgmb.19467$e01.:             >
NNTP-Posting-Host: 12.217.131.25
X-Complaints-To: abuse@mchsi.com
X-Trace: attbi_s02 1067                (Fri, 24 Oct 2003 21:03:38 GMT)
NNTP-Posting-Date: Fri, 24 Oct 2003 21:03:38 GMT
Organization: MediaCom High Speed Internet
Date: Fri, 24 Oct 2003 21:03:38 GMT

I realize part of the results may be due to my experience in pulling shots
or fluke of nature or or or...
I am using a Gaggia Espresso, a super Jolly Grinder, Panamanian Baru Green
roasted in Franken roaster
Anyway I read ▬▬▬▬ s opinion of trying a low to no tamp, adjusting the
flow rate by a finer grind.
It does work, a nice tiger fleck crema (fairly thick) consistent shot time
(in the 20's)  good to excellent taste.
So as most things espresso are Italian I am dubbing this the ▬▬(inni)
method....

--
The posting email address is not read or received
to contact me email me
```

FIGURA 7.1

Postagem no grupo alt.coffee.

Nota: apresentado (com alterações indicadas nos espaços escuros e lacunas) no formato original da postagem.

> **☑ QUADRO 7.1**
>
> **Dados para exemplo de análise de dados**
>
> Grupo: alt.coffee
> De: "[Frank Rinetti]"
> Data: sexta-feira, 24 de outubro de 2003, 17:03
> Assunto: Técnica – o método [Smith] (inni)
>
> "Eu percebi que parte dos resultados talvez se deva a minha experiência em preparar doses ou a um acaso da natureza ou ou ou ... Estou usando um Gaggia Expresso, um super Moedor Jolly, Baru Green panamenhos torrados em um torrefador Franken. De qualquer forma, li a opinião de [John Smith] sobre tentar socar pouco ou não socar, ajustando a quantia escoada por meio de uma moagem mais fina. Isso funciona, produzindo um creme (bastante espesso) com aspecto de pele de tigre; tempo de preparo consistente (nos 20 s); gosto de bom a excelente. Então, como a maioria dos expressos são italianos, nomeio esse como o método [Smith] (inni) ..."

te, a análise que você recém fez e seu ponto de partida. Indague a si mesmo sobre o significado dessa postagem. Pergunte-se não o que ela diz, mas por que seu autor a postou. Não vise a uma descrição. Busque uma explicação. O que o autor dessa mensagem está tentando comunicar por meio dela? O que ele está comunicando além das palavras que ele está empregando? Por que ele está transmitindo isso aos membros de uma comunidade online? Por que esta comunidade? O que isso diz sobre a comunidade? Lembre-se de que em sua coleta e análise de dados você vai realizar análises e interpretações contínuas desse tipo como parte natural de sua coleta. As respostas iniciais que propomos para essas questões serão verificadas, comparadas e testadas repetidamente em relação a outros novos dados que coletamos para confirmá-los ou refutá-los, ou para inclui-los e matizá-los.

Você já voltou? Você tentou? Eu preferiria discutir isso pessoalmente com você, mas esta interação textual assíncrona terá de bastar por enquanto. Iniciarei compartilhando minha codificação manual da postagem na Figura 7.2. Estou usando codificação manual porque ela é relativamente fácil de reproduzir no formato de livro, e também relativamente fácil de realizar em uma única postagem curta. Contudo, se houvesse centenas ou milhares de postagens, você veria como esse tipo de codificação se tornaria um desafio.

Minha codificação usa diversos termos que se relacionam com o interesse profissional, preciso e investigativo da postagem: "orientando a tarefa", *expertise*, "receita/instruções", "tentativa e erro", "classificações", "experimentação" e "terminologia". Ela também tenta capturar um pouco da emoção transmitida na postagem, emoção que pode estar guiando a busca de estilo investigativo: "ou ou ou...", e a referência a um "acaso da natureza". Repetidamente, eu faço um círculo em torno de marcas diferentes, e coloco itens de terminologia diferentes entre aspas. Essas repetições são padrões que começam a contar uma história. Eu escrevo notas, perguntas a mim mesmo, enquanto faço memorandos no trabalho sobre essa postagem. Eu ligo os códigos com flechas, criando abstrações que podem se transformar em generalizações. Combinados com os outros elementos codificados no texto, um padrão consistente parece estar se descortinando em relação a uma busca, guiada por emoção e encoberta por *expertise*, por um certo tipo de xícara de café, busca que envolveu uma combinação de termos e classificações científicas precisas e marcas comerciais.

Usando isto como base para minha interpretação hermenêutica, eu alargo e abro minha análise. Uma das primeiras coisas que podemos perceber na postagem de Frank no alt.coffee é que ele está informando os ou-

```
X-Newsreader: Microsoft Outlook Express 6.00.2800.1158
X-MimeOLE: Produced By Microsoft MimeOLE V6.00.2800.1165
Message-ID: <Ksgmb.1946         >
NNTP-Posting-Host: 12.217.131.25
X-Complaints-To: abuse@mchsi.com
X-Trace: attbi_s02 1067029418 12.217.131.25 (Fri, 24 Oct 2003 21:03:38 GMT)
NNTP-Posting-Date: Fri, 24 Oct 2003 21:03:38 GMT
Organization: MediaCom High Speed Internet
Date: Fri, 24 Oct 2003 21:03:38 GMT
```

[Annotated posting with handwritten coding notes: "trial error?", "senior?", "goal-oriented", "expertise?", "terminology", "BRANDS!", "excitement", "who is this?", "v terminology", "experimentation", "(ahh)", "(ratings)", "recipe/instructions", "like a science", "giving credit", "method"]

```
I realize part of the results may be due to my experience in pulling shots
or fluke of nature or or or.
I am using a Gaggia Espresso, a super Jolly Grinder, Panamanian Baru Green
roasted in Franken roaster.
Anyway I read _____'s opinion of trying a low to no tamp, adjusting the
flow rate by a finer grind.
It does work, a nice tiger fleck crema (fairly thick) consistent shot time
(in the 20's) good to excellent taste.
So as most things espresso are Italian I am dubbing this the ___ (inni)

The posting email address is not read or received
to contact me email me ▓▓▓▓▓▓▓▓▓
```

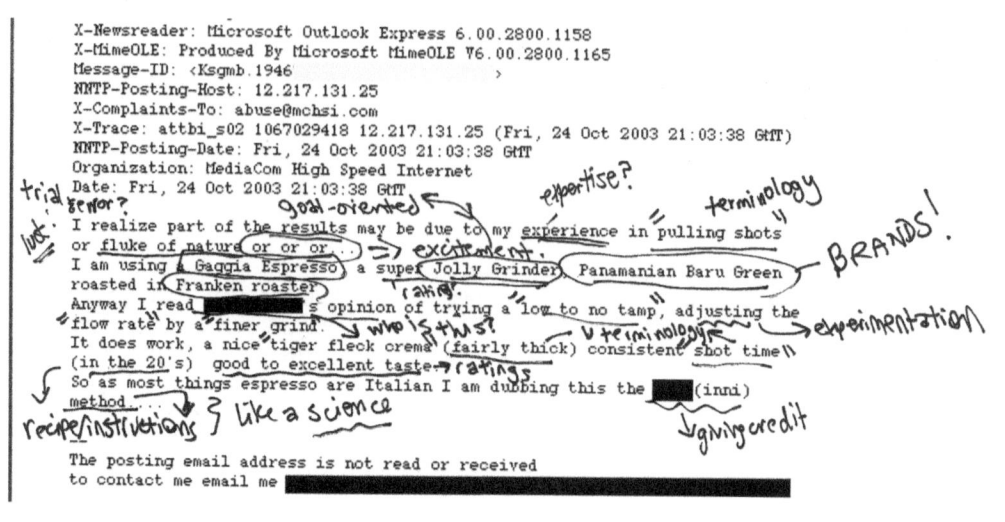

FIGURA 7.2

Codificação manual de postagem no grupo de discussão alt.coffee.

tros e compartilhando seu conhecimento, mas ele também está fazendo muitas distinções finas. É aí onde entra o uso de nomes comerciais por Frank. Ele não está usando apenas uma máquina de fazer café expresso, é "um Gaggia Espresso". Não é apenas um velho moedor de café, mas "um super Moedor Jolly". Não é simplesmente um torrefador, mas "um torrefador Franken". E certamente não são apenas velhos grãos de café: são do tipo "Baru Green panamenhos".

A linguagem de Frank também desempenha um papel importante. Podemos provavelmente entender do que ele está falando quando ele fala em *"pulling shots"* (preparar doses) ou *"finer grind"* (moagem mais fina). Afinal, isto é café. Mas o que é *"low to no tamp"* (socar pouco ou não socar)? E o que é *"flow rate"* (quantia escoada)? O que é um *"tiger fleck crema"* (creme com aspecto de pele de tigre) e o que significaria *"consistent shot time (in the 20s)"* (tempo de preparo consistente [nos 20s])?

Esses indicadores qualitativos sugerem que o grupo de discussão é usado para mostrar e ensinar – e ensinar a fim de mostrar – as especificidades do conhecimento do café. Como descobri em minha adicional investigação desse grupo (nas etapas posteriores de comparação e conformação), mas também como evidente em uma leitura atenta da ênfase na postagem de Frank, o expresso é uma forma central de café. Para esse grupo de discussão, o autêntico e precioso café essencial é expresso, consumido sem "cow juice" (sumo de vaca) ou açúcar.

Dos termos técnicos e especializados de Frank aprendemos rapidamente que fazer um bom café expresso é uma coisa complicada. Isso envolve atentar para a água, para a moagem, o tempo de preparo, conhecer seu equipamento, manter o filtro e a tela limpos, uso correto do calcador, da mistura, da moagem (no caso de Frank, ela é "fina"), a temperatura ambiente, a idade do café, o grau de torrefação, a umidade do ar, a temperatura da água de entrada, o fluxo da água, o tempo de preparo, e inclusive elementos místicos como o humor do preparador (ou de quem serve o café), ou o "acaso da natureza" daquele que prepara os cafés.

Essas categorias não são considerações meramente funcionais, mas indicações de movimento e *status* social que visam manifestar e demonstrar a "distinção" ou o "capital cultural" de paladares e habilidades da classe superior (Bourdieu 1984). Existe uma atração da elite por essa demonstração conspícua de conhecimento sobre café. Como sugere Levy (1981), existem fortes vínculos entre discernimento, classe social e o aculturado senso de paladar. Afinal, considere a condição socioeconômica de quem pode investir esse tempo e esses recursos na preparação de uma perfeita xícara de café expresso, e de compartilhar essa habilidade com os outros. Esse fascínio de classe média com a produção, a expressão de uma necessidade intelectual de não apenas consumir café, mas também compreendê-lo e ativamente produzi-lo, e depois compartilhar o conhecimento e a distinção que vem da prática de sua produção, é marca característica de profunda devoção a uma determinada orientação de consumo, como se encontra em uma série de experiências subculturais de fãs de esporte, música e mídia.

"Quem é esse John Smith?", pergunta meu memorando. É outro membro da comunidade alt.coffee? Segue-se uma pequena investigação. Descubro que sim, porque o Sr. Smith responde mais tarde, naquele mesmo dia, ao comentário do Sr. Rinetti e, educadamente, declina do crédito pelo método. Ele afirma que a técnica é prática comum na Itália. Além disso, ele também já participou de uma longa discussão da técnica no grupo alt.coffee anteriormente, discussão na qual ele fez apenas uma modesta contribuição. Esse intercâmbio indica como a aculturação das complexidades do paladar continua no ambiente online. Existe uma sutil inculcação dos paladares de café sendo mapeados nessas comunicações do filo do café, que fazem referência a outro, dando e negando crédito. Esse senso de compartilhamento, doação e reconhecimento são fatores muito comunais, e pode-se ver facilmente como o desejo de *status* e o reforço positivo levariam a desejar um conhecimento mais profundo sobre o café, a perícia na produção e a experiência na distinção dos vários tipos de café. O papel das marcas também parece importante. Elas recebem crédito, mas também são rótulos importantes. Elas representam um elemento da receita que se deve seguir, mas elas também falam de classe, perícia e gosto do fornecedor da receita.

Esse é o esboço ou início de uma interpretação "densa" que constrói uma codificação analítica com uma interpretação hermenêutica. Estou interessando em saber o que você fez a partir dessa única postagem; sinta-se à vontade para compartilhar comigo. De uma postagem, aprendemos sobre as práticas rituais da comunidade, algumas de suas motivações centrais e interesses tópicos, e as práticas conversacionais usadas para construir e manter a comunidade. O conhecimento desses elementos – bem como da produção de café – é um pré-requisito para os membros da comunidade, como o é para o netnógrafo interessado em estudá-la.

Essa interpretação se inicia decompondo o texto em seus elementos constituintes, classificando-os, encontrando padrões entre eles que os relacionem, analisando todos os seus elementos, indagando sobre a motivação por trás deles, testando e comparando com dados adicionais, e, depois, lendo-os para a cultura que eles representam. Para mais exemplos de produtos acabados de análise de dados, os pesquisadores podem optar por ler os livros e artigos netnográficos citados neste livro, a fim de obter uma noção geral de como dados de comunidades e culturas online são convertidos em contribuições teóricas publicadas.

O grupo alt.coffee tem mais de 2 mil assinantes e recebe 700 postagens por mês. Algumas dessas postagens podem ser bastante longas e detalhadas. Como mencionado acima, se quiséssemos expandir nosso estudo para incluir milhares dessas postagens, e talvez acrescentar dados de blogs, microblogs e grupos de redes sociais com o tema do café, uma análise completa se tornaria um desafio. É nesse ponto que o uso de software para ajudar a organizar e facilitar a tarefa de codificação e interpretação poderia ser útil. Aprenderemos mais sobre esse tópico na seção a seguir.

CONSIDERANDO MÉTODOS DE ANÁLISE DE DADOS QUALITATIVOS MANUAL E ASSISTIDO POR COMPUTADOR

Nesta seção, você vai aprender sobre os méritos relativos dos métodos manual e assistido por computador de análise de dados qualitativos em netnografia. Você será confrontado com as implicações que acompanham essa decisão. Depois, você aprenderá os princípios e os usos de programas de computador para auxiliá-lo na análise de dados qualitativos em netnografia.

É útil começar com um apanhado geral desse tipo de análise. Se você vai analisar os dados manualmente, isso geralmente envolve trabalhar com impressões em papel, por exemplo, 30 páginas de um longo encadeamento de mensagens ou 15 páginas de uma entrevista online. Se você armazenar seus dados netnográficos em papel, isso vai ocupar uma grande quantidade de espaço. Você também vai precisar catalogar e organizar esses dados para ter acesso a eles quando precisar. Você precisará codificá-los, o que pode exigir marcadores, hidrocores ou lápis de cores diferentes. Ao analisar as categorias, você pode querer condensar as informações em cartões, talvez recortando fisicamente partes do texto e colando-as com cola ou fita adesiva em cartões, que depois você pode organizar e reorganizar. Estes serão armazenados em pastas de arquivo, junto a outras pastas, em caixas e porta-arquivos, que precisarão ser cuidadosamente rotulados para que você possa encontrar os documentos que você está procurando quando precisar examiná-los.

Existem ocasiões em que o sistema manual, sobre papel, sem computador, pode funcionar perfeitamente, tais como quando o conjunto de dados é pequeno, o pesquisador está familiarizado com os websites de pesquisa e é organizado, tem bom sistema de arquivamento de papéis e prefere trabalhar dessa forma. Entretanto, usar um método como esse, exclusivamente com papel, vai rapidamente tornar-se incômodo.

Alguns netnógrafos usam computadores para armazenamento de dados, mas não usam os sofisticados pacotes de software para análise de dados disponíveis. Eles usam as ferramentas à mão, tais como os poderosos programas de processamento de textos, planilhas e bases de dados da Microsoft (ver Hahn, 2008).[12] Esses analistas salvam seus arquivos em arquivos de processamento de texto, e usam o processador de texto para automatizar partes do processo de análise de dados. Eles organizam seus diferentes arquivos de dados descarregados em pastas e depois organizam as pastas dentro de outras pastas. Eles usam códigos dentro dos arquivos, talvez marcando texto em negrito, sublinhando ou usando cores diferentes. Eles usam comentários no trabalho como lembretes para si mesmos. Eles usam as ferramentas de busca adequadas do processador de texto para realizar buscas por palavras que os auxiliam na codificação e classificação. Depois, diferentes níveis de codificação e abstração são organizados usando as ferramentas de planilha de um programa como o Excel, ou os recursos ainda mais poderosos de um programa como o Access. Em alguns trabalhos anteriores, eu usei esse método semiautomático. Como o sistema manual, ele pode funcionar relativamente bem sob condições em que o pesquisador está trabalhando com conjuntos de dados pequenos ou tem habilidades ou preferências particularmente adequadas. Como os métodos CAQDAS, é preciso conhecimento básico de operação de computadores, e envolve uma curva de aprendizado para familiarizar-se com os programas e procedimentos de entrada de dados para codificação e busca.

A alternativa para esses métodos é empregar software que auxilie o pesquisador em sua análise de dados qualitativos. Os programas usados dessa forma foram denominados software de Análise de Dados Qualitativos Assistida por Computador, ou CAQDAS (do inglês, Computer-Assisted Qualitative Data Analysis Software). O princípio norteador e diferenciador do CAQDAS é que ele faz uma abordagem indutiva de baixo para cima na análise de dados qualitativos. Tais dados devem incluir textos, elementos gráficos, fotografias, arquivos de som e músicas, vídeos e quaisquer outros tipos de informações não numéricas. A abordagem qualitativa na análise de dados seguida nesses pacotes de programas é idêntica aos processos que discutimos acima, exceto que esses processos são automatizados. Os programas contemporâneos também vêm com recursos de visualização sofisticados exclusivos para essas técnicas, que podem auxiliar na análise e na apresentação de relatório. Em uma netnografia onde o pesquisador é confrontado com quantidades massivas de dados, onde diferentes tipos de dados precisam ser combinados, onde a classificação e o armazenamento de dados impõem constantes desafios, e onde a proximidade etnográfica aos dados é cuidadosamente mantida pelo netnógrafo, o CAQDAS pode ser muito útil.

Como o netnógrafo pode decidir se irá usar codificação manual, como em papel, ou um programa de processamento de texto, ou um software de análise de dados qualitativos? Ele deve levar em conta a quantidade de dados, o tamanho do website de investigação, as convenções do campo acadêmico, e as preferências e habilidades do pesquisador. As seguintes diretrizes básicas de uma análise netnográfica de dados qualitativos podem ajudar nessa decisão.

- ✓ Investigações em menor escala ou mais limitadas de comunidades e culturas online (aquelas com menos construtos ou com construtos mais limitados) podem empregar codificação, categorização e classificação manual, assim como análise interpretativa hermenêutica, a fim de obter *insights*.
- ✓ Investigações em maior escala, ou investigações que revelam quantidades significativas de dados relevantes, podem se beneficiar das eficiências de análise de dados qualitativos assistida por computador, seja por meio de processadores de texto e programas de base de dados, ou de CAQDAS dedicados, tais como Nvivo e Atlas.ti.
- ✓ Pesquisadores que estejam produzindo trabalhos para campos que valorizam densas descrições e profundidade narrativa podem achar os estilos hermenêuticos de análise mais adequados.
- ✓ Pesquisadores que estejam produzindo trabalhos para campos que afirmam o valor de avaliações estatísticas e descrições estruturais dos campos etnográficos podem se beneficiar da codificação precisa e recursos de cálculo estatístico do CAQDAS.
- ✓ Pesquisadores com desenvolvidas habilidades de arquivamento em papel podem optar por análise de dados e métodos de interpretação manuais.
- ✓ Pesquisadores que enfatizam ou estão preocupados com criatividade ou proximidade com os dados podem preferir técnicas manuais.

EXAMINANDO MAIS DE PERTO A ANÁLISE DE DADOS QUALITATIVOS ASSISTIDA POR COMPUTADOR

Nesta seção, aprenderemos mais sobre a análise de dados qualitativos assistida por computador, seus princípios, usos, benefícios e suas desvantagens. Também conheceremos alguns dos atuais programas oferecidos.

Na seção anterior, analisamos um pequeno segmento de dados qualitativos, uma postagem de texto do grupo alt.coffee. Realizamos nossa análise e interpretação à mão, em papel. Mas poderíamos facilmente tê-la realizado usando um programa de análise de dados qualitativos. Os mesmos princípios indutivos teriam sido aplicados. Em vez de codificar manualmente as palavras Gaggia, Jolly Grinder e Franken com o termo "MARCAS!" ("BRANDS!"), teríamos usado o programa para rotular as palavras. Em vez de colocar aspas em torno de "pulling shots", "low to no tamp", e "finer grind", esses termos teriam sido rotulados de "terminologia". Em vez de fazer um memorando para "tentativa e erro", "*expertise*" e "quem é este?", estes termos teriam sido alimentados no programa como memorando/comentários. Quando subíssemos para ligar "marcas" e "terminologia" com "*expertise*" – e depois nos perguntássemos se "o uso de nomes de marcas e de terminologia é sinal de conhecimento?" – estaríamos abstraindo e combinando categorias para formar possíveis generalizações que então poderiam ser retestadas. De análises de nível superior como essas se constroem teorias.

Como podemos ver a partir desse exemplo bem simples, o CAQDAS interpreta dados como qualquer outro tipo de análise qualitativa, identificando e codificando temas recorrentes, conceitos, ideias, processos, contextos ou outros construtos relevantes. Ele permite que o pesquisador construa categorias para codificação de segunda ordem e análises adicionais de relações. Quando construtos são codificados e relações entre eles sugeridas e testadas, explicações ou teorias podem ser desenvolvidas e registradas pelo programa. Todos os principais pacotes de software têm uma funcionalidade que permite buscar determinadas palavras-chave ou palavras-chave relacionadas, bem como acessar materiais codificados.

Os psicólogos Eben Weitzman e Matthew Miles (1995, p.5) sugerem os seguintes usos de programas de computador em projetos de pesquisa qualitativos:

✓ registro de notas de campo;
✓ correção, ampliação, edição ou revisão de notas de campo;
✓ codificação de texto que permita posterior recuperação;
✓ armazenamento de textos;
✓ organização de textos;
✓ pesquisa e recuperação de textos e torná-los disponíveis para consulta;
✓ conectar segmentos de dados relevantes uns com os outros, formando categorias, grupos ou redes;
✓ escrever comentários reflexivos ou "memorandos" nos dados como base para análise mais profunda;
✓ realização de análise de conteúdo contando frequências, sequências, ou locais de palavras e frases;
✓ exibição de dados selecionados em um formato reduzido, condensado, organizado, tal como em uma matriz;
✓ auxiliar a tirar conclusões, na interpretação, confirmação e verificação;
✓ construção de teoria pelo desenvolvimento de explicações sistemáticas e conceitualmente coerentes de resultados;
✓ criação de diagramas ou mapas gráficos que representem descobertas ou teorias;
✓ elaboração de relatórios intercalares e finais.

O CAQDAS também pode ser útil quando se trabalha em equipe. Muitos programas calculam automaticamente semelhanças e diferenças na codificação. Muitos também facilitam o compartilhamento de dados por meio de uma rede de computadores, de modo que duas ou mais pessoas possam codificar e trabalhar com o mesmo conjunto de dados simultaneamente. Três dos pacotes CAQDAS atualmente líderes são ATLAS.ti 6.0, MAXqda2 e NVivo8, mas outros pacotes líderes são HypeRESEARCH 2.8, QDA Miner 3.1, Qualrus e Transana 2. Existem muitos outros, incluindo alguns pacotes livres (como WeftQDA), alguns dos quais estão online, e alguns que funcionam com o sistema operacional Mac (como o TAM/TamsAnalyser). Como observam Lewins e Silver (2007), os principais pacotes de software oferecem excelentes capacidades de armazenamento de dados, organização, codificação, recuperação e visualização (ver também Bazeley, 2007; Weitzman e Miles, 1995). Quase todos eles permitem que você colete diferentes tipos de dados netnográficos em um único projeto, incluindo arquivos baixados, textos, fotografias digitais salvas, links para vídeos, imagens de notas de campo reflexivas manuscritas, e assim por diante.

Em qualquer fase de sua análise de dados netnográficos, o CAQDAS oferece uma maneira eficiente e eficaz de gerar relatórios de suas descobertas. Os arquivos podem ser facilmente salvos, criando um instantâneo de análises, emergentes ou concluídas. Para aqueles que ainda são viciados na sensação de árvores mortas, uma grande variedade de impressões pode ser gerada como base para exercícios de codificação usando caneta e papel tarde da noite.

Há pelo menos cinco grandes vantagens dos pacotes de análise de dados qualitativos. Primeiro, a maioria dos dados netnográficos já está em formato digital, tornando sua inserção no programa extremamente simples e direta. Existem muitos programas de pesquisa que podem automaticamente gerar arquivos de computador específicos por mineração na internet. A segunda vantagem do CAQDAS é que ele encoraja os netnógrafos a pensar em seu vasto e muitas vezes alastrado conjunto de dados como um todo. É fácil sentir-se sobrecarregado por grandes quantidades de dados diversos e se concentrar em determinadas árvores sem ver a floresta. O CAQDAS pode ser usado para facilitar o direcionamento de sua atenção para todo o conjunto de dados. Terceiro, ele pode ajudar o netnógrafo a manter seu projeto organizado. Em quarto lugar, por tornar o acesso aos dados muito mais fácil, ele pode permitir uma virtuosa proximidade a tais dados durante a análise. Quinto e último, as opções de visualização podem levar a novos pensamentos criativos interessantes. Se você gosta de brincar com seus dados e usá-los para estimular a sua imaginação, o CAQDAS lhe dá mais maneiras de brincar.

Métodos assistidos por computador também podem ter desvantagens, e destacamos cinco desvantagens correspondentes aqui. Primeiro, com um armazenamento de arquivos aparentemente ilimitado, os pesquisadores muitas vezes se veem tentados a recolher todo dado possível. Isso pode acarretar não só problemas de classificação e codificação, mas também um projeto errante, sem foco. Em segundo lugar, as pesquisas mecânicas de texto tornaram-se muito fáceis de fazer, mas incluem muitos resultados inesperados, e com frequência podem deixar passar muitos resultados almejados. Buscas de palavras não são substitutos para uma codificação cuidadosa, embora os pesquisadores possam sentir-se tentados a usá-las como tal. Fazer isso não só resulta em categorias desordenadas e teorização difusa; também resulta em distância dos seus dados, o que é um anátema para a produção de netnografia de qualidade. Em terceiro lugar, os arquivos de computador são vulneráveis à perda de uma forma que o papel simplesmente não é. Uma única tecla pressionada com descuido pode apagar meses de cuidadosa coleta de dados. Sempre faça cópias de segurança do conjunto de dados de seu projeto. Considere armazenar uma cópia em um servidor online também. Em quarto lugar, os computadores podem tornar fácil cair "na armadilha de codificação" descrita por Richards (2005, p. 100). Na armadilha de codificação, o pesquisador realiza quantidades cada vez maiores de codificação e classificação, sem que uma teoria pareça emergir dos dados. Quinto, o software pode ajudá-lo a criar ideias demais, categorias em demasia. Como ele permite criar muitas novas categorias, você pode ser sobrecarregado por elas e vê-las sufocando sua criatividade e sua capacidade de usar os dados para dizer algo novo. Grandes volumes de dados podem ser um obstáculo para o pensamento. Pode haver uma troca entre eficiência e criatividade: só porque o software de computador permite que você faça algo, como busca ilimitada ou grandes quantidades de codificação, isso não significa que você deve fazê-lo. Em suma, a valiosa lição aqui é que o uso de ferramentas analíticas deve ser orientado não por recursos de software, mas pelos planos interpretativos e direções do netnógrafo. Na próxima seção, discutiremos alguns desses princípios interpretativos, em particular aqueles que são adaptados às contingências de dados netnográficos.

ADAPTANDO OS PRINCÍPIOS DE ANÁLISE DE DADOS AOS DADOS NETNOGRÁFICOS

Nesta seção, vamos aprender sobre algumas das questões de análises de dados particulares à netnografia. Estas questões surgem quer estejamos marcando nossos dados hermeneuticamente ou codificando-os intensamente em um CAQDAS. Elas ocorrem porque os dados netnográficos são diferentes dos dados etnográficos. Vamos, então, aprender algumas estratégias analíticas para abordá-los. A natureza textual dos dados e sua qualidade despersonificada foram consideradas problemáticas. Da mesma forma, o anonimato das interações online e o tipo de jogo de identidade fluida que elas presumivelmente manifestam trouxeram incômodo para alguns analistas culturais. Os analistas também foram atormentados pela desonestidade ostensiva dos membros de comunidades online e da aparente falta de observabilidade de seus processos sociais. Nesta seção, vamos discutir essas questões antes de oferecer estratégias analíticas sensíveis a elas.

PREOCUPAÇÕES COM TEXTUALIDADE, (DES)PERSONIFICAÇÃO E IDENTIDADE EM DADOS NETNOGRÁFICOS

Dados netnográficos apresentam desafios porque são textuais e não inequivocamente associados a determinadas pessoas. A natureza textual de grande parte da comunicação online tem frequentemente sido apontada como uma limitação da pesquisa de orientação cultural na internet. Esta ênfase nas diferenças radicais entre ambientes culturais online e face à face tende a vincular a textualidade da comunicação virtual à despersonificação da experiência online. Da mesma forma, ainda existe uma impressão generalizada de que a interação virtual de alguma forma não é "real" (ver Kendall, 2004).

Entretanto, cabe considerar que alteração, como mediação tecnológica, não é nada de novo. Os campos sociais nos quais interagimos são muito concretos. As pessoas na outra extremidade de um website de rede social ou em mundos virtuais não são menos reais do que as pessoas com as quais falamos no telefone, os autores dos livros que lemos, ou daqueles que nos escrevem cartas. É verdade que a comunicação textual omite muitos aspectos da comunicação pessoal, com suas mudanças de tom, pausas, vozes roucas, desvios do olhar, e assim por diante. Contudo, ela pode incluir outras importantes expressões simbólicas impossíveis de transmitir por meio do corpo.

Em uma realidade textual, o anonimato, às vezes vantajoso para a obtenção de revelações, também pode impedir-nos de ter a confiança de que entendemos o contexto de nossas comunicações. De que idade, sexo, etnia é a pessoa que está se comunicando conosco? Como podemos comparar a diferença em membros da cultura? Como se relacionam os mundos dentro e fora da internet? Pode ser difícil vincular definitivamente os dados retirados exclusivamente de uma comunidade online a determinados gêneros, classes sociais, idades e raças.

Como os pesquisadores devem enfrentar essas limitações em suas pesquisas? Os seguintes conjuntos de perguntas e sugestões podem ser úteis.

✓ Determinados aspectos da identidade são relevantes para seu estudo em particular? Eles são teoricamente importantes?
  – Por exemplo, se você está conduzindo um estudo de uma determinada comunidade ou cultura online (ver Capítulo 4), a identidade mais relevante para seu estudo pode ser simplesmente que a pessoa posta na comunidade e desempenha um papel específico dentro dela.
  – Se vínculos com outras formas de identificação são importantes, uma mescla de etnografia/netnografia pode ser uma opção interessante.

✓ A comunidade eletrônica revela aspectos das identidades?
  – Por exemplo, comunidades online dedicadas a determinados gêneros ou questões de gênero, regiões específicas, determinadas religiões, e assim por diante, provavelmente atraem membros conhecedores desses grupos.
  – Este conhecimento e experiência muitas vezes não são difíceis de validar. Existe uma comunidade de mulheres que pede às pessoas nas salas de bate-papo que façam perguntas reveladoras sobre tamanhos de sutiã que poucos homens seriam capazes de responder.

✓ Essa é uma comunidade online onde as pessoas costumam revelar outros aspectos de suas identidades?
  – Muitas pessoas em websites de redes sociais utilizam seus nomes e imagens reais.
  – Serviços como o FriendFeed reúnem diferentes mídias online, facilitando a identificação de pessoas específicas.
  – Parecemos estar cada vez mais nos dirigindo a comunicações menos anônimas.

QUESTÕES SOBRE ARTIFICIALIDADE E FALSIFICAÇÃO EM DADOS DE PESQUISA NETNOGRÁFICA

Como dados netnográficos tem a opção de anonimato, ou pseudoanonimato, surgem preocupações sobre a capacidade das pessoas de alterar suas identidades e se apresentarem falsamente. Essa alteração da identidade afetaria nossa análise. Além disso, a netnografia parece comparar-se desfavoravelmente com a etnografia pessoal, porque a etnografia nos permite comparar as perspectivas faladas dos membros da cultura sobre suas ações com as ações que nós, como pesquisadores, de fato observamos (Tedlock, 1991). Uma vez que a netnografia tem se baseado principalmente na observação de discurso e ação artificialmente embutidos em vez de fisicamente proferidos, ela parece ser mais limitada do que a etnografia.

Contudo, em sua pesquisa sobre relacionamentos e sexualidade na internet, Whitty (2004) afirmou que, embora se acredite que as pessoas falsificam informações a seu próprio respeito, dados sugerem que isso não ocorre com tanta frequência como anteriormente se presumia. Ela também sugere que essas diferenças são contingentes, por exemplo, que "os homens tendem a se conectar à internet mais do que as mulheres, geralmente exagerando aspectos de si mesmos, tais como educação, ocupação e renda, que são aspectos que eles tendem a exagerar fora da internet para atrair as mulheres" (Whitty 2004, p. 206). Enquanto os homens falsificavam a fim de impressionar os outros e realçar seus próprios egos, as mulheres faziam isso por motivos de segurança. Hope Schau e Mary Gilly conheceram pessoalmente pessoas com quem tiveram contato pela primeira vez por meio de suas páginas pessoais. Elas afirmaram que as representações online eram, de modo geral, precisas (Schau e Gilly, 2003). Essa pesquisa sugere que a representação online pode não ser uma grande preocupação, e que as pessoas na internet não são mentirosas extravagantes.

É um fato social que estamos constantemente construindo e reconstruindo-nos por meio de atos coletivos que apresentam diferentes aspectos de nós mesmos em diferentes contextos sociais. Portanto, como observam Taylor (1999) e Carter (2005), o estudo das personas dos participantes online e o fato de elas serem diferentes das personas que elas usam em outros contextos sociais não é problemático. Essa não chega a ser uma situação embaraçosa, pois a alteração de identidade é uma consequência natural da nossa vida social *em toda parte* e não simplesmente alguma tendência idiossincrática que se manifesta na vida online. Ela apenas precisa ser analisada como tal. O anonimato virtual deve ser considerado uma situação de permuta, onde obtemos entendimentos em algumas áreas enquanto perdemos em outras. "A mesma liberdade que inspira as pessoas a construir maliciosamente falsidades deliberadas sobre si mesmas e suas opiniões também lhes dá a liberdade de expressar aspectos de si mesmas, suas ambições e conflitos internos que de outra forma elas manteriam profundamente escondidos" (Kozinets, 1998, p. 369). Nossa análise de dados precisa enfatizar essa virtude dos dados anônimos ou pseudônimos: muitas vezes eles são mais honestos em vez de mais enganosos.

Nossas estratégias de análise de dados também devem refletir a percepção de que, na verdade, temos tanto a observação como o discurso na netnografia. Podemos observar como as pessoas agem em suas postagens online. Por exemplo, "George" pode postar várias mensagens sobre como ele é compassivo com as pessoas, e quanto ele contribui com algumas instituições de caridade. Contudo, também podemos observá-lo atacando outros membros do grupo de discussão sem piedade. Realizando-se entrevistas, temos reflexões dos membros da cultura sobre seu próprio comportamento e o comportamento dos outros, exatamente como fazemos em entrevistas face a face. O que podemos observar é a forma como esses participantes "agiram" em suas postagens na internet e em outras representações. Nossa análise de dados deve refletir essas opções. Essa estratégia conduz diretamente a uma determinada abordagem na análise de dados netnográficos.

UMA ABORDAGEM PRAGMÁTICA--INTERACIONISTA NA ANÁLISE DE DADOS NETNOGRÁFICOS

Nesta seção, vamos aprender sobre uma abordagem em particular, fundada na filosofia da ciência, que confronta muitos dos desafios analíticos associados aos dados netnográficos (ver também Kozinets, 2002a, p. 64). Essa postura analítica é chamada de abordagem "pragmática-interacionista" porque combina o pragmatismo de George Herbert Mead (1938) com a filosofia da linguagem de Ludwig Wittgenstein (1953).

Na abordagem interacionista de Mead (1938), a unidade de análise não é a pessoa, mas o gesto, o comportamento ou o ato, o que inclui o ato de fala ou enunciado. Quando aplicada ao contexto atual, a filosofia da linguagem de Wittgenstein (1953) pode sugerir que cada postagem interativa é uma ação social, um desempenho comunicativo que pode ser concebido como um "jogo de linguagem". Nesse caso, então, cada movimento comunitário do "jogador" no "jogo" social é um evento de observação relevante em si e por si mesmo. A ideia por trás dessa abordagem na análise de dados é simples:

- ✓ Considere o ambiente online um mundo social.
- ✓ Presuma que os ambientes online têm jogos sociais e linguísticos, com suas regras, campos, vencedores e perdedores.
- ✓ Trate os dados online como um ato social.
- ✓ Procure compreender o significado desses atos no contexto de seus mundos sociais adequados.
- ✓ Quando apropriado, amplie um determinado mundo social eletrônico para interagir com outros mundos sociais eletrônicos, bem como com outros mundos sociais que não são exclusivamente eletrônicos, ou que não são absolutamente eletrônicos.

As análises de observações dos atos dos jogadores podem prosseguir com a consideração dos seguintes fatos sociais netnograficamente relacionados.

- ✓ O texto de uma determinada postagem em um blog foi escrito e publicado.
- ✓ Um determinado grupo de rede social foi formado, e algumas descrições foram associadas a ele.
- ✓ Uma determinada foto foi carregada em uma determinada comunidade de compartilhamento de fotos e recebeu 37 comentários.

Um analista que siga a abordagem pragmática-interacionista não precisa necessariamente saber exatamente "quem" está fazendo essas coisas. Inicialmente ele estaria interessado em observar "atos interativos" no "jogo" que é jogado nos campos da comunidade e cultura online. Na medida em que essa atenção se desloca para os campos em que comunidade e cultura são jogadas – e não no que os jogadores fazem quando não estão em campo –, nossa análise se altera. A análise de dados netnográficos então consiste em contextualizar o significado do intercâmbio e da interação em círculos cada vez mais amplos de significado social.

Outra dessas alterações é que, uma vez que considera as relações entre mundos sociais diversos dentro e fora da internet, a análise de dados netnográficos deve levar em conta comunicações intervenientes que ocorrem durante o curso de nossa investigação. Ela deve atentar para o subtexto, bem como para o contexto e texto nas mensagens. Em sua análise de notas de campo e de dados, preste muita atenção aos diversos e frequentemente complicados processos pelos quais os membros se comunicam com os outros membros da comunidade. Compreender como os membros interagem com a cultura em geral pode ser muito compensador na compreensão da complexa experiência vivida de interação comunitária.

Além disso, como a diversidade dos exemplos acima indica, não é suficiente simplesmente ganhar fluência e "traduzir" os vários elementos textuais de comunidades online. Cada foto, cada vídeo, cada tag, talvez até mesmo cada clique do mouse em hipertexto é semelhante a um "ato de fala", um enunciado. Devemos estar em sintonia com um mundo novo, onde a escolha de um menu suspenso substitui um encolher de ombros, e o movimento de um cursor substitui a linguagem corporal. "Esses e outros aspectos da interação dos participantes" baseada em texto representam enigmas interpretativos para os etnógrafos em termos de sua relação com a "apresentação de si mesmos" dos participantes (Garcia et al., 2009, p. 61).

Portanto, a análise de dados netnográficos deve incluir os aspectos gráficos, visuais, de áudio e audiovisuais dos dados da comunidade online. Vários aspectos dos dados visuais podem ser analisados: o uso de imagens gráficas em movimento, ou emoticons; o uso da cor, tipo de fonte e design gráfico; imagens e fotografias; e leiautes de páginas e mensagens. Cada aspecto é um evento de comunicação de importância. A análise de Hine (2000) de websites é exemplar nesse sentido. Ela cuidadosamente interpreta a escolha de fotos, a escolha de arranjos para as fotos e o uso de fundos. Ela emprega uma análise visual para chegar a conclusões sobre a forma como os membros da comunidade online transmitem mensagens emocionais sobre um famoso caso de assassinato. O mero entendimento das palavras que são trocadas virtualmente é apenas uma parte do trabalho do netnógrafo.

A formulação de generalizações também é importante enquanto observamos as várias conexões ou desconexões de várias comunidades e identidades fora e dentro da internet, a integração *versus* separação dos mundos sociais que discutimos no Capítulo 4. Não é necessário considerar os resultados de cada análise netnográfica da comunidade online como representativos de uma população geral daquela comunidade ou cultura, do mesmo modo que um levantamento poderia ser. Como uma abordagem indutiva, a netnografia estuda o mundo dos fenômenos em busca de oportunidades para construir proposições teóricas ou ricas e densas descrições, comparações e classificações.

O trabalho do teorista de mídia Henry Jenkins é exemplar a esse respeito. Escrevendo a respeito dos múltiplos efeitos culturais da tecnologia digital sobre o consumo e produção da mídia, ele propõe e demonstra amplamente noções de inteligência coletiva e de uma cultura de mídia mais participativa. Em sua conclusão, no entanto, ele afirma: "Eu não quero dizer que devemos tomar esses grupos como típicos do consumidor médio [...] Ao contrário, devemos interpretar esses estudos de caso como demonstrações do que é possível fazer no contexto da cultura de convergência" (Jenkins, 2006, p. 247).

As netnografias podem utilmente gerar teorias sobre áreas novas e emergentes. Uma vez que podemos procurar instâncias exclusivas ou especiais – digamos, de comunidades online que estão usando sua interligação tecnológica para conceber e promover estilos de vida e bairros mais ecológicos –, as netnografias também são úteis na realização da pesquisa-ação em que os investigadores procuram vislumbrar alternativas para um aperfeiçoamento social (Ozanne e Saatcioglu, 2008; Tacchi et al., 2004).

A análise dos dados netnográficos deve ser sutilmente sintonizada com as contingências predominantes do ambiente cultural online: a textualidade dos dados, a natureza despersonificada e anônima da interação virtual, as alegações de desonestidade e de dificuldades de possibilidades de observação e confirmação. O fato de que os membros da cultura adotam personas online é uma consequência natural da vida social. Como consequência, podemos enquadrar nossa análise pragmaticamente, como preocupada com observações de atos interativos no campo comunicativo da comunidade e da cultura online. Em particular, é importante que sua análise não omita as diversas modalidades de comunicação cultural, como a visual, a de áudio e a audiovisual. Finalmente, a análise deve ser orientada por um foco na teoria, e essa teoria deve ser meticulosamente regida por uma compreensão da natureza indutiva da netnografia.

RESUMO

Este capítulo forneceu alguns exemplos netnográficos concretos de codificação, análise e interpretação, técnicas que podem acomodar uma variedade universal de pontos de vista do empreendimento netnográfico, do descritivo e poético ao abstrato e estrutural (ver Capítulo 9 para representação em netnografia). Em geral, os programas de análise de dados qualitativos podem ser úteis para gerenciar, codificar e analisar conjuntos de dados complexos grandes, mas outros métodos atendem satisfatoriamente projetos menores, mais descritivos e mais limitados. A análise dos dados netnográficos deve estar em sutil sintonia com as contingências predominantes no ambiente cultural online: a textualidade dos dados, a natureza incorpórea e anônima da interação online, as alegações de desonestidade e de dificuldades na observação e confirmação. A análise netnográfica é, portanto, enquadrada pragmaticamente, interessada na observação de atos interativos no campo comunicativo da comunidade e da cultura online – incluindo comunicações culturais visuais, de áudio e audiovisuais – cuidadosamente induzidos para formar teoria.

Leituras fundamentais

Arnold, Stephen J. and Eileen Fischer (1994) 'Hermeneutics and Consumer Research', *Journal of Consumer Research*, 21 (June): 55–70.

Kozinets, Robert V. (2006) 'Click to Connect: Netnography and Tribal Advertising', *Journal of Advertising Research*, 46 (September): 279–88.

Lewins, Ann and Christina Silver (2007) *Using Software in Qualitative Research: A Step-by-Step Guide*. Thousand Oaks, CA: Sage.

Miles, Matthew B. and Michael A. Huberman (1994) *Qualitative Data Analysis: An Expanded Sourcebook*, 2nd edition. Thousand Oaks, CA: Sage.

Spiggle, Susan (1994) 'Analysis and Interpretation of Qualitative Data in Consumer Research', *Journal of Consumer Research*, 21 (December): 491–503.

8
Realizando netnografia ética

☑ Resumo

Neste capítulo, você vai aprender sobre as questões éticas associadas à realização da etnografia. Você também vai aprender como outros estudiosos têm abordado essas questões, e adquirir uma compreensão de como lidar com questões importantes como consentimento do usuário, bem como uso e citação de mensagens online. Este capítulo visa ajudá-lo a realizar netnografia de forma responsável no complexo ambiente online.

Palavras-chave: ética em pesquisa com seres humanos, consentimento do usuário, conselhos de revisão institucional, questões jurídicas da internet, ética de pesquisa na internet, ética em pesquisa online, ética em pesquisa

Ética em pesquisa é um dos temas mais importantes e mais complexos neste livro. Essa é a área da netnografia que é mais incerta, mais pública, e que, consequentemente, tende a receber a maioria das perguntas. Além de a netnografia ser, de maneira opcional, tão invasiva e pessoal quanto a etnografia, ao realizá-la também causamos impressões duradouras, deixando nossos próprios rastros e trilhas que levam a outras pessoas. Estamos realizando uma espécie de evangelismo durante o qual temos oportunidade de esclarecer, ofender e até fazer o mal. Nós representamos nossa profissão para os membros da comunidade e para o mundo. É uma oportunidade de revelar a nós e nossos colegas como embaixadores benevolentes, funcionários públicos ou exploradores ignorantes. E cada um de nós, em última análise, faz essas escolhas e adere a elas diariamente, de hora em hora, até mesmo de minuto em minuto, enquanto interagimos nos campos por trás de nossas telas de computador.

Com sua mistura de participação e observação, sua proximidade, muitas vezes desconfortável, e suas tradições de descri-

---

QUADRO 8.1
A ética é realmente importante na pesquisa online?

Nas apresentações de netnografia, ouço muitas vezes estudantes ou colegas acadêmicos insistirem que, quando as pessoas postam coisas na internet, elas já sabem que aquilo se torna conhecimento público. "Por que se incomodar com isso apenas para confirmar o que já sabemos?"

Pode ser verdade, neste ponto da história, que a maioria das pessoas sabe que suas postagens e informações podem ser lidas dessa forma por membros do público em geral. Contudo, o fato de que as pessoas sabem que suas postagens são públicas não leva automaticamente à conclusão de que os acadêmicos e outros tipos de pesquisadores podem usar os dados da forma que bem entenderem. Um pequeno exemplo será suficiente, enquanto desenvolvo esse argumento ao longo deste capítulo.

Na pesquisa inicial sobre fãs de Arquivo X, eu comecei a fazer o download de informações a partir de um quadro de avisos público (Kozinets, 1997a). Eu pensei que seria apropriado pedir permissão das pessoas antes de citá-las diretamente. Quando o fiz, todos me deram permissão exceto uma pessoa que tinha postado informações sobre seu avistamento de um OVNI e como isso relacionava sua interação com o programa de televisão. Ela provavelmente estava um pouco constrangida, porque atividades e experiências paranormais – especialmente aquelas fora do contexto institucional da religião organizada – são estigmatizadas em nossa sociedade. Mas como os dados eram muito interessantes e estavam intimamente relacionados aos temas de meu trabalho – consumo de conspiração e o sobrenatural –, eu escrevi novamente para essa pessoa, repetindo que ela seria citada na pesquisa por meio de um pseudônimo, e que esta seria apenas uma publicação de pesquisa, não uma publicação em massa. Depois de meu pedido de reconsideração, a pessoa declinou.

Nessa situação, pareceria muito errado incluir esses dados. Se não pedirmos, os outros não podem recusar a permissão. Podemos simplesmente utilizá-los. Entretanto, devemos considerar cuidadosamente as ramificações dessa postura ética. Essa foi uma poderosa ilustração pessoal de que nem todo mundo que publica uma mensagem em um quadro de avisos quer que ela seja usada em uma pesquisa, mesmo que de forma anônima. Essa pessoa provavelmente não sabia que a tecnologia dos mecanismos de busca em breve vai se tornar tão potente que qualquer pessoa que pretenda usar uma citação poderá facilmente encontrá-la e localizar seu pseudônimo. Entretanto, devemos fazer mais uma pergunta: os desejos da pessoa devem contar? Devem definir a decisão final?

Outros pesquisadores afirmaram que participantes de comunidades online se opõem a serem estudados. LeBesco (2004) relata que, em um único mês, oito pesquisadores tentaram obter acesso ao site de uma determinada comunidade eletrônica e todos, exceto um, foram rejeitados pelo grupo. Bakardjieva (2005) relata sua frustração ao recrutar entrevistados por meio de anúncios em grupos de discussão na internet, tática que posteriormente teve de abandonar. Em um artigo sucintamente intitulado "Go Away", James Hudson e Amy Bruckman (2004) relatam que pessoas em salas de bate-papo reagiram com hostilidade quando ficaram sabendo que estavam sendo estudadas por pesquisadores. Quando essas pessoas tiveram a oportunidade de fazer parte da pesquisa, apenas quatro dos 766 possíveis participantes optaram por isso. Em resumo, Johns, Chen e Hall (2003, p. 159) relatam que "muitos proprietários de listas e membros de grupos de discussão se ressentem profundamente da presença de pesquisadores e jornalistas em seus grupos".

Sabendo disso, podemos prosseguir com o pressuposto de que os membros da cultura e da comunidade estão automaticamente nos dando seu consentimento para usar suas palavras, imagens, fotos, vídeos e conexões em nossa pesquisa? Como veremos no restante deste capítulo, a resposta é bem mais complicada do que parece.

ção e revelação cultural distanciada, a investigação etnográfica já tem alguns dos terrenos mais espinhosos para navegar na ética em pesquisa. Ao somarmos a isso as complexidades tecnológicas e novas contingências únicas das interações online, essas questões já difíceis tornam-se ainda mais difíceis.

Quantidades significativas de novas pesquisas e literatura surgiram para iluminar nossa perspectiva sobre o que constitui netnografia ética na última década. A postura apresentada neste capítulo, portanto, desenvolveu-se consideravelmente desde aquela oferecida em trabalhos publicados anteriormente (p. ex., Kozinets, 1998, 2002a, 2006a). Seus pontos de vista têm sido informados e se beneficiaram do útil trabalho de uma série de colegas acadêmicos que atuam nas áreas de filosofia ética, questões jurídicas da internet e ética em pesquisa online, cujo trabalho é citado e desenvolvido ao longo deste capítulo. Embora um consenso em torno dessas questões ainda seja emergente, estamos agora em uma posição excepcionalmente boa para analisar os desafios éticos enfrentados pelo netnógrafo e recomendar protocolos para uma investigação netnográfica ética.

Embora certamente não seja um tratamento exaustivo do tema, este capítulo pretende fornecer ao leitor uma boa base em questões éticas na pesquisa enquanto relacionadas à realização de netnografia.[13] Para aprofundar questões sobre o seu projeto em especial, o leitor é incentivado a consultar as várias citações e recursos mencionados neste capítulo, na medida em que necessitar ou inspirar-se a fazê-lo. Além disso, seria sensato procurar na internet, em artigos de revistas e em livros, o pensamento mais recente e atualizado sobre esses temas em rápida transformação.

IRE, IRB E NETNOGRAFIA

Ética da pesquisa na internet (ou IRE, do inglês, internet research ethics) é "um campo de pesquisa emergente e fascinante", uma esfera de investigação que "vem crescendo de forma constante desde a década de 1990, com muitos exames disciplinares do que significa realizar pesquisas – de forma ética – online ou em ambientes baseados na internet" (Buchanan, 2006, p. 14). Diretrizes importantes têm sido propostas e desenvolvidas por essas organizações líderes, como a American Association for the Advancement of Science (Frankel e Siang, 1999), a Association of Internet Researchers (ver Association of Internet Researchers Ethics Working Group, 2002) e a American Psychological Association (ver Kraut et al., 2004). Paralelamente a uma série de edições especiais, seminários e conferências, três úteis volumes editados foram publicados (Buchanan, 2004; Johns et al., 2003; Thorseth, 2003).

As questões tratadas pela IRE são dinâmicas e complexas; elas tocam em questões filosóficas, interesses comerciais, tradições acadêmicas de prática e método de pesquisa e organizações institucionais, bem como supervisão de órgãos legislativos e reguladores. Como um todo, as preocupações da IRE vão desde questões legais, como "responsabilidade por negligência" e "dano à reputação", noções convencionais de ética na pesquisa, como "consentimento do usuário" e "respeito", até questões maiores, inclusive sociais, tais como autonomia, o direito à privacidade e as várias diferenças em normas e leis internacionais relacionadas.

É nesse terreno complexo de decisões morais, legais, políticas e metodológicas que agora devemos entrar. Pois se quisermos realizar uma netnografia, teremos que responder a vários órgãos institucionais e regulatórios pelos padrões éticos de nossa pesquisa. Nos Estados Unidos, o Institutional Review Board (IRB) de cada universidade rege e administra as normas de ética em pesquisa cabíveis. Nos Estados Unidos, esses IRBs se orientam pelo Code of Federal Regulations, Título 45, Parte 46, Protection of Humans Subjects, o qual foi inspirado pelo espírito do relatório de Belmont. Em outros países, os nomes e os protocolos podem ser diferentes. Em alguns países, a ética de pesquisa acadêmica é regida por comitês de ética em pesquisa com seres humanos, que por sua vez tendem a ser regulamentados pelas agências e organismos governamentais que oferecem bolsas para pesquisa acadêmica. Para os praticantes de pesquisa, diversas associações industriais têm códigos de ética ou normas que regem a prática de pesquisa ética. Cada pesquisador tende a ser regido por pelo menos duas instituições de ética de pesquisa e seus códigos.

Evidentemente, o netnógrafo aspirante e praticante não precisa se preocupar com a história ou com a totalidade da literatura em ética de pesquisa na internet. Enquanto netnógrafos, o que mais nos interessa são os temas e as diretrizes relativos à conduta de pesquisa observacional e entrevistas com participantes. Devemos lidar com algumas perguntas difíceis e obscuras antes de podermos tomar decisões defensáveis sobre como conduzir nossa netnografia. Embora esteja longe de ser uma lista exaustiva, você pode querer consultar o Quadro 8.2 para uma lista de algumas questões relevantes.

Essas questões são vitais. As respostas nos ajudarão a formular orientações procedimentais adaptáveis, mas diretivas, para netnografia ética. Claro que, como a própria internet, essas questões e protocolos aceitáveis estão sempre mudando. Como pesquisador, você é obrigado a manter-se informado sobre os temas que são relevantes para você e suas questões de pesquisa e tomar as decisões que você acredita serem corretas em consulta com colegas e órgãos reguladores competentes (para acadêmicos nos Estados Unidos, este seria o seu IRB).

Nas seções a seguir, este capítulo aborda quatro questões importantes para compreender a ética em pesquisa netnográfica. Primeiro, ele discute se os netnógrafos devem considerar as comunidades online como espaços públicos ou privados. Em segundo lugar, discutem-se questões de consentimento informado. A seção seguinte analisa a necessidade de evitar prejudicar os membros da cultura. Na quarta seção, você vai aprender sobre as complexidades éticas da apresentação de dados de participantes de pesquisas netnográficas.

O capítulo então passa a discutir e descrever quatro áreas procedimentais gerais para abordar essas questões:

1. identificar-se e informar os constituintes relevantes sobre sua pesquisa;
2. pedir permissões apropriadas;
3. obter consentimento quando necessário; e
4. citar e dar o devido crédito aos membros da cultura.

Embora certamente não seja um tratamento exaustivo do tema, este capítulo deve dar-lhe as principais ideias e procedimentos que você precisa para proceder eticamente em sua netnografia, bem como as citações e recursos que você pode precisar para aprofundar-se em questões de seu próprio projeto.

☑ QUADRO 8.2

Conduzir uma netnografia que seja ética e adaptada ao ambiente único da internet está longe de ser simples. Há perguntas difíceis e desconcertantes, nas quais estudiosos de filosofia, questões jurídicas e vários departamentos acadêmicos estão trabalhando para responder em um campo emergente chamado ética em pesquisa na internet, ou IRE. Algumas das questões éticas relevantes à investigação netnográfica incluem:

✓ As comunidades online são espaços privados ou públicos?
✓ Como se obtém consentimento informado dos membros da comunidade online?
✓ Quem realmente possui os dados online postados em grupos de discussão ou em blogs?
✓ Como lidar com as informações em websites corporativos e outros fóruns online? Podemos usá-las em nossa pesquisa?
✓ Devemos usar as conversas em que participamos ou "vemos" em salas de bate-papo? Existem diferentes regras éticas para cada meio de comunicação eletrônica?
✓ Idade e vulnerabilidade importam online? Nos meios de comunicação em que a identidade é difícil de verificar, como podemos ter certeza da idade ou da vulnerabilidade dos participantes da pesquisa?
✓ As fronteiras internacionais influenciam a forma como um netnógrafo coleta dados e publica pesquisas?

A FALÁCIA DO PÚBLICO VERSUS PRIVADO

Grande parte do debate sobre investigação ética na internet se ocupa do fato de que deveríamos tratar as interações mediadas por computador como se elas ocorressem em um espaço público ou privado. Essa metáfora espacial é comumente aplicada à internet e parece, de fato, ser uma cognição humana fundamental (Munt, 2001). Outra metáfora muito comum para compreender a internet é vê-la como um texto. Aplicadas ao tema da ética em pesquisa na internet, essas metáforas nos levam a certas conclusões e nos encorajam a adotar certos procedimentos. Se a internet é um lugar, então ela é como um espaço público? A captura de comunicações mediadas por computador é então semelhante à transcrição de conversas ouvidas em um parque público? Se a internet é um texto, então o uso de comunicações mediadas por computador é como uma citação de um livro publicado?

O relatório da American Association for the Advancement of Science sobre ética e aspectos legais da pesquisa com seres humanos na internet (Frankel e Siang, 1999) prevê a delimitação do que é público e do que é privado em relação à internet. Outros acreditam que, "tecnicamente, não pode haver tal delimitação" (Bassett e O'Riordan, 2002, p. 243) e que pode tornar-se fácil confundir a metáfora com o objeto que se espera que ela descreva. Eu tendo a concordar com Bassett e O'Riordan (2002), de que apenas certos tipos de experiências de internet podem ser descritos em termos espaciais. Muitas vezes, ela é usada como um tipo de meio de publicação de textos, e os membros da cultura estão plenamente conscientes dessa função pública.

Como resultado dos exames cuidadosos das metáforas norteadoras que usamos para direcionar nossa pesquisa na internet, uma série de proeminentes estudiosos concluíram que nem toda pesquisa baseada na internet se beneficia da aplicação de um código de ética de pesquisa com seres humanos (p. ex., Bassett e O'Riordan, 2002; Bruckman, 2002, 2006; Walther, 2002). Os modelos que regem os nossos códigos de ética precisam ser mais flexíveis no modo como analisam e reconhecem os entendimentos espacial e textual das comunicações mediadas por computador – e talvez adotar outras metáforas que sejam pertinentes e úteis.

De acordo com o Code of Federal Regulations, Título 45, Parte 46, Protection of Human Subjects (2009), que rege os IRBs nos Estados Unidos, pesquisa com seres humanos é aquela em que há uma intervenção ou interação com outra pessoa com a finalidade de coleta de informações, ou em que a informação é gravada por um investigador de tal forma que uma pessoa possa ser identificada por ela direta ou indiretamente. Assim, a netnografia, na qual o netnógrafo convive online com os membros da comunidade, se encaixa claramente no modelo de pesquisa com seres humanos. Essas interações participativas são, portanto, mais como comunicações que acontecem em determinados lugares vigiados, com alguma expectativa razoável de privacidade.

No entanto, o uso de conversas espontâneas na pesquisa, se reunidas em um local publicamente acessível, não constitui pesquisa com seres humanos de acordo com a definição do Code of Federal Regulations. Se a pesquisa envolve coletar e analisar documentos ou registros existentes que estejam publicamente disponíveis, ela se qualifica para dispensa de seres humanos. Grande parte da pesquisa arquival observacional em uma netnografia seria, pois, desse tipo.

O pioneiro de pesquisa na internet, Joseph Walther (2002), é bastante claro sobre as implicações éticas dessa forma observacional de investigação. Os participantes de comunidades e culturas online podem não esperar que suas observações sejam lidas por outras pessoas fora da comunidade, podendo, portanto, reagir com raiva por suas comunicações aparecerem em uma publicação de pesquisa. Como mencionado anteriormente, alguns membros da cultura (em minha pesquisa, foi apenas uma pequena minoria), quando indagados, resistiram a serem incluídos na investigação (ver também Bakardjieva e Feenberg, 2001; King, 1996; McArthur, 2001).

Contudo, é importante reconhecer que *qualquer pessoa que utiliza sistemas de comunicação publicamente disponíveis na internet deve estar ciente de que esses sistemas são, em sua base e por definição, mecanismos para armazenamento, transmissão e recuperação de comentários*. Ainda que alguns participantes tenham expectativa de privacidade, ela é extremamente inapropriada. (Walther, 2002, p 207; ênfase no original)

Analisar comunicações de comunidades ou culturas online ou seus arquivos não é pesquisa com seres humanos *se o pesquisador não registrar a identidade dos comunicadores e se ele puder obter acesso de maneira fácil e legal a essas comunicações ou arquivos*. Essas são condições importantes e indicariam, por exemplo, que a análise de conteúdo e análises temáticas de comunicações online seriam, sob certas condições, isentas.

Isso sugere que, para fins de ética em pesquisa, podemos considerar o uso de alguns tipos e usos de interações culturais mediadas por computador como semelhantes à utilização de textos. Jacobson (1999) observa que a gravação de qualquer mensagem escrita ou documento relacionado está protegida nos Estados Unidos pela lei de direitos autorais do país. No entanto, pesquisadores estão autorizados a fazer "uso justo" de materiais protegidos por direitos autorais, sujeito a certas restrições, como, por exemplo, o comprimento do trecho e a proporção do trabalho original citado. Nos Estados Unidos, por conseguinte, muitos dos efeitos de outro modo restritivos dos direitos autorais podem ser dispensados no que se refere a finalidades de pesquisa (Walther, 2002). Contudo, muitas dessas isenções de uso justo *não estão* em vigor na lei internacional. A ausência de leis de uso justo nessas nações pode muito bem impedir que os pesquisadores realizem netnografia fora dos Estados Unidos. Além disso, os investigadores que procurarem utilizar recursos comunitários localizados em websites comerciais podem estar indo contra restrições legais. Pesquisadores que trabalham individualmente são aconselhados a verificar a regulamentação relevante em seus países.

A internet não é realmente um lugar ou um texto; ela também não é pública ou privada. Ela tampouco é um único tipo de interação social, mas muitos tipos: bate-papos, postagens, comentários em blogs, partilhas de clipes de som e vídeos e conversas telefônicas compartilhadas por meio de protocolos VOIP. A internet é tão somente internet. Ao raciocinarmos sobre isso, precisamos manter nossas metáforas norteadoras em mente.

CONSENTIMENTO NO CIBERESPAÇO

Obter consentimento informado dos participantes de pesquisa é a base fundamental da realização ética de pesquisa. King (1996) recomenda a obtenção do consentimento informado adicional dos participantes de estudos online. Da mesma forma, Sharf (1999) repetiu essa aumentada sensibilidade à ética do trabalho de campo online, mesmo aquele que seja exclusivamente observacional. Entretanto, como observa Frankel e Siang (1999, p. 8), a "facilidade do anonimato e da pseudonímia nas comunicações pela internet também gera dificuldades logísticas para a implementação do processo de consentimento informado".

Divergindo de maneira significativa dos métodos tradicionais face a face, como etnografia, grupos de foco ou entrevistas pessoais, a netnografia usa informações culturais que não são dadas de forma específica, em confiança, ao pesquisador. A natureza excepcionalmente discreta da abordagem é a fonte de grande parte da atratividade da netnografia, bem como de sua controvérsia. Se os netnógrafos agirem de uma maneira que venha a ser considerada irresponsável e desrespeitosa pelo público ou pelas autoridades, eles poderão dificultar o trabalho investigativo de outros pesquisadores – uma tendência que já começou a se desenvolver – ou mesmo estipular sanções legais.

Contudo, a análise de mensagens arquivadas não constitui oficialmente pesquisa social com seres humanos. Mas a netnografia muitas vezes vai além da observação e download discretos. Os netnógrafos são participantes culturais; eles interagem. Como sugere Walther (2002, pp 212-13), "muitos tipos de pesquisa social com seres humanos que envolvam algum tipo de interação ou intervenção também podem ser isentos da preocupação dos IRBs (isto é, podem se candidatar e obter isenção de análise e supervisão) por não haver risco de dano" àqueles que estão sendo estudados. Essas categorias de investigação que não envolvem nenhum risco incluem estudos em que as atividades foram típicas do comportamento diário normal e nas quais a investigação não envolve a coleta de identidade em associação aos dados de resposta.

Nesses casos, o "consentimento implícito" pode ser um processo adequado. Online, esse processo ocorre quando informações de pesquisa relacionadas com o consentimento são apresentadas ao prospectivo participante da pesquisa em um formulário eletrônico escrito. O participante sinalizaria seu consentimento concordando em continuar no estudo, muitas vezes clicando em um botão "aceitar" em um website e/ou por meio do fornecimento de dados. Embora questões tenham sido levantadas em relação à validade dessa abordagem sem algum conhecimento da competência, da compreensão e até mesmo da idade do participante da pesquisa, Walther (2002, p. 213) observa que muitos métodos, tradicionalmente aceitos, tais como pesquisas por correio e telefone, lidam com o mesmo tipo de incerteza sobre as pessoas serem realmente quem dizem que são. Na verdade, não há nenhuma ligação clara indiscutível entre investigação face a face e julgamentos da competência e compreensão dos participantes da pesquisa.

DANOS ONLINE

Novos contextos parecem dicotomizar julgamentos, e as opiniões em torno do novo contexto da ética em pesquisa na internet não são exceção. "A corrida inicial em busca de dados online, que tratava todos os conteúdos encontrados na rede como abertos para descarregamento, análise e citação, foi contrariada por um perfeccionismo ético, deixando quase nenhum espaço para pesquisa em fóruns virtuais" (Bakardjieva e Feenberg, 2001, p. 233). O mesmo potencial de dano presente em etnografias face a face – a revelação de segredos culturais, as representações ofensivas dos membros da cultura, o tratamento desdenhoso de costumes – está presente na netnografia. Tratamentos metodológicos anteriores alertaram os netnógrafos a terem cuidado ao considerar as preocupações éticas de privacidade, sigilo, apropriação e consentimento (Kozinets, 2002a, 2006a).

Os membros da cultura podem muito bem ter sentimentos fortes sobre o uso investigativo de suas comunicações armazenadas. Walther (2002, p. 215) opina que essas questões merecem uma análise cuidadosa e uma discussão mais aprofundada, mas ele sugere que elas provavelmente não justificam "a suspensão de pesquisas cientificamente concebidas e teoricamente motivadas". Utilizações válidas de dados de estudos de comunidades online não são o mesmo que a prática de "spam" de entidades comerciais, mesmo que ambos possam ser vistos como intromissões e interferências por parte de membros da comunidade online.

E as netnografias que escrevem coisas sobre os membros da comunidade online (ou sobre a comunidade online em si) que podem não ser positivas ou lisonjeiras? Para dar um exemplo hipotético, que tal uma netnografia de uma comunidade virtual dedicada a um cantor de *hip hop* que acaba revelando que ela também é dedicada à valorização e educação sobre drogas ilegais, como heroína e cocaína?

Como observa Bruckman (2002, p 225; ênfase no original), "*os regulamentos de sujeitos humanos não nos proíbem de causar danos aos indivíduos*". As seções relevantes do código federal relativas aos critérios de aprovação por IRBs da pesquisa sugerem que os riscos aos participantes dos estudos devem ser minimizados e que "os riscos aos sujeitos sejam razoáveis em relação aos possíveis benefícios esperados a eles, e à importância do conhecimento que pode-se razoavelmente esperar resultar" (Protection of Human Subjects, 2009). Há, portanto, uma filosofia ética consequencialista e utilitarista orientando a prática de pesquisa acadêmica – não uma filosofia deontológica fundada na ideia de não causar dano algum. Susan Herring (1996) observa que, como acadêmicos, não somos obrigados a adotar métodos de pesquisa ou expressar resultados de pesquisa para agradar nossos participantes. Em uma situação ideal, o pesquisador netnográfico "pesaria cuidadosamente o benefício público de fazer a revelação, e equilibraria isso contra o dano potencial ao sujeito" (Bruckman, 2002, p. 225).

NOMEAR OU NÃO NOMEAR, EIS A QUESTÃO

Como observamos acima, podemos considerar que os participantes de comunidades online estão, de certa forma, criando e contribuindo para um texto contínuo, complexo e publicamente disponível. A estudiosa da tecnologia Amy Bruckman (2002, 2006) provavelmente foi mais longe ao analisar este estado de coisas e elaborar sugestões práticas de ética em pesquisa relacionadas a isso. Existem alguns pontos pertinentes. No primeiro caso, os membros da cultura podem e muitas vezes procuraram minar o anonimato da pesquisa tentando identificar os sujeitos de relatos escritos. Bruckman (2002, pp. 219-20) dá um exemplo do livro *My Tiny Life* (1998), de Julian Dibbell, um estudo etnográfico da comunidade LambdaMOO. "Depois da publicação do livro, os membros LambdaMOO que Dibbell estudou colaboraram para criar um quadro de quem é quem, e compartilharam-no abertamente com todos os interessados" (Bruckman 2002, p. 220).

Em segundo lugar, pseudônimos online funcionam exatamente como nomes reais e devem ser tratados como nomes verdadeiros.

As pessoas costumam usar o mesmo pseudônimo com o passar do tempo e se preocupam com a reputação desse pseudônimo. Elas também podem optar por usar uma parte ou a totalidade de seu nome real como seu pseudônimo, ou algum outro detalhe pessoal que é igualmente identificador. Elas também podem rotineiramente revelar informações ligando seu pseudônimo e nome real. (Bruckman, 2002, p. 221; ver também Frankel e Siang, 1999; Walther, 2002)

Em terceiro lugar, existem algumas soluções práticas defensáveis para o fato de que uma citação direta pode ser acessada por meio de uma pesquisa de texto completo em um mecanismo de busca público. É, portanto, um procedimento bastante simples digitar uma citação literal de membros de cultura utilizada em publicações de pesquisa em um mecanismo de pesquisa público e depois ligar essa citação ao pseudônimo real de um membro da cultura (Kozinets, 2002a, 2006a). Se o pseudônimo deve ser tratado como o nome real, violações à pseudonímia e, consequentemente, ao anonimato são inevitáveis.

Em quarto lugar, pode haver exemplos onde os membros ou líderes da cultura querem crédito por seu trabalho. Por exemplo, ao citar um blogueiro conhecido que é um membro de uma comunidade online, por que um netnógrafo não o citaria exatamente como faria com qualquer outro autor publicado? Muitos blogueiros preferem ver seu trabalho devidamente citado, assim como aquele trabalho seria reconhecido caso fosse publicado em um livro ou artigo. Da mesma forma, não deveríamos considerar alguns postadores de mensagens, porteiros e membros da comunidade como "figuras públicas" e conceder-lhes menos poder de controlar informações sobre si mesmos (e mais crédito direto por seu trabalho) do que as ditas "pessoas privadas" que não estão em busca de poder, influência ou atenção da mesma forma?

Em quinto lugar, provavelmente devemos tratar o registro de conversas em uma sala de bate-papo, ou a atividade e a interação em um mundo virtual, ou outra conversação e interação sincrônica, de forma diferente da que tratamos comunicações assíncronas que são mais claramente destinadas a postagens para comunicação em massa e pública.

Finalmente, as antigas distinções binárias entre trabalhos publicados e não publicados estão obsoletas. Bruckman sugere que, na era da internet, a publicação é agora um *continuum*: "a maioria dos trabalhos na internet é 'semipublicado'" (2002, p. 227). Por isso, somos aconselhados a tratar os membros da cultura que estudamos em uma netnografia como "artistas amadores": "em muitos aspectos, todo conteúdo criado por usuários na internet pode ser visto como várias formas de arte e autoria amadora" (2002, p. 229).

CONSIDERAÇÕES LEGAIS

O jurista, advogado e professor Tomas Lipinski (2006, p. 55; ver também 2008) publicou uma valiosa análise dos possíveis problemas legais referentes aos "protocolos dos etnógrafos que usam listserv, fóruns, blogs, salas de bate-papo e outros tipos de postagens na web ou via internet como fonte de seus dados". Embora sua abordagem favoreça um método mais observacional e menos interativo, muitas de suas conclusões ainda parecem aplicar-se à forma mais participativa de netnografia que eu proponho neste livro. Para resumir um complexo conjunto de temas, os pesquisadores que coletam dados da comunidade online a partir de fontes eletrônicas e depois "publicam" aquelas informações em algum local da internet, como um diário virtual, ou uma versão eletrônica de uma revista, têm uma proteção significativa contra reclamações de danos por delito.

Se a pesquisa é publicada em um meio impresso tradicional, Lipinski (2006) sugere que os pesquisadores devem ter o cuidado de só relatar resultados verdadeiros e não se desviar dos protocolos de pesquisa padrão. Agindo assim, eles não podem ser responsabilizados por colocar réus sob uma luz falsa, invadir sua privacidade, difama-los, prejudica-los, ou agir de outras formas negligentes. Por fim, uma vez que a realização de pesquisa acadêmica é tão importante para o entendimento humano e para as políticas públicas, Lipinski (2006) sugere que os tribunais podem tratar esse tipo de pesquisa como algo diferente de outros tipos de investigação e outras utilizações de dados online, tais como, por exemplo, a pesquisa de *marketing*.

Os pesquisadores netnográficos "que se abstenham de incluir não só o nome do sujeito ou pseudônimo, mas também qualquer informação que possa identificar um indivíduo" devem ficar isentos de alegações decorrentes de invasão de privacidade. Em geral, Lipinski (2006) sugere que os pesquisadores evitem identificar os membros individuais da cultura por meio de seu verdadeiro nome, de seu pseudônimo online, ou outras informações de identificação, sugestão que pode ser um pouco difícil na prática. Entretanto, mesmo que ocorram identificações dos membros da cultura, uma vez que o fórum eletrônico é legalmente considerado um lugar público, isso deve comprometer reclamações de invasão de privacidade.

Estas seções proveram um panorama necessariamente breve de quatro questões importantes para a compreensão da ética em pesquisa netnográfica: metáforas do privado contra público e textual *versus* espacial, pragmática do consentimento informado, determinações consequencialistas de dano e benefício e as complexidades pseudonímicas de menções e citações. Na próxima seção, voltamo-nos para alguns procedimentos e soluções recomendadas. Embora não sejam regras rígidas e rápidas ou prescrições, essas diretrizes visam ajudar a definir normas para que os netnógrafos possam dar prosseguimento ao trabalho de fazer netnografia de qualidade. Os quatro conjuntos de diretrizes são os seguintes: primeiro, você deve se identificar e informar com precisão os constituintes relevantes sobre sua pesquisa. Depois, você deve solicitar as autorizações apropriadas. Consentimento apropriado deve ser obtido. Por fim, você deve citar corretamente e dar o devido crédito aos membros da cultura.

Incorporar essas sugestões em sua investigação significa tomar decisões que irão alterar todos os aspectos da sua netnografia. A ética não é uma seção de sua pesquisa que pode simplesmente ser "pregada" no final incluindo um parágrafo sobre aprovação do IRB na seção de métodos de um relatório. Ela altera a questão de pesquisa que você decide perseguir, os tipos de comunidade que você vai estudar, as abordagens e os métodos específicos que você vai usar, o tipo de dados que vai e não vai coletar, o modo como fará sua entrada na cultura, o tipo de perguntas que você fará aos membros da comunidade, o tipo de notas de campo que você vai manter e o tipo de análise que vai realizar, além de transformar significativamente a natureza do seu relatório final. Devido à natureza persistente e acessível das comunicações online, a ética está envolvida desde o começo de sua decisão de realizar uma netnografia até muito tempo depois de sua publicação e distribuição final.

PROCEDIMENTOS PARA NETNOGRAFIA ÉTICA

Identificar e explicar

A base de uma netnografia ética é a honestidade entre o pesquisador e os membros da comunidade online. Assim como ocorre com a etnografia em pessoa, o netnógrafo deve *sempre* divulgar plenamente sua presença, afiliações e intenções aos membros da comunidade eletrônica durante todas as interações. Isso obviamente se refere tanto à entrada quanto às interações subsequentes.

Bruckman (2006) utiliza exemplos concretos de sua aula de pós-graduação sobre design de comunidade online para demonstrar os procedimentos para estudar tais comunidades de maneira ética. Uma de suas instruções aos alunos é que eles se apresentem abertamente como pesquisadores. Não deve haver absolutamente nenhum engano sobre o que você está fazendo na comunidade. É altamente recomendável que o fato de que você está realizando um estudo da comunidade deve estar bem visível em seu perfil de usuário. Alguns alunos de Bruckman que estavam estudando em websites com avatares personalizáveis em 3D "optaram por vestirem-se com jalecos brancos" (Bruckman, 2006, p. 89). Outra possibilidade seria usar uma camiseta ou um botão grande que indicasse seu *status* de pesquisador, ou ter este como seu avatar, ou em sua linha de assinatura. Também é importante que a forma como o pesquisador revela sua presença não interrompa a atividade normal do website.

Mesmo que a prática de jogos de identidade, mistura de gênero e outros tipos de representação alterada sejam comuns no local, o pesquisador é mais obrigado pelos códigos de ética em pesquisa a revelar-se com exatidão do que pela prática da netnografia de se encaixar como um membro da cultura. Os netnógrafos não devem *jamais, em qualquer circunstância*, se envolver em fraude de identidade.

Quando se trata de revelar as finalidades de sua investigação netnográfica, o conselho se torna mais vago. Tal como acontece com muitos tipos de estudos, pode ser contraproducente revelar nossos temas centrais e ideias teóricas quando elas estão em desenvolvimento. Também pode ser irritante descrever sua pesquisa usando teorias complexas e terminologia especializada que apenas colegas doutores apreciariam. O princípio norteador é informar com precisão e de maneira geral a direção e o foco de sua pesquisa. Não "Eu estou tentando ver como a teoria panóptica de Foucault se aplica ao modo como uma comunidade online baseada na maternidade monitora os comportamentos de novas mães", mas sim "Estou interessado em privacidade e liberdade em comunidades eletrônicas". Corretamente formulada, a descrição do foco e da direção de nossa investigação pode e deve servir como um excelente ponto de partida para uma discussão mais aprofundada do tema de pesquisa. Ela poderia até mesmo ajudá-lo a esclarecer o tema, tornando-o acessível a outros fora da academia.

Também é altamente desejável que o netnógrafo ofereça uma explicação um pouco mais pormenorizada sobre si mesmo na pesquisa. Como a prestação dessas informações em um fórum online em uma série de postagens contínuas ou como um conjunto de textos enviados para uma sala de bate papo pode ser bastante perturbadora, recomendo usar um website separado destinado a esse fim. Idealmente, o website será hospedado no servidor oficial de uma universidade (ou outra entidade legítima de pesquisa) com links para o perfil do pesquisador e talvez outras obras publicadas. Conforme descrito no Capítulo 5, constatei que websites dedicados à pesquisa são uma maneira muito útil de me identificar aos membros da comunidade online, informá-los sobre minha pesquisa, contribuir para a comunidade compartilhando informações que possam ser de seu interesse e solicitar participantes para entrevistas.

O website sobre a pesquisa também pode ser uma maneira valiosa de fornecer aos membros da cultura e comunidade online acesso a nossos dados e relatórios, a fim de solicitar seus comentários. Esse procedimento de "verificação dos membros" pode ser uma maneira útil de obter retorno adicional dos participantes, bem como outra verificação ética, onde os membros da comunidade têm mais uma oportunidade de adicionar sua "voz em sua própria representação" (ver Kozinets, 2002a). As checagens dos membros também podem ajudar a estabelecer relações contínuas entre pesquisadores e comunidades eletrônicas. Em trabalhos de pesquisa de longo prazo, tais como etnografia e netnografia, essa relação positiva e de confiança traz benefícios a todos os interessados.

Assim, desde o início da pesquisa até o fim, a boa ética na pesquisa netnográfica determina que o pesquisador:

1. se identifique abertamente e com precisão, evitando qualquer engano;
2. descreva abertamente e com precisão seu propósito de pesquisa para interagir com membros da comunidade; e
3. forneça uma descrição acessível, relevante e exata de seu foco e interesse de pesquisa.

Finalmente, é altamente recomendável que o netnógrafo crie uma página Web de pesquisa, provendo uma identificação positiva, bem como uma explicação mais detalhada do estudo e sua finalidade, e talvez deva eventualmente compartilhar os resultados de pesquisa iniciais, intermediários e finais, com membros da comunidade online.

Pedindo permissão

Embora as noções de espaço público ou privado possam ser nebulosas quando aplicadas em um sentido geral para a internet, existem certos tipos de comunicação online em que a expectativa de privacidade é mais acentuada. Quadros de avisos e grupos de discussão, como os da Usenet, têm uma longa história. Com suas FAQs e atenção aos novatos, eles parecem estar muito conscientes de que existem modos públicos de discurso com potencial para atingir amplos públicos gerais. No entanto, existem muitos websites que requerem adesão e registro. Salas de bate-papo muitas vezes se enquadram nessa categoria. Redes sociais e mundos virtuais também. Listas e listservs são ainda mais exclusivas. Ao tentar fazer pesquisa nessas áreas, pedir permissão é claramente necessário.

Nos fóruns hospedados em pequenos websites da internet, o fundador e/ou administrador do website é um porteiro legítimo que o pesquisador deve contatar antes de fazer contato com outros usuários da rede. Para websites maiores, como os contidos nos grupos do Yahoo!, o moderador do grupo (mas não a gerência do próprio Yahoo!) seria um porteiro que o pesquisador precisa contatar. Líderes de associações ou clãs podem ser porteiros apropriados para abordar antes de tentar obter acesso à associação mais ampla de uma rede de jogos com múltiplos jogadores (MMOG). No entanto, nem todo aquele que se apresenta como porteiro de uma comunidade online é, de fato, um deles. Às vezes, é preciso um pouco de trabalho detetivesco para identificar se existem porteiros adequados a contatar no local que o pesquisador gostaria de estudar, quem são eles e a melhor forma de abordá-los.

Usando websites comerciais para netnografia

Como agora sabemos, a internet é uma forma híbrida misturando interesses públicos com comerciais. Websites comerciais muitas vezes contêm material extremamente interessante e útil, e os netnógrafos com frequência são naturalmente atraídos por eles. Por exemplo, Nelson e Otnes (2005) realizaram uma netnografia que estudou vários quadros de avisos comerciais dedicados a ajudar as noivas a planejarem seus casamentos. Essa é uma prática muito comum. No entanto, as implicações éticas desses usos relacionados com a pesquisa de websites comerciais raramente foram consideradas.

Em um artigo muito útil, Allen, Burk e Davis (2006, p. 609) observam que "os pesquisadores estão fazendo uso acadêmico substancial de recursos comerciais da internet. Essa atividade de pesquisa é importante no desenvolvimento de nossa compreensão de muitos aspectos organizacionais que são profundamente afetados pela internet. Contudo, essas atividades não passaram despercebidas e websites comerciais começaram a usar diferentes tipos de meios legais para limitar o acesso dos indivíduos ao conteúdo online". "A pesquisa acadêmica não está isenta dos argumentos jurídicos que foram efetivamente apresentados" para limitar e punir aqueles que infringem os direitos de propriedade relacionados ao conteúdo de websites comerciais (Allen et al., 2006, p. 609).

Condições de acesso aceitáveis e legais para websites comerciais são definidas em seus contratos de "termos de serviço" ou "termos de uso", bem como e em conjunto com o arquivo robot.txt localizado no diretório raiz do servidor (ver Allen et al., 2006., p. 602-3 para mais detalhes). Na verdade, verifica-se que muitos locais potenciais e populares para a realização de netnografias têm limitações escritas em seus contratos de termos de serviço.

Por exemplo, os termos de uso para a popular rede social Facebook parecem apresentar um contrato bastante proibitivo.

Direitos de Propriedade Sobre o Conteúdo do Site; licença limitada. Todo o conteúdo do website está disponível por meio do serviço, incluindo *designs*, texto, gráficos, imagens, vídeo, informação, aplicativos, software, música, som e outros arquivos, e sua seleção e disposição (o "Conteúdo do website"), são de propriedade da Companhia, de seus usuários ou de suas licenciadoras, com todos os direitos reservados. Nenhum conteúdo do website pode ser modificado, copiado, distribuído, enquadrado, reproduzido, republicado, baixado, recortado, exibido, publicado, transmitido ou vendido em qualquer forma ou por qualquer meio, no todo ou em parte, sem permissão prévia por escrito da Companhia, exceto se o anterior não se aplica ao próprio Conteúdo do Usuário (conforme definido abaixo) que legalmente posta no site [...] Exceto pelo Conteúdo do Usuário, você não pode fazer upload ou republicar Conteúdo do website em qualquer website da internet, de intranet ou de extranet ou incorporar a informação em qualquer outro banco de dados ou compilação, e qualquer outro uso do Conteúdo do website é terminantemente proibido [...] Qualquer uso do website ou o Conteúdo do website, que não os especificamente ora autorizados, sem a prévia autorização por escrito da Companhia, é estritamente proibido e encerrará a licença concedida. Essa utilização não autorizada também pode violar leis aplicáveis, incluindo leis de direitos autorais e marca registrada, regulamentos e estatutos de comunicação aplicáveis. (Termos de Utilização do Facebook, 2009, www.facebook.com/terms.php, acessado em 01 de fevereiro de 2009)

Vamos examinar brevemente o que isso significaria para a netnografia. Tudo no website – texto, imagens, informações e outros arquivos, que constituiriam o seu potencial conjunto de dados netnográficos – são de propriedade do Facebook, e a empresa reserva todos os direitos para si. O contrato proíbe estrita e explicitamente a cópia, reprodução, transferência e republicação desses dados, que é o que você precisaria fazer para escrever e publicar uma netnografia. Qualquer outro uso do conteúdo em local diferente do que o contrato especifica, neste caso, um projeto de pesquisa, é proibido sem a prévia permissão por escrito da empresa, e poderia acabar em violação da lei. Ao concordar com os termos de uso do Facebook, você está concordando em obedecer a esse contrato.

Da mesma forma, o conteúdo e fóruns associados do website da Sony Pictures contêm uma grande quantidade de material que é de potencial interesse para netnógrafos interessados em estudos de fãs ou públicos, bem como diversos outros temas relacionados com a cultura de consumo e consumo de mídia. Por exemplo, ele contém os quadros de fãs do Homem-Aranha e intercâmbio de trabalhos criativos, quadros de avisos de fãs de *The Young and the Restless* e *Days of Our Lives* e uma variedade de outras comunidades online centradas na mídia. No entanto, o contrato dos Termos de Serviço ao qual assentimos ao ingressar na comunidade é, novamente, restritivo.

> Sony Pictures Entertainment lhe concede uma licença não exclusiva, intransferível e limitada de aceder, utilizar e exibir o website e seus materiais somente para seu uso pessoal, desde que você cumpra plenamente estes Termos de Serviço [...] Exceto quando de outra forma indicado, você não pode reproduzir, executar, criar obras derivadas, republicar, carregar, editar, publicar, transmitir ou distribuir de qualquer forma, qualquer material deste website ou de qualquer outro website de propriedade ou operado pela Sony Pictures Entertainment (os "Materiais do Site"), sem prévia autorização por escrito da Sony Pictures Entertainment. (Termos de Serviço da Sony Pictures, www.sonypictures.com/mobile/mazingo/terms_of_service.html, acessado em 01 de fevereiro de 2009)

Uma vez que temos que concordar com esses termos antes de obter acesso às comunidades hospedadas nesses websites, parece que estamos obrigados a jogar pelas regras dessas corporações. Afigura-se de tudo isso que a realização de uma netnografia de websites comerciais pode ser problemática. Devemos evitá-la?

Para responder a isso, considere o seguinte. Allen e colaboradores (2006, p. 607) afirmam especificamente que "o acesso manual, não automatizado [por pesquisadores] de informações em páginas disponíveis [mesmo aquelas pertencentes às corporações] deve ser aceitável, sem permissões ou ações especiais". Mesmo que o website possa não permitir explicitamente atos como os relativos a pesquisa, a carga para o servidor do website é insignificante e esse tipo de acesso limitado para fins de pesquisa "encaixa-se nas expectativas de websites normais" (2006, p. 607). Além disso, o estrito cumprimento dos termos de contratos de serviço "praticamente fecharia os websites comerciais de qualquer exame pela academia" (2006, p. 607). Combinado com o que sabemos de Lipinski (2006, 2008) sobre as leis de uso justo nos Estados Unidos, e o reconhecimento de que a pesquisa acadêmica é geralmente considerada importante para a ordem e o bem públicos, parece que websites comerciais são viáveis para netnografia se, *e este é um grande se*, existirem leis de uso justo em vigor, como existem nos Estados Unidos. Contudo, o pesquisador é sempre aconselhado a consultar seu IRB adequado, o Human Research Subjects Review Committee, ou outro corpo regulador e, em caso de dúvida, também consultar um especialista jurídico.

Embora seu artigo e correspondente aconselhamento tenham sido mais dirigidos à pesquisa com coleta automatizada de dados eletrônicos do que às abordagens netnográficas, Allen e colaboradores (2006, p. 609) recomendam dois procedimentos aplicáveis e apropriados para pesquisadores netnográficos que procuram estudar uma comunidade ou cultura localizados em um website comercial. Eles recomendam que a empresa seja notificada de que a pesquisa está sendo realizada pelo envio de uma mensagem para o grupo, pessoas ou pessoa apropriada, indicando a finalidade e o âmbito da pesquisa. Além disso, eles recomendam que os pesquisadores forneçam uma descrição de sua atividade de investigação, de preferência em "uma página que descreva a atividade de pesquisa" (2006, p. 611). Essas duas sugestões se coadunam com o conselho fornecido na seção anterior. Obviamente, elas também funcionam bem em conjunto, pois o contato de notificação pode conter links para a página descritiva da pesquisa – que poderia ser a mesma página usada para informar os membros da cultura. Essas noções de prestação de informações e solicitação de permissões levam-nos naturalmente ao nosso próximo tópico, o de obter consentimento.

Obtendo consentimento do usuário

Como já referido na seção anterior, as normas de ética em pesquisa com seres humanos nos exigem obter permissão dos participantes da pesquisa quando apropriado. Entretanto, também é evidente que a pesquisa de arquivos e descarregamento de mensagens existentes não se qualifica estritamente como pesquisa com seres humanos. O consentimento é necessário somente quando ocorre interação ou intervenção. Essas diretrizes dependem do risco para o participante da pesquisa e do nível de identificação dos seus participantes. De acordo com a regulamentação federal dos Estados Unidos, os pesquisadores podem solicitar isenção da documentação de consentimento informado (o que *não* é isenção do consentimento em si) "se a pesquisa não apresentar mais do que mínimo risco de prejudicar os indivíduos e não envolver procedimentos para os quais normalmente é necessário consentimento por escrito fora do contexto da investigação" (Protections of Human Subjects, US Federal Code Title 45, Section 46 [2000]). Muitos, mas não todos, estudos netnográficos participativos se enquadram nessa categoria de mínimo risco de danos e nenhum procedimento incomum.

Em geral, como o netnógrafo interage normalmente na comunidade ou cultura online, isto é, da mesma forma que outros membros no website, mas também faz notas de campo sobre suas experiências, não há necessidade de obter consentimento do usuário para essas interações. Quando elas ocorrem como uma comunicação persistente assíncrona, tais como postar em um quadro de avisos, esse material pode ser citado conforme as diretrizes para citações diretas descritas na próxima seção. Com meios de comunicações sincrônicos e efêmeros, em tempo real, como bate-papos ou conversas em espaços de jogos ou mundos virtuais, o pesquisador jamais deve gravar essas interações sem obter permissão explícita. Um tema atualmente muito debatido é o de ser ético ou mesmo lícito gravar as interações em tempo real, tais como bate-papo, sem permissão (Bruckman, 2006; Hudson e Bruckman, 2004). Para trazer um outro ponto, Bruckman (2006, p. 87) opina que, em sua experiência, "entrevistas online são de valor limitado". Entrevistas em salas de bate-papo geralmente apresentam dados muito pobres ou superficiais e são de valor limitado na construção de teoria ou compreensão. No entanto, entrevistas realizadas por e-mail ou meios semelhantes ao telefônico como o Skype, podem ser muito valiosos.

Entrevistas, quer realizadas online ou não, enquadram-se claramente na área de interação e, portanto, exigem consentimento do usuário. Devemos delinear três níveis de diferenciação para prosseguir.

1. Os participantes que se pretende entrevistar são adultos?
2. Os participantes da pesquisa são membros de uma população vulnerável?
3. Pode-se considerar que, de alguma forma, a pesquisa oferece mais do que mínimo risco?

Se os participantes da pesquisa destinados para entrevista não são adultos, são membros de uma população vulnerável, ou se a pesquisa é de alto risco, formulários de consentimento tradicional, tais como os usados para entrevistas em pessoa ou experimentos, são adequados. Para esses estudos e esses grupos, é melhor que o pesquisador envie o formulário de consentimento eletronicamente ou por correio tradicional. Os participantes então leem e assinam o formulário. Eles seriam solicitados a enviá-lo de volta por correio, fax ou, se possível, enviar uma cópia digital devidamente assinada. Se os participantes da pesquisa forem crianças, o pesquisador também precisa obter permissão por escrito do pai/mãe ou responsável pela criança em um termo de consentimento. Um formulário de consentimento também precisa ser enviado para a criança para obter seu consentimento. Esse documento teria de ser redigido de forma adequada ao nível de compreensão da criança em sua idade.

Se o participante da pesquisa é um adulto, não faz parte de uma população vulnerável e a pesquisa não é de alto risco, talvez seja possível que o órgão regulador, seja ele um IRB ou um Human Research Subjects Review Committee, permita a utilização de um formulário de consentimento eletrônico. O formulário de consentimento pode ser apresentado em um website – com um botão na parte inferior que permite que o participante simplesmente "clique para aceitar" os termos do formulário. Combinando meus próprios formulários de consentimento aprovados com o exemplo útil e as sugestões de Bruckman (2006), eu apresento um formato geral de formulário de consentimento online que você pode querer adaptar às necessidades específicas de seu estudo e situação regulamentar. Veja o termo de consentimento no Apêndice 1 no final deste livro.

Citando, anonimizando ou dando crédito aos participantes da pesquisa

Antes de iniciar a netnografia, os pesquisadores e seu órgão regulador relevante devem decidir se as identidades dos sujeitos serão camufladas e, em caso afirmativo, em que medida eles ficarão protegidos. Ao anonimizar ou dar crédito às descrições dos participantes de investigação netnográfica, seu objetivo é justamente equilibrar os direitos dos usuários da internet com o valor da contribuição de sua pesquisa para a sociedade (Bruckman, 2002, 2006; Hair e Clark, 2007; Walther, 2002). A ética da citação está longe de ser simples e direta. Pseudônimos online devem ser tratados como nomes verdadeiros (cf. Langer e Beckman, 2005). Elas muitas vezes podem identificar nomes reais, e muitas vezes as pessoas se preocupam com a reputação de seus pseudônimos. Uma pessoa motivada pode facilmente localizar a postagem original de uma citação direta e, assim, localizar um pseudônimo. Na verdade, os membros da cultura muitas vezes tentam "descobrir" os pseudônimos atribuídos pelo pesquisador. Finalmente, grande parte do trabalho na internet pode ser considerado "semipublicado" e os criadores de algum material online podem ser figuras públicas. Por isso, podemos querer reconhecer os reais criadores do material online que usamos em nossa pesquisa.

Precisamos equilibrar as seguintes considerações éticas:

1. a necessidade de proteger participantes humanos vulneráveis, que podem ser colocados em risco pela exposição a um estudo de pesquisa;
2. as qualidades acessíveis e "semipublicadas" de boa parte do que é compartilhado na internet; e
3. os direitos dos membros da comunidade e cultura de receber crédito por seu trabalho criativo e intelectual.

Listar e disfarçar nomes apresentam, ambos, problemas na prática. Esconder nega crédito onde ele é apropriado. Informar nomes reais significa que você é obrigado a omitir informações potencialmente prejudiciais, ainda que teoricamente valiosas e elucidativas, de seus relatos escritos.

Em primeiro lugar, devemos trabalhar com uma sólida compreensão dos termos risco e dano. Essas determinações de risco devem ser orientadas em relação a diretrizes éticas estritas. O US Federal Code, Título 45, define que risco mínimo significa que "a probabilidade e a magnitude do dano ou o desconforto previsto na pesquisa não são maiores do que as normalmente encontradas na vida diária ou durante a realização de exames físicos ou psicológicos ou testes de rotina" (Protection of Human Subjects, 2009).

Há determinados grupos que são inerentemente vulneráveis. Por exemplo, se você está estudando comunidades de uso de drogas ilícitas ou viciantes, comunidades pornográficas, websites de infidelidade conjugal, grupos de apoio para pessoas com uma doença grave, e outros grupos ilegais, estigmatizados ou marginalizados, *esses grupos não podem ser interpretados como de risco mínimo*.

O risco também depende dos objetivos e do resultado final de seu estudo. Você pode estar estudando uma comunidade online dedicada a corretores e descobrir que itens de importação ilegal de animais estão entre as coisas mais rentáveis que eles negociam. Devemos, portanto, reconhecer que os procedimentos de identificação devem ser decididos caso a caso dependendo da matéria tópica, dos fins de pesquisa e da abordagem investigativa de sua netnografia em particular. Se o estudo é de baixo risco, parece apropriado dar crédito a "artistas amadores" por seu trabalho se eles assim desejarem. Nesse caso, o pesquisador precisa perguntar: "em minha pesquisa, você quer que eu inclua seu pseudônimo, seu nome verdadeiro, ambos, ou nenhum?"

Se o estudo for de maior risco, informar nomes ou pseudônimos não é adequado. Como sempre em casos de ética em pesquisa, o grau de risco para o participante deve ser ponderado com os potenciais benefícios do estudo. Você também pode querer levar em conta o grau em que o participante é considerado uma "figura pública". No caso de maior risco, antes de iniciar a interação com o participante, o pesquisador deve explicar os riscos do estudo e do fato de que o trabalho do participante da pesquisa não será reconhecido. É importante que o investigador e sua entidade reguladora façam essa determinação, e não o participante da pesquisa. Para justificar essa diretriz, pode ser instrutivo considerar o estudo de Elizabeth Reid (1996) de um website na internet para vítimas de abuso. No estudo de Reid, alguns participantes concordaram em falar com ela apenas na condição de que seriam nomeados. Posteriormente, ela escreveu que isso foi um erro que acabou colocando os participantes em risco; ela era a pessoa que deveria ter feito essa determinação, e não os participantes da pesquisa.

Quatro graus de ocultação

Bruckman (2006, pp. 229-30) recomenda quatro diferentes níveis de disfarce em um *continuum* de "nenhum disfarce" até "disfarce pesado". Ele fornece orientações úteis direcionando quando cada nível de disfarce deve ser adotado. Para enfatizar as ações protetoras do pesquisador, mais do que o *status* do participante, optou por usar a metáfora dos graus de camuflagem. Os quatro graus de ocultação sugeridos nesta seção são: sem camuflagem, camuflagem mínima, camuflagem média, e camuflagem máxima.

Apresentar um participante sem camuflagem significa usar o pseudônimo ou nome real do participante no relatório da pesquisa. Nomes reais só devem ser usados com a permissão explícita por escrito do indivíduo, a não ser que essa pessoa seja indiscutivelmente uma figura pública. No uso de nomes reais, o pesquisador respeita os direitos autorais reivindicados pelo indivíduo, e também confirma que o participante é o verdadeiro autor do trabalho. Ao usar nomes reais, o pesquisador deve ter o cuidado de omitir material potencialmente prejudicial ao indivíduo se revelado. Por exemplo, se um conhecido artista fã de histórias em quadrinhos e menor de idade revela seu uso frequente de álcool ao compor sua arte, isso não deve ser incluído na descrição escrita da investigação, mesmo que contribua para nossa compreensão da participação dele na comunidade eletrônica de fãs de quadrinhos.

Em uma situação de camuflagem mínima, o nome real da comunidade online ou outro grupo é informado. Pseudônimos, nomes e outros meios de identificação da pessoa são alterados. Citações literais diretas são usadas, embora um indivíduo motivado possa usá-las para identificar os participantes da pesquisa. Os membros do grupo podem ser capazes de adivinhar quem está sendo representado. Nesse caso, o contexto da pesquisa é tão importante para o desenvolvimento teórico que a camuflagem seria prejudicial para a criação de compreensão. Nos relatórios de pesquisa, não deve haver detalhes que possam prejudicar a comunidade ou os participantes individuais. Assim, a falta de anonimato é contrabalançada pela falta de dano provável. Nos exemplos do alt.coffee apresentados no Capítulo 7, uma situação de camuflagem mínima da identidade foi empregada. O nome da comunidade eletrônica é informado, mas os pseudônimos e nomes são alterados. Esses exemplos são essencialmente descritivos e instrutivos, e apresentam mínima probabilidade de dano para a comunidade ou seus membros citados.

Apresentar uma identidade com camuflagem média é uma acomodação concessionária. O nível de segurança seria maior do que seria encontrado em uma situação de camuflagem mínima mas menor do que seria encontrado sob condições de máxima camuflagem. Cada situação poderia ser diferente, mas combinaria diferentes aspectos das condições de camuflagem mínima e máxima. Por exemplo, a comunidade pode ser nomeada, mas nenhum nome real, pseudônimo, ou citação textual direta seria utilizado. Essa situação poderia fazer sentido onde houvesse um risco de mínimo a moderado para os participantes ou para a comunidade, ou onde esse risco houvesse sido considerado aceitável, dado o benefício do conhecimento da pesquisa. Presumivelmente, o benefício nesse caso seria oriundo de o desenvolvimento da teoria necessitar da inclusão do nome da comunidade, ou de informações que possam ser usadas para identificá-lo. Num dos exemplos de entrada fraca na comunidade apresentados no Capítulo 5, uma estratégia de identidade medianamente camuflada é usada para descrever as postagens na comunidade. Uma vez que a crítica apresentada ali poderia ser constrangedora para o aluno que postou a mensagem, sua identidade é camuflada, o grupo é descrito em termos gerais, mas seu nome não é informado, e nenhuma citação direta de qualquer extensão significativa o suficiente para produzir resultados únicos em um mecanismo de busca é apresentada. A preocupação com a vergonha é pesada contra a utilidade pedagógica de usar esse exemplo real e ele foi considerado importante o suficiente para ser usado.

Finalmente, a condição de camuflagem máxima visa fornecer o máximo de segurança aos participantes da pesquisa. Na condição de camuflagem máxima, a comunidade online e de seu website não são nomeados. Todos os nomes, pseudônimos e outros detalhes de identificação são alterados. Não há citações literais diretas caso um mecanismo de busca possa ligar as citações às postagens originais dos indivíduos. Algumas reformulações indiretas das postagens originais podem ser utilizadas, sob a condição de que essas reformulações sejam controladas pelo pesquisador, inserindo-as em um mecanismo de busca e assegurando que elas não levem às postagens originais. Outro possível curso de ação seria impossibilitar o acesso eletrônico às postagens originais – algo que normalmente só é possível quando o controle do website está nas mãos do pesquisador. Se a postagem original não está mais acessível, uma citação direta não pode mais levar ao participante. Contudo, a presença de websites de arquivamento automático complica as garantias de que a postagem original já não está disponível; ela pode já ter sido arquivada por um terceiro (Hair e Clark, 2007). Mais uma vez, a devida diligência por parte do investigador seria necessária.

Na situação de camuflagem máxima, alguns detalhes fictícios que não mudam o impacto teórico do trabalho podem ser introduzidos intencionalmente. Por exemplo, no estudo de uma comunidade eletrônica dedicada a um esporte de alto risco, um determinado esporte pode ser substituído por outro para proteger a confidencialidade dos participantes da pesquisa.

Camuflagem máxima significa que o pesquisador faz tudo o que pode para disfarçar os participantes da pesquisa. Isso significa que mesmo uma pessoa dedicada e motivada a tentar descobrir a identidade de uma pessoa na pesquisa seria incapaz de fazê-lo. No caso de camuflagem máxima, detalhes que podem ser prejudiciais aos participantes da pesquisa ou à própria comunidade online podem ser revelados. A revelação de materiais potencialmente perigosos, perturbadores, constrangedores, estigmatizantes ou mesmo ilegais pode ocorrer porque os participantes e a comunidade foram muito bem anonimizados. Para dar um exemplo bastante extremo, em um estudo de comunidades eletrônicas de pornografia infantil, o pesquisador precisa se certificar de que toda informação de identificação foi anonimizada. Nesse caso, fazer os informantes responderem por meio de um servidor proxy e ter todos os endereços IP limpos, ou logs de IP desligados, poderia fornecer um nível extra de camuflagem para ajudar a garantir que os participantes da pesquisa não podem ser ligados – mesmo que o pesquisador seja legalmente obrigado a fazer isso – a seus nomes ou identidades verdadeiras.

RESUMO

Em vez de fornecer uma solução mecânica para as complexas questões éticas envolvidas na realização de uma netnografia, este capítulo apresenta informações, procedimentos e recursos que, primeiro, lhe permitirão compreender as questões pertinentes e, depois, escolher um curso de ação sábio e ético para sua pesquisa. Quatro questões difíceis foram apresentadas como fundamentais para nossa compreensão da ética em pesquisa netnográfica:

1. se comunidades eletrônicas devem ser tratadas como espaços públicos ou privados;
2. como obter consentimento informado dos membros da comunidade online;
3. a necessidade de evitar danos aos membros da comunidade; e
4. como retratar os dados relativos aos participantes da pesquisa netnográfica.

Quatro procedimentos gerais abordam essas questões:

1. identificar e informar;
2. pedir permissão;
3. obter consentimento; e
4. citar e reconhecer.

Incorporar essas sugestões em sua investigação significa tomar decisões que irão alterar todos os aspectos de sua netnografia, desde o foco de pesquisa até sua apresentação final – e, portanto, preocupações éticas devem influenciar o modo como cada um dos capítulos procedimentais deste livro é lido e implementado. Com os capítulos procedimentais deste livro agora concluídos, apresentaremos, no próximo capítulo, uma discussão sobre a apresentação da pesquisa netnográfica e as avaliações de sua qualidade.

Leituras fundamentais

Bruckman, Amy (2002) 'Studying the Amateur Artist: a Perspective on Disguising Data Collected in Human Subjects Research on the Internet', *Ethics and Information Technology*, 4: 217–31.

Buchanan, Elizabeth (2004) *Readings in Virtual Research Ethics: Issues and Controversies*. Hershey, PA: Idea Group.

Johns, M., S.L. Chen and J. Hall (eds) (2003) *Online Social Research: Methods, Issues, and Ethics*. New York: Peter Lang.

Lipinski, Tomas A. (2006) 'Emerging Tort Issues in the Collection and Dissemination of Internet-based Research Data', *Journal of Information Ethics*, Fall: 55–81.

Walther, Joseph B. (2002) 'Research Ethics in Internet-Enabled Research: Human Subjects Issues and Methodological Myopia', *Ethics and Information Technology*, 4: 205–16.

9
Representação e avaliação

☑ Resumo

As normas de avaliação para pesquisa qualitativa e etnografia não são claras e isso pode causar considerável confusão. Neste capítulo, você vai aprender sobre as questões de representação que confrontam o netnógrafo pronto para apresentar ou publicar descobertas. Dez normas de avaliação são recomendadas para a avaliação da qualidade de uma netnografia.

Palavras-chave: confiabilidade, autoridade etnográfica, interpretação etnográfica, etnografia experimental, práxis, avaliação de pesquisa qualitativa, reflexividade, ressonância, confiabilidade, validade

NORMAS, AVALIAÇÃO E NETNOGRAFIA

A netnografia é um tipo especializado de etnografia. Ele usa e incorpora métodos diferentes em uma única abordagem focada no estudo de comunidades e culturas na era da internet. A pesquisa qualitativa online, como a netnografia, é "essencial na formação da nossa compreensão da internet, seu impacto na cultura e os impactos da cultura na internet" (Baym, 2006, p. 79). No entanto, a pesquisa qualitativa envolve muito mais do que simplesmente descrever, contar ou catalogar palavras ou ações das pessoas.

Quais são os padrões de excelência das pesquisas qualitativas? Muitas vezes eles têm sido criticados como vagos ou obscuros, especialmente quando comparados com os padrões de avaliação aparentemente inequívocos dos pesquisadores quantitativos. Embora a relevância de um valor de p inferior a 0,05 possa (e deva) ser debatido, é amplamente aceito que essa é a convenção por meio da qual a "significância" e a insignificância de muitas descobertas experimentais e de pesquisa serão avaliadas. Da mesma forma, os princípios da amostragem estatística são amplamente aceitos e determinam que grandes tamanhos de amostra, empates representativos e distribuições normais são necessários para se chegar a conclusões generalizáveis. Etnógrafos, netnógrafos e outros pesquisadores qualitativos não têm normas de avaliação tão claras e mensuráveis.

A falta generalizada de normas de qualidade pode se tornar ainda mais problemática quando combinada com um novo campo de pesquisa, tal como a internet. "Muitos pesquisadores da internet têm a sensação equivocada de que são os primeiros a descobrir um fenômeno online (uma sensação tão forte que muitos aparentemente nunca se preocuparam em pesquisar a literatura existente para ver se este é o caso)" (Baym, 2006, p. 80). Muitos também tendem a entrar em campo com a sensação equivocada de que a pesquisa na internet ou em comunidades online é revolucionária. Ao longo da última década, tem sido afirmado *ad nauseum* que a pesquisa na internet e os fenômenos dos quais ela trata são tão diferentes que eles exigem um conjunto de regras totalmente novo. Um bom historiador da ciência observará que os leigos e estudiosos presentes no nascimento da eletricidade, da ferrovia, do telefone, da televisão e da maioria das outras grandes inovações proferiram declarações semelhantes. Mas, como inevitavelmente acontece, nossas teorias e técnicas quase sempre podem acomodar novos fenômenos, sejam eles viagens aéreas globais ou avatares digitais em mundos virtuais. Na verdade, lançar luz sobre as semelhanças e as diferenças com o que ocorreu antes – de maneira teórica e substantiva – muitas vezes é nosso objetivo como estudiosos e pensadores científicos.

Estudos orientados para a cultura da internet ainda são relativamente novos, e pode ser difícil discernir normas em áreas emergentes como esta porque há pouca concordância. Essa situação é agravada pelo fato de que não podemos essencializar a "pesquisa qualitativa" ou "etnografia" – ou mesmo a "netnografia" – como uma única abordagem ou conjunto de ações. Não existem apenas muitas técnicas e práticas de pesquisa diferentes, mas também muitas escolas diferentes. E cada uma dessas escolas, abordagens e ferramentas são novamente flexionadas por diferentes campos acadêmicos, suas revistas, centros de desenvolvimento importantes, acadêmicos influentes, e assim por diante. Assim, nenhum conjunto de normas, dadas em sua totalidade, podem ser consideradas como aplicáveis a todas as circunstâncias. Embora a maioria delas não seja substancialmente diferente dos padrões de excelência em etnografia ou pesquisa qualitativa em geral, este capítulo pretende fornecer um breve panorama de algumas normas de avaliação que os netnógrafos aspirantes podem achar úteis. Mesmo que os estudiosos não concordem com elas e desejem sugerir alternativas de forma convincente (sempre uma tarefa útil e prática na ciência), é bom iniciar com uma declaração lúcida de expectativas e critérios.

Depois de opinar sobre a qualidade geralmente baixa de muitas pesquisas qualitativas sobre a internet, e analisando cinco trabalhos exemplares de pesquisas de orientação cultural na rede, Nancy Baym conclui que há

> pelo menos seis virtudes inter-relacionadas que elas compartilham: elas são fundamentadas na teoria e nos dados, demonstram rigor na coleta e análise de dados, usam várias estratégias para obtê-los, levam em conta a perspectiva dos participantes, demonstram consciência e autorreflexividade sobre o processo de pesquisa e levam em

consideração as interconexões entre a internet e o mundo vivo em que se situam. (Baym, 2006, p. 82)

Estes são excelentes critérios e uma base sólida para a discussão a seguir.

Por mais de uma década, eu também venho pensando, especulando, e escrevendo sobre padrões aceitáveis para pesquisa qualitativa, etnografia e netnografia. Embora este capítulo flerte com a essencialização da pesquisa qualitativa e da netnografia ao afirmar tais normas, dou-lhes a seguinte disposição: elas devem ser aplicadas conforme a necessidade. Nem todas elas são necessárias, ou mesmo possíveis. Os pesquisadores podem escolher quais são mais aplicáveis a seu trabalho, sua abordagem, seu campo, sua publicação ou veículo de relato, e assim por diante.

Estabelecida essa direção, as seções a seguir fornecem dez critérios acionáveis definidos, ainda que imperfeitos, para ajudar a orientar o pesquisador. Para fundamentar exaustivamente a definição de normas, a próxima seção se inicia com uma reflexão histórica sobre a natureza da avaliação etnográfica. Aspectos gerais dos critérios são então relacionados com essas convenções históricas. Com alguma explicação e desenvolvimento adicional, as dez novas normas de avaliação para netnografia são então apresentadas.

MOMENTOS DIFERENTES E DESENVOLVIMENTO DE NORMAS: UMA HISTÓRIA MUITO BREVE DA INVESTIGAÇÃO ETNOGRÁFICA E SUAS NORMAS

A fim de compreender e de gerar critérios para avaliação netnográfica, precisamos primeiro entender os vários padrões históricos que vieram a sinalizar etnografia de qualidade. Denzin e Lincoln (2005) dividem a história da etnografia neste século em oito "momentos" transversais sobrepostos. Trata-se de fases ou etapas que continuam influenciando nossa prática no presente. Primeiro, foi o momento *tradicional*, que durou do início de 1900 até o período após a Segunda Guerra Mundial, caracterizado por quatro "normas clássicas da antropologia": objetivismo, cumplicidade com o colonialismo, vida social estruturada por rituais e costumes fixos, e etnografias como monumentos a uma cultura (Denzin e Lincoln, 1994). Dessa fase ganhamos muitas das convenções metodológicas do trabalho etnográfico de campo, tais como imersão em um local de estudo, aprender e usar o vernáculo local e coletar histórias e materiais tradicionais diretamente dos membros da cultura. Além disso, aprendemos a julgar a qualidade nos textos etnográficos pela consciência, inclusão e detalhamento desses elementos do trabalho de campo.

A fase seguinte, o momento *modernista* ou idade de ouro, estendeu-se ao longo dos anos do pós-guerra até 1970 e calcou-se nas obras canônicas do período tradicional, tentando formalizar os métodos qualitativos e definir os termos universais pelos quais o rigor poderia ser julgado. Esses termos de avaliação se basearam em noções de validade desenvolvidas nas ciências sociais positivistas ou pós-positivistas e, portanto, são muitas vezes referidos como critérios pós-positivistas. Muito se aprendeu no esforço para tornar comensuráveis paradigmas e abordagens radicalmente diferentes. Contudo, a experiência generalizada de tornar a etnografia mais cientificista foi um fracasso. Na esteira desse visível desastre, sucedeu-se uma espécie de renascimento do método.

O momento de *gêneros indistintos*, que durou de 1970 a 1986, foi caracterizado pelo surgimento de uma infinidade de diferentes paradigmas, teorias, métodos e estratégias para empregar na pesquisa. Estes incluíam a hermenêutica qualitativa, o interacionismo simbólico, a fenomenologia, a etnometodologia, a teoria crítica (marxista), o pós-estruturalismo, a semiótica, o feminismo, o neopositivismo, o desconstrutivismo, os paradigmas étnicos e os métodos histórico, biográfico, dramatúrgico e documentário. Muitos desses métodos foram extraídos das ciências humanas. Foi durante esse período que Clifford Geertz (1973) sugeriu que as fronteiras entre as ciências sociais e as humanidades tornaram-se indistintas. A importante epistemologia e o método do interpretativismo foram desenvolvidos nesse momento. O interpretativismo é uma escola de pensamento dedicada ao objetivo de compreender o complexo mundo da experiência vivida a partir do ponto de vista de quem a vive, uma perspectiva fenomenológica (Schwandt, 1994). Os critérios subjacentes à antropologia interpretativa (Denzin, 1997; Geertz, 1973) favorecem significados fundamentados, descrição ricamente detalhada ou densa, e uso da metáfora da leitura e interpretação de um texto complicado para a leitura de uma determinada cultura.

O momento de *crise da representação* se iniciou em meados dos anos 1980 e durou até 1990. Ele foi marcado pela profunda ruptura que acompanha a difusão de vários textos influentes que subverteram as bases da representação etnográfica (p. ex., Clifford e Marcus, 1986), e, por meio deles, a legitimidade da etnografia como tradicionalmente praticada e das normas etnográficas como convencionalmente aplicadas. Como Denzin e Lincoln (2005, p. 3) colocaram: "Aqui os pesquisadores lutavam com o modo de localizarem a si e seus temas em textos reflexivos". Nesse momento, os elementos textuais da etnografia foram ressaltados e a empresa etnográfica foi reconhecida como aquela que envolve não apenas a realização transparente do trabalho de campo e da aprendizagem cultural, mas também a política carregada da escrita e da representação. O momento *pós-moderno*, que durou de 1990 a 1995, foi a primeira etapa de uma resposta às críticas da crise. Foi caracterizado pela experimentação de novas formas e normas para a etnografia e tenta tornar as representações etnográficas mais "evocativas, morais, críticas e enraizadas em entendimentos locais" (Denzin e Lincoln 2005, p. 3).

O sétimo momento, o de *investigação pós-experimental*, durou de 1995 a 2000 e continuou a refinar e desenvolver uma resposta à crise. Esse momento trouxe uma sofisticação madura de opções de pesquisa e de maiores níveis de consciência social para a avaliação de textos etnográficos. O oitavo momento foi o *presente metodologicamente impugnado*, uma época de grande diversidade metodológica e epistemológica, bem como de tensão, conflito e contenção, à medida que as práticas de investigação eram reguladas para conformarem-se com "programas conservadores e neoliberais e regimes [políticos e relacionados à política]" (Denzin e Lincoln, 2005, p. 1116). Os oitavo e nono momentos (nosso *futuro fraturado*, ou período presente e futuro próximo), de acordo com Denzin e Lincoln (2005, p. 1117), serão principalmente relacionados com quatro questões importantes na pesquisa qualitativa:

1. reconexão das ciências sociais à finalidade social;
2. criação de ciências sociais indígenas para ajudar a atender às necessidades locais dos povos indígenas;
3. descolonização da academia; e
4. adaptação às mudanças radicais nos ambientes das ciências e cientistas sociais ocidentais.

Podemos usar esses oito ou nove momentos para entender noções correntes sobre o que é exigido de uma netnografia. Durante o último século, temos visto abordagens que têm enfatizado a representação, pela etnografia, do rigor metodológico, da compreensão fenomenológica, do envolvimento com a literatura, da inclusão de critérios pós-positivistas de quase-validade, da descrição interpretativista densa, da reflexividade, das noções morais e críticas e muito mais. Lutar com os desafios das diversas rupturas, crises e disjunções exigiu que os etnógrafos desenvolvessem agilidade técnica e abertura à experimentação, bem como, cada vez mais, um senso mais abrangente de consciência e contribuição social. Embora esses fatores não sejam usados em todos os campos e não possam ser aplicados a toda etnografia ou netnografia, sua ampla e crescente aceitação significa que todos os estudiosos de pesquisa qualitativa deveriam ao menos estar cientes deles.

DESENVOLVENDO CRITÉRIOS NETNOGRÁFICOS

Podemos considerar que existem quatro posições básicas de avaliação para julgar a pesquisa qualitativa: positivista, pós-positivista, pós-moderna e pós-estrutural (Denzin e Lincoln, 1994, pp. 479-80, 2005). A posição positivista sugere que um conjunto de critérios – tais como critérios psicométricos de padrão de validade interna e externa – devem ser aplicados a toda investigação científica, tanto qualitativa como quantitativa. A posição pós-positivista sugere que um conjunto de critérios específicos à pesquisa qualitativa precisa ser desenvolvido e utilizado. Esses critérios podem enfatizar a geração de teoria, fundamentação empírica, generalização, reflexividade, ou autenticidade e abordagem crítica da pesquisa qualitativa (ver, por exemplo, Guba e Lincoln, 1989). A terceira posição, a posição pós-moderna, sugere que "o caráter de pesquisa qualitativa implica que não pode haver critérios para julgar os seus produtos" (Hammersley, 1992, p. 58). Harry Wolcott (1990) vem dessa posição quando afirma que o conceito de validade é, em última análise, um absurdo. Ele sugere que o termo validade foi superespecificado em um domínio e, portanto, perde o sentido quando transferido para outro. Na pesquisa quantitativa, a validade tem um conjunto de microdefinições técnicas correspondentes, ao passo que na pesquisa qualitativa, a validade é atinente à descrição e à explicação.

Finalmente, a posição pós-estrutural sugere que um conjunto de critérios, totalmente novo, independente das tradições positivista e pós-positivista, precisa ser construído com base na natureza específica do trabalho de investigação qualitativa levando em consideração, e salientando, critérios pragmáticos e subjetivos, tais como compreensão subjetiva, carinho, sentimento e emotividade. Certas escolas de estudos feministas, estudos culturais, estudos étnicos, estudos de diversidade sexual e teoria crítica salientam fatores correspondentes. Critérios baseados em uma posição pós-estrutural muitas vezes se concentram nos diferentes constituintes, comunidades interpretativas, ou públicos para a pesquisa (Altheide e Johnson, 1994, p. 488), fazendo a excelente observação de que as normas de avaliação variam entre diferentes públicos. Embora avaliações e critérios sejam, em última instância, socialmente construídos, guiados por consenso e relacionados com legitimidade e, assim, com o exercício do poder, eles não deixam de ser valiosos e muito difíceis de serem dispensados.

Na próxima seção, este capítulo toma esses conjuntos de normas existentes como base para desenvolver um conjunto de normas de qualidade netnográfica. Ele inclui critérios harmonizados com todas as quatro posições avaliativas: positivista, pós-positivista, pós-moderna e pós-estrutural. O nível básico de critérios é formado a partir das posições positivista e pós-positivista. Uma vez que questões de "validade" externa não são um problema na investigação naturalista, tal como a netnografia, uma interpretação coerente e internamente consistente representa uma analogia com as noções positivistas de "validade interna". As normas pós-positivistas relevantes são aquelas em que: o método netnográfico é representado em aderência, e em precisão, ao conhecimento teórico relevante e os domínios são citados no trabalho, os dados são ligados de forma convincente à teoria, e esses desenvolvimentos teóricos ou descrições representam um avanço inequívoco de nosso conhecimento e entendimento de alguma comunidade, cultura ou fenômeno relacionado.

O próximo conjunto de critérios é elaborado a partir da abordagem pós-moderna. Embora esses critérios pós-crise e pós-experimentação reconheçam a natureza construída da representação netnográfica, eles se concentram em padrões que enfatizam a conexão emocional que a representação é capaz de oferecer aos seus leitores e as qualidades realistas daquela representação. Os três critérios finais realmente combinam uma série de preocupações pós-positivistas, pós-modernas e pós-estruturais em sua acentuação da reflexividade e da abertura do texto, seu enfoque pragmático em questões sociais e o foco exclusivamente netnográfico no entrelaçamento de mundos sociais dentro e fora da internet. Os dez critérios de avaliação e breves definições acompanhantes são apresentados na Tabela 9.1, e descrições completas de cada um são apresentadas nas seções abaixo.

Alguns desses critérios – como coerência e reflexividade – até se contradizem. Essas contradições sinalizam a improbabilidade e talvez a indignidade de soluções padronizadas simples. Elas convidam os netnógrafos a sondar e lutar de forma focada e guiada e descobrir seu próprio caminho. Cada netnógrafo irá crescer como estudioso à medida que lidar com essas questões, investigar seus próprios alicerces filosóficos, adquirir uma compreensão diacrônica dos vários campos em que obtém, e tentar forjar, à maneira de um *bricoleur*, uma solução improvisada maltrapilha, um ofício pesado e precipitado que irá levá-lo do ponto de lançamento até o ponto de descoberta e de volta. As filosofias e os critérios de diferentes pesquisadores precisam ser diferentes, aperfeiçoados e estar em constante transformação. Construir seu próprio navio. Encenar seu próprio *show*. Avaliar suas próprias avaliações.

DEZ CRITÉRIOS PARA AVALIAR E INSPIRAR QUALIDADE NETNOGRÁFICA

A etnografia "realista" se baseia na suposição de um mundo social objetivamente real que pode ser capturado com precisão

TABELA 9.1
Critérios netnográficos

Nome do critério	Definição ("até que ponto...")
Coerência	Cada interpretação reconhecidamente diferente é livre de contradições internas e apresenta um padrão unificado
Rigor	O texto reconhece e adere às normas procedimentais de investigação netnográfica
Conhecimento	O texto reconhece e é conhecedor da literatura e das abordagens de pesquisa relevantes
Ancoramento	A representação teórica é respaldada por dados, e as ligações entre dados e teoria são claras e convincentes
Inovação	Os construtos, ideias, estruturas e forma narrativa fornecem maneiras novas e criativas de compreensão dos sistemas, estruturas, experiência ou ações
Ressonância	Uma conexão personalizada e sensibilizadora com o fenômeno cultural é adquirida
Verossimilhança	Um senso de verossimilhança crível e realista de contato cultural e comunitário é alcançado
Reflexividade	O texto reconhece o papel do pesquisador e está aberto a interpretações alternativas
Práxis	O texto inspira e fortalece a ação social
Mistura	A representação leva em conta a interligação dos vários modos de interação social – online e offline – nas experiências diárias vividas do membro da cultura, bem como em sua própria representação

em um texto e transmitido aos leitores (Van Maanen, 1988). Os problemas da representação apresentados por esse ponto de vista da etnografia não vão simplesmente desaparecer, nem são suscetíveis de ser facilmente resolvidos. A tensão entre a preocupação com a validade, a autenticidade e a certeza no texto será sempre contrariada em uma conversa constante com a afirmação de que todos os textos são política, histórica, social e culturalmente situados. Sábios netnógrafos estarão cientes da necessidade de equilibrar essas tensões dentro do texto. Felizmente, dispomos de alguns exemplos brilhantes para tais trabalhos, tais como Baym (1999), Hine (2000), Markham (1998) e muitos dos outros netnógrafos citados neste texto.

Até bem recentemente, padrões de julgamento pós-positivistas realistas ligavam a pesquisa cultural e sociológica a um corpo muito maior de pesquisas científicas de inspiração objetivista. Com a crise de representação, grande parte dessa empresa realista foi questionada. Entretanto, na era pós-crise, algumas das normas anteriores, mais robustas, sobreviveram a exames mais rigorosos e estão sendo reafirmadas por antropólogos (ver, por exemplo, Fox, 1991).

Esses novos critérios são o que resta de critérios realistas depois de seu confronto com a crise da representação. Atkinson (1992, p. 51) afirma que seria errado considerar a perspectiva extrema de que não há "nada além do texto". Tal ponto de vista, diz ele, "capitula a separação errônea de ciência e retórica. Foi errado celebrar a ciência e ignorar a retórica. É igualmente errado simplesmente inverter a ênfase". A desconstrução e o pós-estruturalismo não são simples esforços relativistas – eles simplesmente negam a possibilidade de referentes finais. Assim, esse primeiro conjunto de critérios é uma homenagem aos princípios realistas estabelecidos da ciência ostensivamente "objetiva".

Coerência

O primeiro critério é a coerência, definida como a medida em que cada conjunto de interpretações reconhecidamente diferentes na netnografia é livre de contradições internas e apresenta um padrão unificado. Um discernimento importante que uma investigação interpretativa pode proporcionar a seus leitores é a de um "*gestalt* conceitual" que permite ao leitor "ver um conjunto de dados qualitativos como um padrão coerente ou *gestalt*" (Thompson, 1990). Um excelente exemplo disso é a netnografia da comunidade online Apple Newton, de Al Muñiz e Hope Schau. Em sua netnografia, os pesquisadores descobriram motivos para o profundo significado da marca ao acompanhar a marca e a comunidade, incluindo mitos de criação, a deificação de Steve Jobs e a demonização de Bill Gates, contos de performances milagrosas, histórias de sobrevivência da marca e rumores de iminente ressurreição. Sua análise integrativa sugere que esses temas estão presentes por causa do duradouro vínculo humano entre comunidade religiosa e narração de histórias míticas (Muñiz e Schau, 2005). As observações e outros dados netnográficos coletados são integrados em um padrão coerente, um argumento primordial liberto de contradição interna.

A coerência é uma condição necessária, mas não suficiente para permitir afirmações sobre interpretações sociais a serem colocadas como afirmações teóricas falsificáveis. A partir dessa perspectiva, as contradições internas são indesejáveis porque afetam a persuasão de um texto etnográfico, enquanto uma interpretação coerente unificada inspira confiança nos resultados de pesquisa. Quando uma interpretação contém essas contradições, é importante que elas – e, provavelmente, o fenômeno de origem – sejam examinadas e resolvidas para lançar mais luz sobre o fenômeno que está sendo interpretado. Essa tentativa de chegar a interpretações individuais que estejam livres de contradições, que pareçam razoavelmente completas dentro de si, tem sido a base da teoria fundamentada e do método comparativo constante (Glaser e Strauss, 1967), da análise de casos negativos (Lincoln e Guba, 1985b) e do círculo hermenêutico (ver Arnold e Fischer, 1994), conforme descrito no Capítulo 7 deste livro.

Os julgamentos de "confiabilidade" têm sido baseados no grau em que a interpretação foi construída de uma forma que evite contradições internas e contradições com os dados, ou até que ponto uma interpretação "evita instabilidade que não a instabilidade intrínseca a um fenômeno social" (Wallendorf e Belk, 1989, p 70;. Lincoln e Guba 1985b). Essas noções estão relacionadas com a família "retórica" de critérios sugeridos por Guba e Lincoln (1989), que incluem coerência, unidade estrutural e clareza.

Rigor

O rigor é a medida em que o texto reconhece e adere aos padrões da pesquisa netnográfica. Rigor significa que o netnógrafo fez sua lição de casa. Isso significa que ele entende o que é necessário para realizar uma netnografia, seguindo íntegros protocolos de entrada, coleta de dados, análise e interpretação, ética de pesquisa e a própria representação. Se concordarmos com Sally Jackson (1986) a respeito de que todos os métodos de pesquisa são formas de argumentos mais que sinais que nos apontam para a verdade, então demonstrar que você está seguindo o método correto é uma forma de sugerir que você ganhou o seu lugar na mesa teórica e está pronto para contribuir para uma conversa substantiva.

Estratégias de entrada devem ser cuidadosamente ponderadas e relatadas aos leitores de um modo que as relacione de forma sensata às questões de pesquisa, escolhas do website, e conclusões teóricas. Os dados devem ser coletados de forma rigorosa, não de forma seletiva. Por exemplo, se uma netnografia pretende fazer afirmações sobre a orientação espiritual geral de todos os usuários da internet, é insuficiente apresentar um estudo de uma determinada comunidade eletrônica de orientação religiosa. Os resultados netnográficos devem ser interpretados com um olhar afiado sobre a forma como os dados foram coletados e o que podemos considerar, de maneira razoável e lógica, a respeito do que representam sob os princípios da indução. Os períodos de tempo em análise e observação também são relevantes para nossas conclusões. O netnógrafo que conduz um estudo de duas semanas de uma nova ilha no mundo virtual durante o feriado de Natal não pode continuar fazendo afirmações sobre o que "geralmente" acontece no Second Life. Na netnografia, como acontece na etnografia, avaliações de qualidade geralmente são dadas a textos que refletem imersão cultural, envolvimento prolongado, internalização e consciência da diferença. Em suma, a netnografia de qualidade deve sempre exibir sua familiaridade com as normas aceitas da netnografia.

Como observou Beaulieu (2004, p. 159), "alguns antropólogos eminentes [...] têm desencorajado os estudantes a realizar projetos em que o principal sítio de exploração seria 'online'". James Clifford (1997, p. 190) relata pesquisa observacional ("espreitando") baseada na internet de um grupo de exilados afegãos e pergunta o que "resta das práticas antropológicas clássicas nessas novas situações? Como as noções de viagens, fronteira, corresidência, interação, dentro e fora, que definiram o campo e o próprio trabalho de campo, estão sendo desafiadas e retrabalhadas na antropologia contemporânea?" À medida que os padrões se solidificam, os netnógrafos lidam com questões fundamentais e novas pesquisas são realizadas, as respostas para essas perguntas importantes são esclarecidas.

Conhecimento

O conhecimento é inegavelmente um empreendimento cumulativo, com base em fundamentos históricos. Em qualquer iniciativa de pesquisa, um primeiro passo importante é uma revisão completa da literatura acadêmica passada em áreas afins. Maior credibilidade e visão são as habituais consequências de uma pesquisa profunda e detalhada da literatura.

O critério de conhecimento é, portanto, definido como a medida em que o texto netnográfico reconhece e é conhecedor da literatura e das abordagens de pesquisa que são relevantes para sua investigação. Para ser útil, a pesquisa deve estar ligada a questões, problemas e debates centrais no seu campo. Uma compreensão exaustiva dos construtos, estruturas, problemáticas e questões controversas em um campo, ou relacionados a um tópico específico, é um sinal-chave de que estamos nos comunicando de forma significativa para uma determinada comunidade de estudiosos. Por causa da crença positivista e pós-positivista na estruturação cumulativa do conhecimento, é importante que a investigação de qualidade reconheça e identifique de forma explícita a tradição e a literatura acadêmica.

Satisfazer esse critério pode, naturalmente, ser dificultado pelo fato de que, como descrito nos Capítulos 2 e 5, a pesquisa em comunidades online e os fenômenos culturais da internet estão espalhados por uma vasta gama de disciplinas, revistas, anais de congressos e documentos de trabalho. Contudo, um bom mecanismo de busca e uma busca eletrônica de referências em qualquer biblioteca universitária bem equipada podem revelar um universo de novas atividades. Para ampliar o alcance de um campo, uma contribuição inestimável pode ser feita transcendendo os limites do próprio campo e engajando-se em uma pesquisa bibliográfica interdisciplinar, embutindo cuidadosamente os resultados em nossa netnografia. Em campos multidisciplinares como pesquisa da internet ou teoria da cultura de consumo, essas viagens intelectuais de interpolinização são comuns e frequentemente produzem ideias consequentes.

Ancoramento

O quarto critério é o ancoramento, definido como a medida em que:

1. a representação teórica é apoiada por dados, e
2. as ligações entre os dados e a teoria são claras e convincentes.

Ancoramento não é apenas uma demonstração do grau de veracidade empírica, mas uma apresentação de provas suficientes e relevantes para dar respaldo às reivindicações teóricas de contribuição da netnografia.

Se assumirmos uma postura social construtivista, podemos afirmar que os significados e sistemas de significação compartilhados são fenômenos conhecíveis, embora nunca possamos conhecê-los com absoluta certeza. O conhecimento cultural deve ser ancorado no detalhado conhecimento de campo daquela cultura, e nos dados que o trabalho de campo cria. O critério de ancoramento é baseado em avaliações da adequação da evidência qualitativa, na medida em que o leitor pode determinar que a pesquisa e a representação teórica estão fundamentadas nos dados netnográficos (ver Spiggle 1994, p. 501). Da mesma forma, ele está relacionado aos critérios pós-positivistas de confirmabilidade e confiabilidade (Lincoln e Guba, 1985b; Wallendorf e Belk, 1989). Netnografias de qualidade, portanto, oferecerão um forte senso da linguagem dos membros da cultura, e muitas vezes farão citações de textos e documentos eletrônicos. Boas etnografias proporcionam a seus leitores a sensação de que eles viajaram para um lugar diferente e começaram a conhecer e entender um grupo de pessoas por meio de suas interações presenciais. Do mesmo modo, boas netnografias proporcionam aos leitores a sensação de que eles fizeram contato com um grupo de pessoas e adquiriam uma compreensão delas por meio de suas interações online.

Inovação

Uma vez realizada uma análise penetrante da literatura e da teoria do passado sobre um tema ou campo, a pesquisa de qualidade leva isso um passo adiante, buscando ampliar o atual conhecimento e criar algo anteriormente não realizado. Essa contribuição pode ser maior ou menor, mas padrões convencionais de todas as ciências determinam que seja algo novo.

O critério de inovação é, portanto, definido como a medida em que as construções, ideias, estruturas e forma narrativa da netnografia oferece novas e criativas maneiras de compreensão dos sistemas, estruturas, experiências ou ações. Ideias inovadoras sobre as culturas e comunidades online são propensas a ajudar um inquérito complementar melhor, se eles estão ligados a questões e definições que são predominantes na literatura. Em casos extremos, a inovação é o critério último, a mudança profunda de paradigma que permite ao leitor compreender o mundo de uma forma totalmente nova e diferente.

Fundamental para a inovação é o papel da criatividade e mesmo do talento artístico na forma da netnografia e sua narrativa. Nas melhores netnografias, a qualidade da escrita não só irá dar visibilidade aos novos avanços do conhecimento proposto nos resultados da investigação, mas também incluirá uma evocação, um frescor e vivacidade no estilo de escrita. Um bom exemplo desse estilo evocativo fresco é o livro *Cyberplay*, de Brenda Danet (2001), onde elementos gráficos vívidos, espírito poético e rica interpretação se combinam para criar um retrato encantador das interações de uma comunidade online. Com os avanços tecnológicos, temos ferramentas quase ilimitadas à nossa disposição para criar novos exemplos altamente originais de netnografia dinâmica, interativa, imaginativa, hiperlinkada, e publicá-las na internet – talvez como um complemento aos trabalhos publicados em livros e revistas científicas.

Ressonância

Devemos ter cuidado ao escrever sobre outros seres humanos para manter e, se possível, melhorar nossa compreensão uns dos outros, em vez de retratar o "outro" cultural como estereótipos sem vida, capturados em palavras objetificantes e moribundas. A ressonância pergunta até que ponto a netnografia transmite aos seus leitores uma conexão personalizada e sensibilizante com a comunidade online ou com o fenômeno cultural que ela estuda. O trabalho é esclarecedor e sugestivo? Ele sensibiliza os leitores para as questões e os modos de vida dos outros? Existe uma percepção fenomenológica veiculada de tal forma que uma compreensão mais pessoal ou empatia é adquirida?

Para explicar o conceito de ressonância, Wikan citou um "poeta professor" na aldeia balinesa que ele estudou:

> É o que favorece a empatia ou compaixão. Sem ressonância não pode haver compreensão, nenhuma apreciação. Mas a ressonância exige que você [e aqui ele olhou para mim suplicantemente] aplique sentimento bem como pensamento. Na verdade, o sentimento é o mais essencial, pois sem sentimento permaneceremos presos em ilusões. (1992, p. 463; colchetes no original)

O etnográfico e, por extensão, a empresa netnográfica, envolvem a luta para superar nossas próprias categorias ilusórias e compreender as categorias da comunidade e da cultura na qual estamos nos concentrando: "Desmoronar e assim transcender as categorias dicotômicas eu/outro: encontrar o eu no outro e o outro no eu!" (Fernandez, 1994: 155). Esse tema permeia a literatura antropológica e sociológica sobre etnografia.

A netnografia sensibiliza, personaliza e ilumina quando elucida algo até então desconhecido sobre uma cultura – tanto que uma comunidade online desempenha um papel profundo e importante na vida das pessoas – e também quando torna um aspecto desconhecido daquela cultura em algo mais íntimo. Uma história netnográfica é evocativa e ressonante quando toca nossas próprias vidas, fazendo com que o confortável e o próximo de nós pareça distante e bizarro. Por exemplo, a netnografia de Madge e O'Connor (2006) a respeito de novas mães brancas, heterossexuais, socialmente privilegiadas e tecnologicamente proficientes leva-nos para seu mundo de temores e limitações conservadoras, esperanças libertadoras e preocupações restritivas, e, no processo, atenta para a vida emocional dos membros da cultura. Utilizando-se particularmente de estudos feministas, o padrão de avaliação da emotividade na pesquisa é importante, intimamente relacionado com a ressonância.

Van Maanen (1988) e Ellis (1991), observam, ambos, o importante papel desempenhado pela emoção no trabalho em campo e sugerem que ela seja mais claramente incorporada na escrita etnográfica.

As netnografias podem, e devem, contemplar as vidas emocionais não racionais e não verbais tanto dos membros da cultura quanto do pesquisador. Ao manter as emoções no primeiro plano das notas de campo e das interações culturais, não desfavorecendo o sentimento em favor da razão e não impondo um esquema de categorização ordenada e "objetiva" da experiência cultural vivida, uma medida de veracidade pode ser obtida, a qual permanece ausente em descrições mais estéreis. Quer empreendida por meio de uma técnica de entrevista como por "entrevista criativa" (Douglas, 1985; ver também Gubrium e Holstein, 2001), por meio de esforços para transmitir o tom emocional da voz dos membros da comunidade quando observado e articulado por eles, ou por meio de tentativas de transmitir emoções introspectivamente observadas e sentidas, a ressonância se encontra no nível emocional da narrativa.

Verossimilhança

Nos momentos seguintes à crise de representação, a verossimilhança muitas vezes foi proposta como um importante – e às vezes único – critério para determinar a qualidade de um texto. Verossimilhança se refere, simplesmente, à capacidade do texto de reproduzir, ou simular, e mapear o "real". A importância de parecer realista tem sido acentuada por causa da importância da representação nos momentos pós-crise da etnografia.

Em um nível, para evocar uma sensação de realidade, a narrativa de uma netnografia deve ser persuasiva, crível, convincente e verossímil. Em outro nível, a verossimilhança descreve a relação de um texto com um mundo objetivamente real, e torna-se quase indistinguível do critério realista de ancoramento detalhado na seção anterior. Em seu nível mais sofisticado, "surrealista", a verossimilhança refere-se à relação do texto com as normas de validade epistemológica consensualmente derivadas. Um texto netnográfico estabelece, assim, verossimilhança por assemelhar-se a exemplares válidos que são atualmente aceitos por uma relevante comunidade de estudiosos. A verossimilhança é, portanto, definida como a extensão na qual um sentido crível e realista de contato cultural e comunitário é alcançado. Pela leitura e experimentação da netnografia, o leitor deve sentir como se tivesse realmente experimentado contato com a comunidade, a cultura e seus membros.

A análise de Mikhail Bahktin (1981) do romance "polifônico" pode ser relevante aqui. Nos romances polifônicos, há uma encenação textual utópica de heteroglossia por meio da representação de sujeitos falantes em um campo de múltiplos discursos. Quando aplicado à antropologia cultural, o termo refere-se às culturas ou línguas integradas, totalizadas, ordenadamente embrulhadas e explicadas, sendo abandonadas em deferência à concepção de cultura como uma conversa criativa aberta entre os membros de multidões, facções diversificadas e fragmentadas de participantes e forasteiros intricadamente relacionados e relacionando-se – uma descrição que se aplica muito bem à maior parte do que vemos na internet.

Uma versão menos extrema de verossimilhança é obtida por meio da simples apresentação de diálogo. Várias netnografias apresentaram os processos dialéticos da etnografia na forma de entrevistas, ou de um diálogo entre duas pessoas (p. ex., Cherny, 1999; Markham, 1998; ver também "conto contado em conjunto", de Van Maanen, 1998). Como na hermenêutica, a nova realidade é construída por meio da "fusão de horizontes" do pesquisador e do informante, por meio da qual o mundo "textualizado" do outro é rasgado ou aberto e um entrelaçamento de perspectivas é ativamente empreendido. Algumas etnografias experimentais têm abordado sua preocupação com as questões de ressonância, compartilhando o poder político da edição, escrita e interpretação com os membros de dentro de uma comunidade. Na prática, isso pode ser um exercício difícil, mas vale a pena. A forma wiki apresenta um considerável potencial para ser envolvida na coconstrução de textos netnográficos. Por exemplo, com o risco de inventar outro neologismo, pode haver "wikinetnografias", nas quais os membros da cultura e um conjunto de pesquisadores usam o formulário eletrônico wiki para descrever, retratar e entender a cultura em conjunto. Como um wiki, a netnografia seria um projeto em andamento que poderia ser editado por qualquer pessoa. É muito provável que netnografias inovadoras em breve sejam escritas usando ferramentas como essas.

Reflexividade

Um critério etnográfico pós-crise fundamental é lidar abertamente com questões de reflexividade. Esse critério aplica-se igualmente bem à netnografia. Um dos significados de reflexividade é que o investigador científico é uma parte do cenário, do contexto e da cultura que ele está tentando compreender e retratar. Muitas análises inovadoras de reflexividade foram publicadas por interacionistas simbólicos, etnometodologistas e fenomenólogos na década de 1970 (Jorgensen, 1989), bem como, mais recentemente, por estudiosos pós-estruturalistas e pós-modernos. Punch (1986) fala sobre "abrir o jogo" com a documentação de um estudo, revelando ao leitor coisas como: problemas com a entrada e a saída do campo, questões políticas encontradas no website e o papel desempenhado pelo estudo, assim como os conflitos, as ambiguidades e o lado sombrio da compreensão adquirida durante o trabalho de campo.

A reflexividade é, portanto, a medida com que o texto netnográfico reconhece o papel do investigador e está aberto a interpretações alternativas. O autor de uma netnografia não pode mais se esconder atrás da tela do computador do mesmo modo que o etnógrafo tradicional pode manter-se invisível em suas próprias narrativas culturais. Como observadores participantes, os netnógrafos desempenham um papel no processo de pesquisa, capturado em notas de campo e por meio de interações online. Como muitos dos exemplos deste livro indicam, alguns dos acontecimentos mais interessantes do mundo da netnografia estão ocorrendo na tensão entre o pesquisador e os membros da cultura, pois as comunidades e culturas eletrônicas se negam ativamente a serem estudadas. Como o texto netnográfico é reflexivo sobre esses momentos, seus discernimentos e capacidade de falar com autoridade sobre a afiliação cultural são afirmados.

Relacionada a esta presença do pesquisador no texto netnográfico está uma abertura para a presença de outras pessoas. A voz autoritativa, monolítica, unificada do autor tem sido cada vez mais interrogada na escrita antropológica pós-crise. Clifford (1988, p. 22) liga a crise na autoridade etnográfica – a utilização de uma única voz primordial descrevendo uma "cultura" do "outro" – ao desmembramento e redistribuição do poder colonial nas décadas após 1950 e a posterior crise antropológica da consciência.

Nesse sentido, formas alternativas de validade incorporando ideias pós-estruturais foram concebidas. De interesse para essa pesquisa são os conceitos de Lather (1993) de validade reflexiva, irônica, neopragmática e rizomática. Validade reflexiva refere-se às tentativas autossubversivas de um texto de desafiar suas próprias pretensões de validade. Validade irônica refere-se a apresentar uma proliferação de múltiplas representações e simulações do real, revelando as virtudes e as limitações de cada uma e argumentando que nenhuma representação é superior a outra. A validade neopragmática coloca dissenso, heterogeneidade e discurso em primeiro plano, desestabilizando a posição do autor como dono da verdade e do conhecimento. Esse dissenso e essa orientação multivocal ocorrem um pouco naturalmente no ambiente de comunidade online, com sua cacofonia de vozes em conflito. A reflexividade nos lembra de não suavizar os conflitos e as diferenças de nossas análises e representações de pesquisa, mas transmiti-las com precisão.

Podemos distinguir textos netnográficos relativamente "abertos" e relativamente "fechados". Se o texto apresenta um argumento perfeitamente fechado, com todas as suas pontas soltas costuradas e retratadas como uma verdade final que deixa pouco ou nenhum espaço para discordância ativa pelos leitores, então este é um texto relativamente fechado. De modo alternativo, uma netnografia em que os fatos e as conclusões são apresentados junto aos fundamentos e argumentos para utilizá-los em determinadas conclusões é considerada um texto aberto. Textos abertos permitem e, inclusive, encorajam uma leitura ativa, crítica, receptiva. Na verdade, a internet pode estar mudando a maneira como pensamos sobre textos para um modelo aberto, onde eles estão sempre disponíveis para serem criticados, terem suas reivindicações questionadas e suas conclusões comentadas. O critério de reflexividade é baseado em uma resposta madura, reconhecendo a conveniência de dar algum reconhecimento ao papel do pesquisador na condução e na análise do trabalho de campo, retratando múltiplas vozes e pontos de vista, e acolhendo outras interpretações.

Práxis

A capacidade emancipatória, autorizadora e conscientizadora em inspirar a ação social é outro critério para a qualidade etnográfica. As avaliações de Guba e Lincoln (1989) sobre "autenticidade" invocam novos critérios de:

- ✓ *Justeza*: a capacidade de lidar com participantes da pesquisa com imparcialidade.
- ✓ *Autenticidade ontológica*: a capacidade da pesquisa de ampliar construções pessoais.
- ✓ *Autenticidade educativa*: a capacidade de levar a uma melhor compreensão das construções dos outros.
- ✓ *Autenticidade catalítica*: a capacidade de estimular a ação.
- ✓ *Autenticidade tática*: a capacidade de fortalecer a ação.

Guba e Lincoln (1989) observam que esses critérios se sobrepõem e alargam os critérios frequentemente associados à pesquisa na tradição da teoria crítica (ver também Lather, 2001; Murray e Ozanne, 1991; Tacchi et al., 2004).

A busca da práxis – ação prática que visa a melhoria social – orienta o julgamento de estudos de qualidade nas escolas de teoria crítica e feminista. Marcus e Fischer (1986) convincentemente sugerem que o tema submerso da exploração etnográfica tem sido sempre usar a nossa compreensão do outro, para fazer uma "crítica cultural", cuja essência é a crítica social. Em uma grande variedade de contextos, a capacidade da pesquisa de motivar e de influenciar a melhoria social tem sido considerada um sinal de qualidade da pesquisa. "Cada vez mais, os critérios de avaliação vão se voltar [...] para questões morais, práticas, estéticas, políticas e pessoais – isto é, a produção de textos que articulam uma perspectiva participativa emancipatória sobre a condição humana e sua melhoria" (Denzin 1994, p 501.). Lather (1993, 2001) chama isso de "validade catalítica", o grau em que um projeto de pesquisa capacita e emancipa.

Com o impacto e o poder das TIC alterando nossa sociedade global, cabe aos netnógrafos examinarem os fenômenos relacionados com um olhar pragmático sobre suas implicações sociais. Não podemos ser iludidos por "ideologias de tecnologia" resultando em interações online e implicando possibilidades intrínsecas, utópicas, eficientes e expressivas, mas devemos examinar, em contextos situados, essas poderosas alusões (Kozinets, 2008). Ao mesmo tempo, devemos continuamente nos esforçar para entender como a tecnologia pode não só apaixonar, mas realmente fortalecer a ação social e o ativismo, e contribuir, por meio da nossa erudição, para que isso aconteça de maneira positiva. Atentar para o critério da práxis, definida como a medida em que o texto inspira e fortalece a ação social, pode ajudar em algumas dessas mudanças tão necessárias.

Mistura

A internet e a interação online estão se tornando inseparáveis e inevitáveis como parte da vida social contemporânea. O critério de misturar pede à representação netnográfica que leve em conta a interligação dos vários modos de interação social – dentro e fora da internet – nas experiências diárias dos membros da cultura, assim como em sua própria representação. Capítulos anteriores, como o Capítulo 4, que explicou a coordenação da investigação etnográfica em contextos face a face e online, são salientes em relação a esse critério, o qual pergunta, fundamentalmente: até que ponto a natureza online/offline interligada da vida social contemporânea é considerada relevante para determinado tema nesta pesquisa?

Parece que estamos vivendo em uma época de "tecnossocialidade", onde os indivíduos e as comunidades estão situados, em diversas proporções, em redes de informação "deslocalizadas" e constituem relacionamentos sociais por meio de processos tecnoculturais (cf. Rabinow, 1992). Parece, portanto, muito provável "que a internet vai insinuar-se nas etnografias, como antropólogos seguem seus sujeitos, e são mais ou menos forçados a segui-los online" (Beaulieu, 2004, p. 159). Miller e Slater (2000, p. 8) "tratam a virtualidade como uma conquista social e não uma característica presumida da internet" e veem a "capacidade das tecnologias de comunicação de constituir, em vez de mediar, realidades e esferas relativamente limitadas de interação" como "nem novas nem específicas da internet". Eles poderiam afirmar que tudo o que é importante acontece nas mediações entre ciência, tecnologia e sociedade – nessa mistura (ver também Hakken, 1999).

A ideia por trás do critério de mistura é que os mundos culturais online e offline se misturam e que justamente esta miscigenação é uma das áreas mais interessantes e importantes que devemos entender. Os netnógrafos que se relegarem apenas ao que podem baixar de postagens em fóruns podem perder muito do que é interessante e crucial sobre os fenômenos que se propõem a estudar. Conceitos de desmaterialização, espacialidade e lugar, textualidade, dentro e fora de campo, precisam ser interrogados e também investigados tanto etnográfica, quanto netnograficamente, por meio de combinações de trabalho de campo online e offline, casamentos de interação mediada por computador e face a face. Os limites dessa investigação, os lugares onde as ferramentas e técnicas netnográficas podem ser utilizadas e quando se pode prescindir delas, são determinados pelo lócus de questões de pesquisa e pelas contribuições que uma determinada netnografia pretende fazer. Muitos dos delineamentos neste livro – tais como a demarcação entre os estudos de comunidades online e estudos online de comunidades, e a orientação geral para a mistura de etnografia/netnografia – podem ser úteis para pesquisadores que precisam traçar os limites em que os dados netnográficos podem ficar sozinhos e onde eles devem ser misturados com dados recolhidos de outras abordagens.

Finalmente, no critério de mistura eu também procuro condensar uma abertura para o uso de ferramentas tecnológicas e de representação online tanto para formular quanto para apresentar projetos ou relatórios netnográficos. Em uma análise da epistemologia dos estudos da cultura da internet, Beaulieu (2004, p. 158) corretamente observa que "a esmagadora maioria desta [pesquisa] se encontra em livros e revistas, e apenas uma pequena parte dela tem alguma presença na web". Com uma grande variedade de formatos de apresentação online – websites e blogs, postagens em fóruns, links de websites de redes sociais, vídeos e wikis – temos muitas maneiras de compartilhar nossa pesquisa com o público em geral, bem como com as culturas e as comunidades que procuramos representar. Estudos fascinantes poderiam ser realizados produzindo vívida netnografia por meio de crescentes ligações de hipertexto a dados culturais, e sua interpretação emergente e colaborativa. Misturar, portanto, implica atentar às diversas manifestações e interconexões de interação social humana, bem como cuidar dessas manifestações e interconexões nas formas que usamos para representar culturas online e apresentar nossas netnografias.

RESUMO

Os oito capítulos precedentes deste livro trataram de nosso conhecimento de comunidades e culturas online, dos diferentes métodos para estudá-los e, mais especialmente, dos procedimentos para a realização de netnografia. Neste capítulo, você aprendeu sobre os problemas de representação enfrentados pelo netnógrafo que está pronto para apresentar ou publicar suas descobertas. Os dez critérios explicados representam uma orientação pragmática, concreta, lúcida, um "*kit* de ferramentas" para avaliação da netnografia, mas também são concessões equívocas, invenções *ad hoc*, destinadas a ajudar a iniciar discussões acadêmicas e construir ideias. Coerência, rigor, conhecimento, ancoramento, inovação, ressonância, verossimilhança, reflexividade, práxis e mistura – esses dez critérios derivam diretamente de uma compreensão do enraizamento da netnografia nos padrões etnográficos tradicionais do passado e de sua situação presente. Podemos agora prosseguir para o capítulo final deste livro, o qual aguarda o futuro da netnografia.

Leituras fundamentais

Baym, Nancy (2006) 'Finding the Quality in Qualitative research', in David Silver and Adrienne Massanari (eds), *Critical Cyberculture Studies*. New York: New York University Press, pp. 79–87.

Denzin, Norman K. and Yvona S. Lincoln (2005) *The Sage Handbook of Qualitative Research*, 3rd edition. Thousand Oaks, CA: Sage.

Geertz, Clifford (1973) *The Interpretation of Cultures*. New York: Basic Books.

10

Avançando a netnografia: as mudanças na paisagem

✓ Resumo

Este capítulo antevê e sugere algumas das possibilidades excitantes para o crescimento e a adaptação da netnografia. Nele, você vai aprender sobre algumas áreas e temas teóricos que podem ser de crescente importância, algumas reflexões sobre as mudanças em curso na internet e no ambiente online, e um resumo dos acontecimentos relacionados na netnografia.

Palavras-chave: adaptação da netnografia, netnografia de blogs, cocriação, relações comunais comerciais, fortalecimento dos consumidores, netnografia, comunidades online, mídias sociais, netnografia de websites de rede social, netnografia de mundo virtual, Web 2.0

CONSIDERANDO NOVOS DESENVOLVIMENTOS TEÓRICOS USANDO NETNOGRAFIA

A netnografia tem sido aplicada a questões de pesquisa sobre muitos dos interesses dos cientistas sociais, desde identidade humana e expressão sexual (Correll, 1995; Turkle, 1995), corporificação online e consumo de pornografia (Slater, 1998) e disputa de jogos (McMahan, 2003). As áreas teóricas e as questões tópicas que ela explora têm variado muito. A netnografia tem sido invocada para estudar páginas pessoais (Schau e Gilly, 2003), comunidades de compartilhamento de arquivos (Molesworth e Denegri-Knott, 2004), cultura alimentar online holandesa e flamenga (de Valck, 2005, 2007), casamentos interculturais (Nelson e Otnes, 2005), comunidades de marcas (Füller et al., 2008; Muñiz e Schau, 2005), instrumentos musicais (Jeppesen e Frederiksen, 2006), código aberto (Hemetsberger e Reinhardt, 2006), fóruns de discussão de câmeras digitais (Fong e Burton, 2006), discussões de moda online (Thomas et al., 2007), criatividade do consumidor e "prosumo" (Füller et al., 2006; Kozinets et al., 2008), resistência do consumidor (Dalli e Corciolani, 2008; Kozinets e Handelman, 1998) e muitos outros assuntos. Existem oportunidades emergentes quase ilimitadas para estudar a crescente variedade de culturas e comunidades eletrônicas, bem como os modos como elas se inter-relacionam com nossos atuais sistemas dinâmicos interagentes de culturas, identidades e arranjos sociais. Essas oportunidades, sem dúvida, levarão a avanços em nossa compreensão teórica das maneiras como funcionam as comunidades online, bem como do papel que elas desempenham na vida dos seus integrantes e na sociedade.

Várias teorias diferentes foram apresentadas ao longo deste livro. O Capítulo 2 ofereceu uma retrospectiva sobre algumas das primeiras teorizações essenciais sobre as comunidades, e tentou atualizar e desenvolver este trabalho. Esta seção procura ampliar a discussão de comunidades e culturas online e sugerir algumas direções futuras para ela.

A primeira área teórica diz respeito à relação entre as comunidades e as entidades comerciais online relacionadas. Uma das principais preocupações no meu campo de pesquisa do consumidor é o impacto da cultura comercial, de consumo ou de *marketing* na sociedade contemporânea. Essa preocupação se coaduna com as preocupações de um número significativo de acadêmicos de estudos culturais, antropólogos e sociólogos. Por exemplo, estudiosos de muitas disciplinas interessados em comunidades de fãs, sejam eles de uma série de televisão, de personagens de livros como Harry Potter, ou de música, estão conscientes das tensões entre os fãs e as empresas de entretenimento desde meados da década de 1990. Essas tensões, e seus conflitos jurídicos associados, ocorreram em razão de suposta violação da lei de direitos autorais e marca registrada na internet. As imagens e arquivos de som usados por fãs em seus websites eram, técnica e juridicamente, propriedade de grandes conglomerados de entretenimento, que possivelmente não entenderam – e, talvez ainda não entendam – a natureza comunal que se desenvolveu na internet.

No outro lado dessa divisão, temos as diversas iniciativas de profissionais de *marketing* e produtores de utilizar as comunidades eletrônicas e suas conversas como parte do processo de produção, seja como forma de pesquisa de mercado (p. ex., Kozinets, 2002a), como novos desenvolvedores de produtos (Füller et al., 2007, 2008; Kozinets, 2002a; Kozinets et al., 2008; Tapscott e Williams, 2007) ou como uma parte promocional controlada do processo de *marketing* boca a boca (Kozinets, 1999; Kozinets et al., 2010). A relação entre as comunidades online e as empresas comerciais nesse domínio tem sido entendida de forma polarizada, como de fúria e oposição, ou como oferecedora de parcerias crescentes.

Os estudos que situam as comunidades e culturas online em relação a essas tensões de longa data em constante transformação entre as comunidades de consumidores e as comunidades comerciais oferecem muito valor. Embora muitos estudos versem sobre o assunto, ele ainda não está bem desenvolvido teoricamente. Um exemplo útil nessa área é o estudo de portais de afinidade dos homossexuais masculinos na internet, de Campbell (2005). Campbell descobriu que as corporações eram atores importantes na criação e manutenção de comunidades online. No entanto, a participação e o sentimento de afiliação nessas comunidades vinha com um preço importante. A existência da comunidade dependia de seu *status* como um tipo de entidade comercial, onde os consumidores estavam sob vigilância e eram comercialmente visados pelos comerciantes. A sofisticada análise de Campbell não viu isso simplesmente como uma forma de exploração negativa, mas, de forma mais sinérgica, como um tipo de sistema social dinâmico, e que precisava ser cuidadosamente estudado para ser compreendido.

Refletindo e baseando-se em estudos acadêmicos, como os da Escola de Frankfurt, os teoristas críticos, os situacionistas e muitos críticos pós-modernistas, encontram-se os discursos culturais profundos e arraigados que percorrem grande parte da sociedade ocidental nos quais as comunidades e modos de vida locais são contrapostos às grandes corporações e seus interesses (ver Kozinets, 2001, 2002a, 2002b; Kozinets e Handelman, 2004). Essa área de "relações comunais comerciais" e as tensões, diálogos, paradoxos, concessões intranquilas e desdobramentos constantes que a constituem, parece estar se desgastando cada vez mais na esfera da comunidade online (ver também Cova et al., 2007; Kozinets, 2007).

Muitas das principais questões sobre as relações comunais comerciais se relacionam com noções de posse e propriedade intelectual. Como o Capítulo 8 demonstrou no campo da ética em pesquisa, a propriedade dos materiais postados ainda é um território altamente debatido. Em estudos que procuram analisar as comunidades e culturas online, essa inter-relação de comunidade, ética, poder, moralidade e direitos legais sobre propriedade pode muito bem se tornar o centro das atenções. Se considerarmos que, em suas essências, o próprio ensino e cultura estão preocupados com cópia e imitação, emulação e aculturação, então essas noções individualistas de propriedade e direitos, relacionadas à propriedade privada, podem levar-nos ao centro de alguns conflitos sociais explosivos. Alguns livros recentes têm anunciado o florescimento da criatividade por membros das comunidades online, tais como *The Pirate's Dilemma* (2008), de Matt Mason, e *Wikinomics* (2007), de Tapscott e Williams (ver também Kozinets, 2007). Esses livros sustentam uma perspectiva de que determinados tipos de usos de informações por parte das comunidades online podem ser produtivos e úteis para as empresas.

Alternativamente, devemos perguntar como essas "parcerias" beneficiam as comunidades online, seus membros e suas culturas. Os antropólogos do consumo Sammy Bonsu e Aron Darmody estudaram a "cocriação do consumidor" no mundo virtual do Second Life e concluiram que:

> embora os consumidores sejam realmente fortalecidos por práticas de cocriação, esse fortalecimento que liberta o consumidor em diversos aspectos também oferece vias importantes para obrigá-lo a produzir para a empresa. No final, a cocriação é um verniz de fortalecimento do consumidor em um mundo onde o poder de mercado, em grande medida, ainda reside no capital. (2008, p. 355; ver também Zwick et al., 2008)

Essa perspectiva põe em questão muitas das premissas dos negócios contemporâneos tomadas como certas sobre a "utilização" de comunidades online. Quais são os efeitos das campanhas de *marketing* boca a boca nas comunidades online? Uma recente pesquisa sugere que elas alteram a dinâmica, o conteúdo e a significância social das interações comunais (Kozinets et al., 2010). Deveria haver uma compensação aos principais líderes e participantes da comunidade se suas ideias criativas forem "colhidas" de comunicações online e utilizadas por uma grande corporação para o desenvolvimento de novos produtos (Cova et al., 2007; Füller et al., 2007; Kozinets et al., 2008)? Onde terminam os interesses da comunidade e começam os interesses corporativos?

As ramificações sociais, políticas e culturais desses experimentos em curso na dinâmica corporativo-comunidade estão mudando. Na academia e nos negócios, esse experimento social raramente está sendo considerado. Precisamos de uma compreensão sociológica e antropológica mais firme de uma "teoria da cópia" que examine não só os direitos de autor e propriedade de marca da perspectiva legalista das empresas, proprietários e outras pessoas com recursos e poder, mas também da perspectiva das bases, de baixo para cima, dos usuários dos sistemas de significação que são parcial ou totalmente "possuídos": a cultura e os membros da comunidade interagindo e empregando os muitos recursos disponíveis, dentro e fora da internet, em mundos sociais de alta fungibilidade e rápida transformação.

Essa constatação está relacionada com o próximo conjunto de questões, que investigam algumas das implicações mais amplas desse grande experimento social. Essas são questões sobre posse e controle de comunidades como um tipo de espaço público social que transforma ou está sendo transformado em privado, a fim de servir a interesses específicos e fins particulares. Além disso, há dúvidas sobre os tipos de relações e comunidades que estão sendo criados.

Essa linha de pesquisa pode considerar questões como as seguintes. O que acontece quando uma geração inteira realiza grande parte de sua socialização online e construção de comunidade por meio de websites comerciais como o MySpace e o Facebook? Quais são as implicações das várias regras, porteiros e normas presentes em comunidades online, especialmente aquelas com apoio de empresas? Como comunidades estruturadas por empresas diferem daquelas estruturadas por participantes de base? Por exemplo, considere comunidades como Bebo ou eBay, que "existem", em grande medida, para fins comerciais, com base no mercado. O que acontece com as relações sociais em uma comunidade como o Facebook quando o website é vendido? Uma comunidade pode ser "propriedade" de alguém? Em que sentido? Quais são as implicações dessa propriedade para as políticas públicas? Como essa propriedade e suas restrições, acontecem no palco mundial? O que acontece quando uma grande empresa de tecnologia baseada em uma nação ou região coloniza as interações da comunidade online de outras nações ou regiões? O que acontece quando fontes importantes e significativas da comunidade são estruturadas por linhas que beneficiam determinadas empresas, classes, etnias, línguas e nações? Essas questões não são apenas de interesse acadêmico, mas também de interesse geral, para todos os cidadãos pensantes do mundo, particularmente aqueles que interagem por meio de comunidades e culturas eletrônicas.

Talvez seja de interesse público que algumas comunidades sejam de propriedade comercial e outras continuem fazendo parte do domínio público. Nossa atual compreensão essencializada dessas áreas ainda não fomenta tais distinções de fina granulação e dificulta nossa capacidade de tomar decisões. Nossa compreensão de comunidades e culturas eletrônicas será muito maior quando começarmos a sondar os diferentes usos sociais e expressivos dos multifacetados meios de comunicação online. É útil lembrar que, até o século XV, ler significava ler em voz alta, geralmente com um público (Chartier, 2001). A mudança para a leitura silenciosa teve efeitos radicais na sociedade, alterando a leitura de um ato comunal para outro individual. Alguns sugeriram que a nova relação solitária entre um indivíduo e um texto foi um dos importantes motivos que levaram à separação nocional de nossas vidas privadas e públicas (Chartier, 2001; Rettberg, 2008). Mas, como observa Rettberg (2008) a respeito da influência dos blogs, existe um efeito duplo. À medida que as pessoas se afastaram de atos de fala públicos para a leitura silenciosa, elas aparentemente se afastaram umas das outras e retiraram-se para o espaço privado. "Por outro lado, o fato de que pessoas desconhecidas entre si podiam agora ler o mesmo texto permitiu um novo tipo de conexão impessoal entre elas. As comunidades de nicho online hoje são, em certo sentido, uma versão plenamente mais evoluída disso" (2008, p. 40).

O Capítulo 4 sugere que as comunidades e interações virtuais diferem de comunicações face a face ao longo de quatro dimensões: adaptação, acessibilidade, anonimato e arquivamento. Existem três pontos adicionais a considerar em relação a essas dimensões. Em primeiro lugar, elas são, cada uma, contínuas, não dicotômicas. Em segundo lugar, qualidades específicas estão dispostas de forma diferente para cada meio de comunicação particular. Terceiro, elas são dinâmicas, constantemente mudando e fundindo-se umas com as outras. O anonimato não é uma polaridade online, mas uma escala móvel que as pessoas adaptam para diferentes usos comunicativos e suas relações com diferentes usuários. A acessibilidade, da mesma forma, é controlada e titulada, com filtros para determinados conteúdos e determinadas pessoas, o que é evidente em blogs de formatos avançados, como o Live-Journal. Mesmo a adaptação tecnológica é mutável, pois os membros da comunidade têm cada vez mais opções que lhes permitem decidir se querem utilizar uma forma de comunicação mais pessoal, como o e-mail, assíncrona e de semitransmissão, como um blog, ou qualquer outra forma textual assíncrona, como um bate-papo. Nossos relacionamentos e mensagens guiam a escolha do meio, e os meios de comunicação continuam contendo suas próprias mensagens.

Nossa pesquisa da comunidade e cultura online se beneficiará de uma observação mais atenta dos diferentes contextos de comunicação. Por que você escolheria o Facebook para comunicar uma mensagem pessoal em vez de um e-mail para a conta de alguém? Por que você escolheria o microblog Twitter em vez de postar uma atualização de *status* em sua página do MySpace? Por que você faria um breve comentário sobre a postagem de outra pessoa no blog impopular de um terceiro, em vez de fazer o mesmo comentário naquele blog mais popular? Por que você prefere conversar privadamente com alguém em um mundo virtual em vez de fazer uma reunião audiovisual "face a face" usando o iChat ou o NetMeeting? Por que você postaria um link para um vídeo com os seus próprios comentários em vez de uma postagem em blog? Ainda sabemos muito pouco sobre as escolhas interativas virtuais das pessoas e seus significados e implicações sociais. Essa é mais uma área rica à espera de teorização.

As relações entre comunidades online e corporações. As implicações sociais mais amplas dessas comunidades, sua presença, sua institucionalização e sua propriedade. Os usos sociais distintos e expressivos dos diferentes meios de comunicação online. Essas são três grandes áreas de investigação teórica que podem ser abordadas diretamente usando os métodos de pesquisa netnográfica apresentados neste livro.

A EXPANSÃO DO UNIVERSO DA INTERNET

A expansão e incrível diversificação das comunidades online e do "espaço" da internet é muito parecida com o big-bang. Podemos fazer essa analogia com bastante facilidade (ver Kozinets, 2005). Astrofísicos teorizam que o evento de criação do big-bang teria criado o nosso universo há mais de 13,7 bilhões de anos. Mas foi somente no final de 1990 que a World Wide Web foi inventada, e o crédito por isso deve ser dado a Tim Berners-Lee, um cientista do CERN, o laboratório de física na Suíça. A web sequer estava aberta ao público em geral até 1993, com o lançamento do Mosaic, o primeiro navegador gráfico amplamente disponível. As comunidades online, está claro, surgiram antes desses desenvolvimentos, e hoje elas continuam crescendo em tamanho e influência, e alteraram radicalmente as suas formas.

Assim como a vida é extremamente promíscua, com ervas daninhas abrindo caminho através das rachaduras no cimento árido das ruas da cidade, também é assim o começo de uma comunidade: flexionam-se as ferramentas da tecnologia e constroem-se colmeias prósperas de interatividade dentro e dentre as múltiplas ofertas de eletrônicos da internet em constante expansão. Podemos, dessa forma, pensar as formas básicas de comunidade da internet – o quadro, a página, o anel e a sala – como os elementos essenciais da comunidade online. Clones, mutações e fusões desses arquétipos são gerados.

A tarefa do netnógrafo é ser tanto explorador quanto cartógrafo desse novo e empolgante terreno cultural, e também antropólogo, um explorador que estuda de maneira respeitosa e minuciosa as pessoas que surgem rapidamente para habitar e colonizar esses novos mundos virtuais. No Capítulo 5, forneci algumas breves introduções e descrições de um número de locais de cultura e comunidade online: quadros de avisos, salas de bate-papo, ambiente de jogos, mundos virtuais, listas, anéis, blogs, wikis, websites de áudio/vídeo, agregadores de conteúdo social e websites de redes sociais. Embora cada um desses meios mereça um capítulo à parte, ou um artigo de revista que descreva uma abordagem netnográfica adaptativa, neste capítulo poderemos compartilhar alguns pensamentos introdutórios para ajudar a dirigir e desenvolver as pesquisas em andamento, e remeter o leitor interessado a outras citações e fontes, quando disponíveis.

A NETNOGRAFIA DOS BLOGS

A ascensão dos blogs e da blogosfera é um fenômeno fascinante, habilmente descrito em *Blogging* (2008), livro erudito, mas acessível, de Jill Walker Rettberg. A partir desse livro, fica claro que o blog tem tido e continuará tendo um impacto notável na vida social, na política, nas relações corporativas e na resistência do consumidor. A informação comunitariamente criada em blogs também oferece os mesmos tipos de ideias e influências que anteriormente foram atribuídas a quadros de avisos: comentários e *feedback* dirigidos, precisos, influentes sobre determinados estilos de vida ou de outras arenas sociais. Os blogs, assim, oferecem uma poderosa oportunidade de entrar em *lifestreams* culturais. Eles são uma fonte de informação que podem conter dados longitudinais detalhados ricos sobre os indivíduos e suas práticas de consumo, valores, significados e crenças.[14]

Parece claro que nossa abordagem netnográfica para blogs deve ser diferente daquela para quadros de avisos. Nossa entrada provavelmente será dirigida por diferentes mecanismos de busca, como o blogger.com e o Technorati. Para fazer nossa escolha de websites, podemos ser influenciados pelas classificações destes a respeito dos "pontos de autoridade" de diferentes blogs e pelas características diferenciadoras que classificam o impacto de blogs individuais em públicos mais vastos. Uma observação-participante em blogs precisaria ser cuidadosamente considerada; em alguns blogs, aqueles com poucos comentários, por exemplo, as postagens do próprio pesquisador podem prejudicar o fluxo normal de mensagens comunais. O engajamento pode simplesmente constituir leitores regulares. Respostas que poderiam ser excessivamente intrusivas podem ser oferecidas como comentários ou postagens no blog do pesquisador ou em outros fóruns, como as redes sociais.

As formas de acesso mais restritas, tais como as encontradas no LiveJournal e em outros formatos de comunidade, podem ser muito úteis. Blogs também exigiriam um estilo mais visual de análise do que os elementos textuais do fórum ou de um quadro de notícias mediano. Obter permissões para realizar uma netnografia ética também seria necessário. Quase certamente, você gostaria de entrar em contato com o proprietário do blog e contar sobre a sua pesquisa. Você provavelmente também vai querer perguntar a ele sobre como prefere ser citado na pesquisa. Quando o relatório estiver concluído, você pode querer postá-lo online e sugerir que o blogueiro também faça uma ligação com ele e, talvez, se houver interesse, comentá-lo em seu próprio blog. Para outras ideias muito úteis sobre etnografia online com blogs, consulte Hookway (2008).

A NETNOGRAFIA DAS REDES SOCIAIS

Os websites de redes sociais são outro fascinante campo para estudos de comunidade online. A entrada nessas comunidades pode ser tão fácil quanto aderir a um serviço comercial como Bebo ou Orkut. O acesso e a participação nos muitos grupos e atividades de interesse – incluindo jogos online – é relativamente simples. A divulgação da identidade como pesquisador é crítica nessas etapas iniciais. Essa informação pode aparecer em perfis alheios e provavelmente em outros lugares, e é possível que isso modere ou altere algumas das respostas recebidas.

As diversas modalidades de interações em websites de redes sociais oferece um rico local para examinar as noções de comunicação, e sua forma comercial-comunal híbrida as torna altamente relevantes para a investigação de temas nessa área. Os acotovelamentos aparentemente intermináveis entre os websites de redes sociais e suas bases de membros em torno de publicidade e acesso contribuem para estudos de casos interessantes, e servem como alimento para uma teorização impactante. As redes de pessoas e a disponibilidade de dados se prestam a diversos métodos de análise e representação de dados da comunidade. Muitos híbridos produtivos entre análise de redes sociais e netnografia podem ser realizados em tais websites.

Websites de redes sociais podem não ser apenas fóruns úteis para serem estudados em si mesmos. Por exemplo, Kozinets (em produção) estuda as relações que os usuários do Facebook expressam com marcas comerciais em grupos de "fãs". Websites de redes sociais também podem ser úteis para encontrar participantes de pesquisa interessados. Os grupos podem ser utilizados para divulgar sua própria investigação, levando as pessoas a uma página da pesquisa ou outras modalidades de contato. Como discutimos no Capítulo 8, o contrato dos termos de serviço de alguns websites de redes sociais pode ser restritivo, de modo que seguir os procedimentos éticos é uma preocupação importante. Além disso, o netnógrafo deve ter muito cuidado em relação às idades dos participantes da pesquisa, assegurando que protocolos adequados sejam observados para obter o consentimento informado de maneira apropriada. Além disso, o uso de citações no relatório final e a atenção aos direitos autorais devem ser cuidadosamente considerados.

A NETNOGRAFIA DOS MUNDOS VIRTUAIS

Mesmo neste breve panorama, certamente não podemos ignorar os mundos virtuais. Um grande número de trabalhos acadêmicos já constituíram uma abordagem etnográfica ao estudo de mundos virtuais (para um exemplo inicial, ver Taylor, 1999). Mundos virtuais são fascinantes por causa da aparente "personificação" de seus membros como avatares. As comunicações em tempo real, a entrada e as subsequentes interações assumem uma forma que, em alguns aspectos, assemelha-se mais à etnografia em pessoa do que às netnografias textuais de quadros de avisos. Nossa entrada em um mundo virtual significa ingressar em um tipo de cidadania que normalmente não pode, por sua natureza, ser discreta ou invisível. A coleta de dados assemelha-se mais à videografia, com soluções de software de captura contínua e tomada de tela de considerável valor.

Em nossa pesquisa, eu e Richard Kedzior teorizamos que a autonetnografia pode ser especialmente valiosa em mundos virtuais (Kozinets e Kedzior, 2009). Autonetnografia é um estilo mais participativo e autobiográfico de netnografia, que observa mais de perto a reflexão pessoal em primeira mão como apreendida em notas de campo. Uma vez que os mundos virtuais envolvem uma "reencarnação", um novo sentido de mundo (ou *reworlding*) e a capacidade de habitar múltiplos mundos em múltiplos corpos, ou multiperspectivalidade, muitos dos aspectos mais interessantes dos fenômenos são vividos de um ponto de vista subjetivo que não é facilmente capturado por meio de interações ou entrevistas com outras pessoas. Com seu profundo conhecimento, não ameaçando ou exigindo a permissão de outros participantes, a autonetnografia também pode simplificar os procedimentos éticos de pesquisa complexos.

Para realizar pesquisa ética em um mundo virtual, medidas necessárias precisariam ser seguidas a respeito de permissões, autoidentificação, citação de outras pessoas e demais procedimentos. Oportunidades de participar e interagir com outros membros da cultura em mundos virtuais pode transparecer naquele mundo em um local especialmente programado e patrocinado pelo netnógrafo, tal como uma "ilha de investigação". Alternativamente, os participantes da cultura podem ser conduzidos por meio de contato síncrono dentro de um mundo para outras áreas, tais como fóruns, blogs, ou outros tipos de interação que poderiam advir.

A EXPANSÃO DA NETNOGRAFIA

O futuro para a netnografia nunca pareceu mais brilhante.

À medida que essas formas crescem, mudam e se misturam com jogos *multiplayer* online, wikis, comunicações móveis e serviços integradores de fornecimento de mídia, como o Feedster, vamos ver a contínua expansão dos limites das comunidades e culturas virtuais. Nossas vidas, como estudiosos, consumidores, amigos, membros, vão tornar-se cada vez mais entrelaçada com elas.

Com uma base sólida de procedimentos netnográficos funcionando, estudiosos e pesquisadores podem apontar para técnicas legítimas enquanto constroem um alicerce consistente de conhecimento. Seguir procedimentos comuns facilitará netnografias multipessoais, onde colaboradores dispersos geograficamente, disciplinarmente e até mesmo temporalmente podem utilizar sinais comuns para harmonizar sua abordagem e falar com uma voz metodológica consistente.

Existem, inclusive, possibilidades sedutoras de netnografias "massivamente multipessoais", onde dezenas ou mesmo centenas de netnógrafos, operando em vários países e domínios disciplinares, coletam, analisam e relatam descobertas sobre mudanças em grande escala que ocorrem em várias comunidades e culturas da internet e da TIC. Contudo, ainda resta muito a ser feito para detalhar as diferenças nos procedimentos netnográficos necessários em diferentes países e regiões. Este livro apresenta técnicas inclinadas para o contexto norte-americano, em particular os Estados Unidos. No entanto, grande parte do crescimento da internet, do futuro e do crescimento da própria pesquisa da internet virão de fora dessa região. Adaptações de netnografia para culturas, etnias, línguas, regiões e nações são tão fundamentais para o desenvolvimento da técnica como o são adaptações da abordagem para formas diferentes e em constante mudança dos meios de comunicação.

Outra área com imenso potencial é a combinação da "mineração de dados" ostensivamente observacionais e técnicas de análise de conteúdo com a orientação cultural participativa da netnografia. O poder computacional pode ser extremamente valioso para digitalizar milhões de conversas que fluem por meio da internet, e também para filtrá-las, classificá-las e separá-las em categorias predeterminadas ou emergentes. A disponibilidade de avançadas técnicas assistidas por computador pode ser bastante sedutora por que elas podem levar os pesquisadores a tentar automatizar a coleta e a análise de dados, descontextualizando, assim, dados culturais. Embora pareçam estar classificando os dados, o abuso desses programas – ou, melhor, da facilidade de coletar dados netnográficos usando um mecanismo de busca – deve levar nossa atenção e preocupação de volta para a importância de compreender de forma autêntica significados culturalmente incorporados. Não podemos escrever sobre culturas que realmente não entendemos. E o credo do etnógrafo é que não podemos compreender verdadeiramente a cultura se não tivermos passado tempo suficiente dentro dela para entender o que significa adesão. Isso não significa desconsiderar métodos múltiplos, de forma alguma. A aplicação de uma abordagem sistemática de métodos mistos pode revelar muitas facetas de uma cultura, tais como suas estruturas sociais ocultas. Mas o elemento fundamental, o núcleo desses métodos, deve ser a compreensão cultural para que essa abordagem possa ser considerada netnográfica.

PARA CONCLUIR: SURFANDO COM ANTROPÓLOGOS

Nós, este grupo, esta comunidade de antropólogos conectados, temos a capacidade de rastrear interações culturais onde elas se manifestam.

Nós, os netnógrafos da rede, os caçadores e coletores de URLs e mecanismos, perfumes e figuras, olhares e capturas. Atravessamos oceanos, não de água, mas de uma infinidade de fluxos de dados que correm, rugem, e se cruzam. Detetives digitais, *bricoleurs* em bits e bytes, estamos constantemente adaptando, instalando, programando, ligando, questionando, interpretando, refletindo, observando. Seguindo a mistura. Conectados e desconectados. Desconectados e conectados. Pedindo permissão em público do público, para o público, para consentir e assentir a momentos de dissenso e memorável representação. Contando nossas histórias com nossas caudas a perigo.

Abrindo um novo caminho por meio de um antigo bosque onde cabos de cobre piscando crescem como videiras verdes em grossas árvores da floresta exuberante. Segurando firme e forte na ponte das velhas tradições, traçamos nosso caminho para o interior dessas novas cavidades, exploramos esse novo lugar, conhecemos e aprendemos com as pessoas, para as pessoas, como uma pessoa.

Nosso cabeamento é interativo, nosso DNA, tribal. Como *cyborgs*, cada vez mais nos plugamos em redes para nos conectar. Talvez, como Erik Davis (1998, p. 334-35) sugere, estamos em um "caminho de rede" explorando "um modo de espírito multifacetado, mas integrante, que pode humana e sensatamente navegar na casa tecnológica dos espelhos" em uma matriz "em chamas dentro de línguas enredadas", uma realização da "noosfera" do paleontólogo jesuíta Pierre Teilhard de Chardin (1959).

Os *loops* de *feedback* de nossas muitas culturas e comunidades se interconectam cada vez mais e ganham seus próprios *loops* de *feedback*. Suas ideias textuais se fundem com a inspiração fotográfica dela, as imagens visuais dele são digitalizadas no projeto gráfico dela, esse conjunto gráfico acompanhado dessa música torna-se a trilha sonora do vídeo de outra pessoa no YouTube, e fica famoso por meio de pontos de classificação, transformado em um romance gráfico e eventualmente exibido em TV aberta, com planos para uma adaptação teatral *off*-Broadway.

Tudo isso discutido, tudo isso debatido, tudo isso publicado em blogs e microblogs e promovido com montes de OMGs* (Oh Meu Deus) e LOLs* (rindo alto). E nós estaremos lá.

---

* N. de T.: OMG, do inglês "Oh my God", significando "Oh meu Deus"; LOL, do inglês "laughing out loud", significando "rindo alto". Ambas são expressões utilizadas por usuários da rede.

Faremos parte disso. Uma parte da web, as redes de trabalho que funcionam por meio de uma sociabilidade recém-socializada, que se estende da pessoa ao lado a alguém do outro lado do planeta, do espreitador mais passivo ao mais ocupado *prosumer*, alcançando desde os momentos de vídeo mais absurdamente ridículos às mais sagradas escrituras que compartilhamos. Cada elemento abençoado da nossa cultura terá vertentes de e para nossa conectividade online.

A internet mudou nossa realidade: a realidade de ser um membro da sociedade, um cidadão, um consumidor, um pensador, um falante, um denunciante, um blogueiro, um amigo, um fã, um organizador, um fazedor. Um estudioso, um colega, um pai, um estudante.

Talvez você faça sua própria netnografia. Talvez você leia e aprecie netnografias, ou as analise e avalie, ou lute para entender ou trabalhar com elas. Seja qual for o seu vínculo, eu espero que você encontre alegria e inspiração nessa nova e emocionante área de interconexão humana. Pois, talvez, tão importante quanto nosso rigor científico, seja nossa diversão. A netnografia – como a etnografia – deve ser, na maior parte do tempo, uma alegre e irrestrita busca de descobertas, novas relações e novos relacionamentos.[15]

Vejo você online!

RESUMO

Neste breve último capítulo, aprendemos sobre a trajetória da teoria e da prática em netnografia enquanto previmos e sugerimos possibilidades excitantes para o crescimento e a adaptação constante do método. Três áreas teóricas e temas gerais que podem ter importância crescente são:

1. a relação entre empresas e comunidades eletrônicas;
2. as implicações sociais das comunidades online, sua presença, institucionalização e posse; e
3. os diferentes usos sociais dos diferentes meios de interação online.

Investigações sobre determinados sites da cultura e comunidade online exigem adaptações específicas da netnografia. Este capítulo faz um apanhado geral da adaptação da abordagem para blogs, mundos virtuais e websites de redes sociais. Muitos outros websites de comunidade virtuais e modos de pesquisa estão disponíveis aos netnógrafos, apresentando excelentes oportunidades para desenvolver mais o método.

Leituras fundamentais

Hookway, Nicholas (2008), '"Entering the Blogosphere": Some Strategies for Using Blogs in Social Research', *Qualitative Research*, 8: 91–113.

Kozinets, Robert V. (2005) 'Communal Big Bangs and the Ever-Expanding Netnographic Universe', *Thexis*, 3: 38–41.

Kozinets, Robert V. (2006) 'Netnography 2.0', in Russell W. Belk (ed.), *Handbook of Qualitative Research Methods in Marketing*. Cheltenham, UK and Northampton, MA: Edward Elgar Publishing, pp. 129–42.

Kozinets, Robert V. and Richard Kedzior (2009) 'I, Avatar: Autonetnographic Research in Virtual Worlds', in Michael Solomon and Natalie Wood (eds), *Virtual Social Identity and Social Behavior*. Armonk, NY: M.E. Sharpe, pp. 3–19.

Notas finais

1. Essas aglomerações eletronicamente mediadas de almas em sintonia têm sido variavelmente chamadas de "online", "virtuais", "mediadas por computador", ou mesmo "comunidades eletrônicas" ou "e-tribos". E apesar de "comunidade virtual" ter sido o termo mais popular durante a maior parte da década de 1990, ele encontra-se em declínio, provavelmente por causa da conotação do termo "virtual" como uma indicação de que essas comunidades eram simulações, imagens espelhadas inautênticas, irreais. Neste livro, eu prefiro usar o termo "comunidade online" – embora admita livremente que esse termo, como todos os outros, tem suas desvantagens e pode muito bem ser substituído por outro mais novo ou melhor.
2. Alguns podem sugerir, e sou sensível a essa perspectiva, que a cibercultura não pode ser essencializada e universalizada em alguma forma de cultura que existe em um reino separado de outros sistemas de significação. Ela deve permanecer sempre articulada com outros aspectos da cultura, sejam eles linguísticos, materiais, ou comportamentais.
3. Embora os autores do relatório não forneçam informações ou analisem seus resultados de pesquisa, gostaria de explicar o contraste com resultados anteriores do Pew, de 84%, que tinham a atividade comunitária online como exposto a seguir. Em primeiro lugar, as definições de "afiliação" à comunidade do Digital Future Project são consideravelmente mais restritivas do que as do Pew Internet Report. Suas perguntas indagam, especificamente, se a pessoa é "um membro" de uma comunidade online, definindo comunidade como "um grupo que compartilha pensamentos ou ideias, ou trabalha em projetos comuns, por meio de comunicação eletrônica única" (The Digital Furure Report 2008, p. 101). Essa ênfase na afiliação, bem como a exigência de que o grupo se encontre exclusivamente por meio de comunicações electrônicas – e também a exclusão um tanto surpreendente de bem mais do que 100 milhões de pessoas no mundo que se conectam usando websites de redes sociais – provavelmente torna a "participação em comunidade online" regular semelhante a uma forma de assinatura, criando um padrão mais elevado. O Pew Internet Report de 2001, ao contrário, simplesmente perguntou sobre as atividades e experiências que as pessoas tinham com comunidades mais amplamente definidas. Este representava um padrão mais fácil de alcançar. Em segundo lugar, o Pew Internet Report foi realizado em 2001, bem antes de muitas das atividades de "integração" da internet e da "Web 2.0" terem começado, como blogs e websites de redes sociais. Eu poderia concluir disso que a amostra que o Pew extraiu tinha usuários online consideravelmente mais experientes, e que esses números representavam pessoas que estavam conectadas há mais tempo e cujas experiências tinham se ampliado para incluir mais contato com outras pessoas. Podemos muito bem ver números semelhantes se estabelecerem à medida que a experiência e os efeitos de aprendizagem se difundem entre os muitos usuários mais recentes da internet capturados nas pesquisas do Digital Future Project.
4. Naturalmente, é possível, e muitas vezes desejável, realizar uma pós-netnografia estrutural, tal como a de Hine (2000) ou Danet (2001). Em uma abordagem pós-

-estrutural, as relações e os significados são considerados muito mais contingentes e complexos do que seriam em uma abordagem estrutural.
5. Esses procedimentos são, evidentemente, uma simplificação guiada pelos pontos retóricos que eu desejo transmitir e ilustrar. Diferentes etnografias terão diferentes tipos de preocupações (p. ex., a autoetnografia não está particularmente preocupada com a seleção do local). Contudo, esses procedimentos servem como um quadro geral para contrastar e desenvolver netnografia.
6. Na verdade, grande parte de minha própria pesquisa netnográfica publicada até o momento tende a se concentrar em grupos de discussão (ver Brown et al., 2003; Kozinets, 2001, 2002a; Kozinets e Handelman, 2004; Kozinets e Sherry, 2005). Por algum tempo, como indica o registro acadêmico, eles foram a principal atividade na cidade para os pesquisadores da comunidade online.
7. Sim, a ideia de cópias impressas em árvores mortas é mais do que um pouco irônico. Mas para aqueles com mais de 30 anos de idade, ou privados de um bom tablet, o acesso a anotações em papel ainda pode ser útil.
8. O sistema operacional e o navegador podem não ser totalmente salientes para a discussão, mas eles explicarão por que as imagens gráficas representadas nas figuras têm a aparência que têm. Eles também podem ser de interesse para aqueles que têm uma inclinação mais técnica. O encadeamento de mensagens, intitulado "O capitalismo não destrói o meio ambiente?", tem 67 mensagens de 17 autores. Ele pode ser encontrado online em http://groups.google.ca/group/alt.global-warming/browse_thread/thread/a9e43878ddc9340d/198b4a1696000546?hl=en&lnk=gst&q=capitalism#198b4a1696000546, ou, mais simplesmente, digitando o título do *thread* na janela dos Grupos do Google e pressionando "Procurar grupos".
9. Capturas de tela de movimento completo (*full-motion*) são mais convenientes durante comunicações síncronas, como com um bate-papo online ou entrevista audiovisual. As entrevistas ou bate-papos são capturados automaticamente, e o netnógrafo pode se concentrar em estabelecer empatia, atentando para as *nuances* e fazendo perguntas perspicazes. Dependendo do seu estilo e preferências como pesquisador, um software de captura de tela completa também pode ser útil para gravar explorações gerais do seu website de exploração. O software não é um substituto das notas de campo de alta qualidade, embora possa oferecer um complemento muito útil para elas.
10. Não estou incluindo o ativismo online como uma opção realista, embora tenha me ocorrido. Talvez um dia um netnógrafo corajoso se engaje em uma campanha influente para livrar o mundo online (ou algum cantinho dele) do spam, dando início, a partir de um quadro de pesquisa de ação participativa, a um poderoso movimento social por meio da netnografia.
11. Além disso, os pseudônimos e nomes na mensagem foram encobertos, substituindo-os por diferentes pseudônimos ou nomes. A razão para isso é respeitar interesses éticos de pesquisa. Como explica o Capítulo 8, essa é uma forma mínima de camuflagem usada para assegurar o anonimato, diminuindo o risco de danos à comunidade e aos indivíduos.
12. Qualquer bom software pode ser usado para esses fins, e não apenas as ofertas da Microsoft. O livro de Hahn (2008) usa esses exemplos, e assim eu também os utilizo. Mas as opções incluem muitas ofertas de código aberto, tal como a suíte de programas do Google, como o Google Docs, que é livre e pode ser descarregada da internet.
13. No passado, Kozinets (2002a, 2006a) recomendou vários procedimentos éticos que envolvem divulgação completa, obtenção de consentimento e permissões e cautela no uso de citações diretas. Cada um dos procedimentos específicos foi transcendido pelas sugestões atualizadas e orientações oferecidas neste capítulo.
14. Por exemplo, em Kozinets (2006a), eu forneci um breve exemplo de uma net-

nografia orientada ao mercado de um blog dedicado à cerveja de raiz Barq, enfatizando seu rico e multifacetado mundo de significados individualizados, histórias personalizadas, conexões sócio-históricas e comuns e práticas articuladas. Um estudo netnográfico muito mais detalhado de como blogueiros reagem ao *marketing* boca a boca pode ser encontrado em meus trabalhos em coautoria (Kozinets et al., 2010).

15. Para fechar este livro, gostaria de enfatizar certo senso de humor, citando um hino netnográfico que recentemente compus para meu blog. Ele foi criado para ser cantado ao som de uma famosa canção dos Beatles, e está incluso no livro como Apêndice 2. Por que não o cantarolamos uma vez e depois cantamos juntos, com cuidado e plena atenção, enquanto começamos a nos preparar para, mais uma vez, mergulhar os dedos dos pés naquele fluxo de dados em constante mudança, naquele lugar misterioso, ecoante e borbulhante, sempre presente e sempre capturado, aquele campo que vive atrás de nossas telas?

Glossário

Abstrair: separar códigos categorizados em construtos conceituais, padrões ou processos de ordem superior, ou mais gerais; parte do processo de análise de dados qualitativos.

Acessibilidade: a abertura à participação e disponibilidade geral de inclusão cultural em comunidades e culturas online; por exemplo, quase todos os grupos de discussão públicos estão abertos à participação de novos membros e estão disponíveis para leitura a qualquer pessoa com acesso à internet; um dos quatro elementos característicos que distinguem as experiências sociais online a partir de interações face a face.

Agregadores sociais de conteúdo: websites e serviços projetados para ajudar as pessoas a descobrir e compartilhar comunalmente conteúdo da internet, assim como votar e comentar sobre ele; um local potencial de comunidade e cultura online.

Alteração: a transformação da interação social que ocorre devido às comunicações e transações serem mediadas por computador ou tecnologicamente (p. ex., só permitindo que texto ou imagens digitalizadas sejam trocadas); um dos quatro elementos característicos que distinguem experiências sociais online de interações face a face.

Análise de dados indutiva: um tipo de análise de dados em que observações individuais são acumuladas para obter uma compreensão mais global de um determinado fenômeno; a análise de dados netnográficos é indutiva.

Análise de Rede Social: um método de análise focado nas estruturas e padrões de relações entre as pessoas – bem como entre organizações, estados e outras entidades; útil para determinar as relações estruturais dentro de e entre comunidades online.

Ancoramento: um critério de qualidade netnográfica em que a representação teórica é apoiada por dados, e as ligações entre os dados e a teoria são claras e convincentes.

Anéis: organizações de websites relacionados ligados entre si e estruturados por interesse; em grande parte obsoleto; um local potencial de comunidade e cultura online.

Anonimato: a opção libertadora e complicadora da participação cultural sob condições em que o nome ou verdadeira identidade de alguém está oculto; um dos quatro elementos característicos que distinguem experiências sociais online de interações face a face; ver também **Pseudonímia**.

Anotações: fazer reflexões sobre os dados ou outros comentários anotados nas margens dos dados; parte do processo de análise de dados qualitativos.

Arquivamento: o salvamento e armazenamento automático de registros de interações culturais; um dos quatro elementos característicos que distinguem experiências sociais online de interações face a face.

Autonetnografia: adaptado de autoetnografia; uma netnografia composta principalmente de reflexão pessoal autobiográfica sobre a participação em uma comunidade online, conforme capturada em notas de campo e em outros registros subjetivos dessa experiência.

Blog: abreviatura popular para weblog; um tipo especial de website que é atualizado com frequência e que consiste em entradas datadas e organizadas em ordem cronológica reversa; um local potencial de comunidade e cultura online.

CAQDAS: acrônimo para Computer-Assisted Qualitative Data Analysis e seu software relacionado; programas de computador que ajudam o pesquisador em sua análise de dados qualitativos. Útil para projetos netnográficos que envolvam gerenciamento e análise de conjuntos de dados grandes, complexos e/ou diversificados.

Cibercultura: um tipo distinto de cultura que se desenvolveu juntamente com as tecnologias de comunicações e informação digital, especialmente a internet; sistema de significado aprendido, que inclui crenças, valores, práticas, papéis, e línguas, que ajuda a direcionar e organizar determinadas formações sociais online ou relacionadas à tecnologia.

Codificação: aposição de códigos ou categorias de dados extraídos de notas de campo, entrevistas, documentos, ou, no caso de dados netnográficos, outro material cultural baixado da internet ou outros websites de TIC; categorias para codificação geralmente emergem indutivamente por meio de uma leitura atenta dos dados, em vez de serem impostas por categorias prescritas; parte do processo de análise de dados qualitativos.

Coerência: um critério de qualidade netnográfica onde cada interpretação reconhecidamente diferente em uma netnografia é livre de contradições internas e apresenta um padrão unificado.

Comunicação(ões) mediada(s) por computador, ou CMC: qualquer comunicação que se realiza por meio de um computador ou rede; CMC inclui fóruns, postagens, mensagens instantâneas, e-mails, salas de bate-papo, assim como mensagens de texto por telefone celular.

Comunicações assíncronas: comunicações que são escalonadas no tempo, tais como mensagens em quadros de avisos, website, fóruns ou correio eletrônico; uma comunicação assíncrona pode espalhar uma mensagem ou interação curta ao longo de um período de dias, semanas ou mesmo meses; contrastado com **Comunicações sincrônicas**, ou "em tempo real".

Comunicações sincrônicas: comunicações que ocorrem em "tempo real", tais como ligações telefônicas, conversas face a face e bate-papo; em contraste com **Comunicações assíncronas**.

Comunidade online: uma comunidade manifesta por meio de qualquer forma de comunicação mediada por computador; um grupo de pessoas que se comunicam e compartilham interação social e laços sociais por meio da internet ou de outra comunicação mediada por computador, como correio eletrônico, listas, fóruns, grupos de discussão, websites de compartilhamento de fotos, blogs, mundos virtuais ou websites de redes sociais; os níveis de participação variam amplamente, desde assinantes em grande parte passivos até organizadores altamente envolvidos.

Comunidade virtual: outro termo para comunidade online; termo popularizado pelo pioneiro da internet Howard Rheingold (1993, p. 5), que definiu as comunidades virtuais como "agregações sociais que emergem da rede quando pessoas suficientes continuam [...] discussões públicas por tempo suficiente, com sentimento humano suficiente, para formar teias de relações pessoais no ciberespaço".

Comunidade: um grupo de pessoas que compartilham interação social, laços sociais e um formato de interação, localização (ou "espaço") comum; em netnografia, o "espaço" é o "ciberespaço" da comunicação mediada por computador ou tecnologia; os limites de afiliação comunitária podem ser compreendidos em termos de autoidentificação como membro, contato repetido, familiaridade recíproca, conhecimento compartilhado de alguns rituais e costumes, algum senso de obrigação e participação.

Conhecimento: um critério de qualidade netnográfica onde a netnografia reconhece e tem conhecimento da literatura e das abordagens de pesquisa relevantes.

Cultura: um sistema de significado aprendido, que inclui crenças, rituais e normas, comportamentos, valores, identidades e, em particular, línguas que, em geral, ajudam a organizar e dirigir determinadas formações sociais.

Entrada (*entrée*): o processo de entrada inicial em uma nova cultura ou comunidade, às vezes facililitado por um contato social; uma entrada bem-sucedida geralmente é precedida por pesquisa e investigação específica na cultura e na comunidade.

Entrevistas online: a realização de uma entrevista com mediação do computador; muitas vezes usada para se referir a entrevistas sincrônicas, de base textual, como as realizadas por meio de bate-papo; usada com menos frequência para se referir a entrevistas por e-mail, em áudio ou audiovisuais realizadas através da internet, embora todos esses usos sejam tecnicamente corretos.

Etnografia virtual: um tipo de estudo etnográfico de comunidades online cuja natureza virtual também deve ser considerada necessariamente parcial e inautêntica, pois ela só se concentra no aspecto online da experiência social, em vez de em toda a experiência; conforme Hine (2000).

Etnografia/netnografia mista: pesquisa que combina a coleta de dados e interações online com dados e interações coletadas por meio do contato face a face. Diretrizes para etnografia/netnografia mista incluem considerações sobre foco e questão de pesquisa, nível de integração *versus* separação, observação *versus* verbalização e identificação *versus* desempenho; ver também **Pesquisa de comunidade online** e **Pesquisa online de comunidades**.

Etnografia: uma abordagem antropológica na pesquisa da cultura baseada em técnicas de observação participante; os objetivos da etnografia são uma compreensão detalhada e sutil de um fenômeno cultural, e uma representação que transmite a experiência de vida dos membros da cultura, bem como do sistema de significado e de outras estruturas sociais que sustentam a cultura ou comunidade.

Fenomenológico: relativo ao estudo de estruturas de consciência experimentadas do ponto de vista em primeira pessoa; na netnografia, uma abordagem fenomenológica busca compreender e apreciar o conteúdo ou os significados da experiência dos membros em comunidades e culturas online.

Fóruns: trocas predominantemente baseadas em texto, muitas vezes organizadas em torno de determinadas orientações ou interesses comuns; os fóruns tendem a se originar como parte de websites corporativos ou profissionais; um local potencial de comunidade e cultura online, ver também **Quadros de avisos**.

Generalizar: elaborar um pequeno conjunto de generalizações para cobrir ou explicar as consistências no conjunto de dados; parte do processo de análise de dados qualitativos.

Human Research Subjects Review Committee: um dos nomes dados ao conselho ou comitê administrativo de uma universidade ou faculdade que precisa aprovar uma pesquisa com seres humanos quanto a sua adequação ética antes de ela ser conduzida; ver também **IRB**.

Inovação: um critério de qualidade netnográfico onde as construções, ideias, estruturas e forma narrativa fornecem novas e criativas maneiras de compreensão dos sistemas, estruturas, experiência ou ações.

Interpretativismo: uma escola de pensamento dedicada ao objetivo de compreender o mundo complexo da experiência vivida a partir do ponto de vista daqueles que a vivem; mais aplicável à netnografia por causa da influência da etnografia interpretativa.

IRB: Institutional Review Board; o nome dado nos EUA para o conselho ou comitê de administração de nível universitário ou faculdade que deve aprovar a pesquisa com seres humanos quanto a sua adequação ética antes de ela ser realizada; é fundamental que os netnógrafos tenham sua proposta de pesquisa aprovada, pois uma netnografia participativa é indubitavelmente pesquisa com seres humanos; ver também **Human Research Subjects Review Committee**.

IRE: do inglês, Internet Research Ethics; um campo de investigação interdisciplinar, importante e emergente que examina o que significa investigar eticamente em ambientes de pesquisa na internet ou online.

Listas: grupos de participantes que produzem de forma coletiva e compartilham regularmente e-mails sobre um determinado tópico ou assunto de interesse mútuo; um local potencial de comunidade e cultura online.

LOL: acrônimo popular na internet de "laughing out loud" (rindo alto).

Memorandos: Ver **Anotações**.

Microblogs: uma extensão do blog utilizando pequenas quantidades de texto atualizado com frequência, distribuídas seletivamente e, muitas vezes, por meio de múltiplas plataformas, incluindo plataformas móveis; um local potencial de comunidade e cultura online.

Mistura: critério de qualidade netnográfica que julga a medida em que a netnografia leva em conta a interligação dos vários modos de interação social – online e offline – nas vivências diárias dos membros da cultura, bem como em sua própria representação.

MMOG: acrônimo de massively multiplayer online game (jogos online massivos para múltiplos jogadores; também MMORPG, massively multiplayer online role-playing game: jogos de interpretação de personagem online e em massa para múltiplos jogadores).

Mundos virtuais: um tipo de espaço lúdico que combina o ambiente sincrônico, graficamente intenso, do jogo online com os processos sociais de base mais abertos de muitas das masmorras originais; um local potencial de comunidade e cultura online.

Netnografia "pura": também conhecida como netnografia "independente"; netnografia conduzida usando apenas dados e interação social mediados por computador, sem coleta de dados presencial, face a face ou componentes interacionais.

Netnografia: um tipo de etnografia online, ou na internet; a netnografia fornece diretrizes para a adaptação dos procedimentos de observação participante – planejamento para o trabalho de campo, fazer uma entrada cultural, reunir dados culturais, garantir uma interpretação etnográfica de alta qualidade e assegurar a estrita adesão aos padrões éticos – às contingências da comunidade e cultura online que se manifestam por meio de comunicações mediadas por computador.

OMG: sigla popular, significando "oh meu Deus".

Pesquisa da comunidade online (pesquisa em comunidades eletrônicas): o estudo de algum fenômeno diretamente relacionado às comunidades online e da própria cultura online, uma determinada manifestação delas, ou um de seus elementos.

Pesquisa online sobre comunidades: estudos que examinam alguns fenômenos sociais gerais cuja existência social se estende muito além da internet e das interações online, apesar de interações online poderem desempenhar um papel importante entre os membros do grupo.

Playspaces (espaços lúdicos): fóruns de comunicação onde uma ou mais pessoas interagem socialmente por meio do formato estruturado de desempenho de papéis e disputa de jogos; um local potencial de comunidade e cultura online.

Práxis: um critério de qualidade netnográfica que julga a medida em que a netnografia inspira e fortalece a ação social.

Pseudonímia: participação cultural regular sob condições em que o nome de alguém, ou sua identidade real, é substituído por um pseudônimo; pseudônimos são frequentemente relacionáveis aos nomes reais dos membros; em condições de pseudonímia, os pseudônimos dos membros da cultura tornam-se um identificador persistente e real.

Quadros de avisos (ou fóruns): trocas predominantemente baseadas em texto, muitas vezes organizadas em torno de determinadas orientações ou interesses comuns; os quadros de avisos tendem a se originar com pessoas interessadas; um local potencial de comunidade e cultura online; ver também **Fóruns**.

Reflexividade: um critério de qualidade netnográfica que julga a medida em que a netnografia reconhece o papel do pesquisador e está aberta a interpretações alternativas.

Ressonância: um critério de qualidade netnográfica que julga até que ponto uma conexão personalizada e sensibilizadora com o fenômeno cultural é adquirida.

Rigor: um critério de qualidade netnográfica que julga a medida em que a netnografia reconhece e adere às normas procedimentais de investigação netnográfica.

Salas de bate-papo: uma forma de comunicação online em que duas ou mais pessoas compartilham texto, geralmente para objetivos sociais, interagindo de forma sincrônica – em tempo real – e geralmente sem desempenho de papéis imaginários (mas muitas vezes com um complexo conjunto de siglas, atalhos e emoticons); um local potencial de comunidade e cultura online.

Software de captura de tela de imagem estática: programas de computador que capturam uma imagem gráfica semelhante a uma fotografia de uma tela de computador, ou de parte da tela; também chamado software de "captura de tela"; útil para a coleta de dados estáticos gráficos, fotográficos ou de outro tipo, baseados em imagem.

Software de captura de tela de movimento completo: programas de computador que registram, momento a momento, o que aparece na tela do computador, e que também podem incluir áudio; útil para a coleta de dados audiovisuais, bem como para manter registros detalhados de interação e exploração netnográfica.

Spam: mensagens em massa não solicitadas; quase todo tipo de comunidade online recebe spam; os netnógrafos precisam aprender a lidar com essas mensagens, pois elas não podem ser consideradas iguais às interações dos membros da cultura entre si.

Tecnocultura: palavra oferecida para representar a perspectiva de que a tecnologia não determina a cultura, e a cultura não determina a tecnologia, mas que ambas são forças sociais codeterminantes e coconstrutivas.

Teorizar: confrontar generalizações obtidas dos dados com um corpo de conhecimento formalizado que usa construtos ou teorias; parte do processo de análise de dados qualitativos.

TIC: abreviatura de tecnologias de informação e comunicação; estas incluem a internet, um termo genérico para qualquer dispositivo ou serviço tecnológico que permite o compartilhamento de informações e/ou comunicações; as TIC incluem hardware e software, redes de computadores, sistemas de satélite e telefones celulares, bem como internet, televisão e rádio, além dos diversos serviços e aplicações associados, tais como mensagens instantâneas, canais a cabo especializados e computação móvel.

Verificação dos participantes: consulta aos membros da cultura, fornecendo um resumo, partes ou a totalidade de uma etnografia ou netnografia para sua consideração e comentários; simplificada em netnografia pelo acesso online; um procedimento recomendado, mas não necessário, para netnografia, e que pode ajudar, com a participação do pesquisador, na inclusão de vozes e perspectivas dos membros da cultura e na ética em pesquisa.

Verossimilhança: critério de qualidade netnográfica que julga a medida em que um sentido crível e realista de contato cultural e comunal é alcançado.

Websites áudio/visuais: locais online onde os participantes podem compartilhar e comentar sobre as produções gráficas, fotográficas, em áudio ou audiovisuais uns dos outros de forma assíncrona; um local de comunidade e cultura online potencial.

Websites de redes sociais (serviços; SNS): um formato de comunicações híbrido que oferece páginas individuais dedicadas, vários meios de interação, grupos de interesse e atividades, e comunidades disponíveis aos usuários por meio de vinculações seletivas; um local potencial de comunidade e cultura online.

Wiki: uma forma especializada e colaborativa de website em que a página é projetada para que esteja aberta a contribuições ou modificações de seu conteúdo; um local potencial de comunidade e cultura online.

Apêndice I

TERMO DE CONSENTIMENTO INFORMADO ONLINE PARA SER USADO EM WEBSITE DA PESQUISA

York University
Título do Projeto de Pesquisa: Estudando as experiências de boicote online dos participantes
Investigador Principal: Dr. Robert V. Kozinets
Termo de Consentimento para Pesquisa Online
Você está sendo convidado a ser um participante/voluntário em um estudo científico.

Finalidade:
O objetivo deste estudo é analisar as experiências de participantes de boicotes. Esperamos saber mais sobre as experiências de pessoas que participam de boicotes, bem como daquelas que desejam participar deles, e entender melhor o papel da interação online em tais experiências e intenções. Terminada a investigação, o pesquisador pretende publicar o estudo em uma revista acadêmica, podendo apresentá-lo em congressos acadêmicos. O website da pesquisa foi criado para informar as pessoas sobre ela e está disponível em http://www.boycottresearchprojectonline.com/notthereyet/

Procedimentos:
Se você decidir fazer parte deste estudo, sua participação envolverá:

- consentir uma entrevista a ser realizada pessoalmente, por telefone ou por meio de e-mail;
- essa entrevista levará cerca de duas horas;
- a mesma entrevista focará em suas experiências online e pessoais relacionadas a boicote;
- no caso de uma entrevista face a face, a sessão será gravada; a entrevista por telefone será gravada; a entrevista por e-mail será guardada para referência futura.

Riscos
Sua participação no estudo pode envolver os seguintes riscos:
    Não há riscos previsíveis ou desconfortos no presente estudo. Os riscos envolvidos não são maiores do que aqueles envolvidos em atividades diárias, como falar ao telefone ou usar o correio eletrônico. Uma vez que alguns dos temas relacionados a boicotes podem ser sensíveis, é possível que suas lembranças tornem-se pessoais e emocionais.

Benefícios
Sua participação no estudo pode lhe trazer os seguintes benefícios:
    Você não irá se beneficiar de nenhuma forma por participar do estudo. Contudo, sua participação contribuirá para nossa compreensão de boicotes e da experiência online.

Compensação
Não há nenhuma remuneração por sua participação nesta pesquisa.

Sigilo
Os seguintes procedimentos serão seguidos a fim de manter a sua informação pessoal em sigilo:

Para proteger o sigilo de sua identidade, seu nome não aparecerá em nenhuma publicação. Você receberá um pseudônimo (um nome falso) que será usado em vez de seu nome, para disfarçar sua participação. No caso de citações sobre coisas que você fez online (como postagens em fóruns, grupos de discussão ou entradas e comentários em blogs), esse disfarce poderia ficar vulnerável. Usando um mecanismo de busca, uma pessoa motivada poderia violá-lo, assim como poderia pegar uma citação feita na pesquisa e usar um mecanismo de busca para encontrar a página online real. Eles poderiam, portanto, violar o disfarce do pseudônimo usado na pesquisa e localizar a postagem original. Não prevemos descobrir informações sensíveis sobre você nesta pesquisa. No caso de isso acontecer, outras precauções serão usadas para proteger sua confidencialidade.

Os dados que coletarmos sobre você serão mantidos em sigilo dentro dos limites da lei. Para assegurar que esta pesquisa está sendo conduzida de forma adequada, o Human Subject Review Committee da York University pode ter acesso aos registros da pesquisa.

No caso de comunicações eletrônicas no consentimento online, você deve estar ciente de que este documento não está sendo executado a partir de um servidor HTTPS "seguro", como o tipo usado para lidar com transações de cartão de crédito. Existe, portanto, uma pequena possibilidade de que as respostas sejam visualizadas por pessoas não autorizadas, tais como hackers.

Custos para Você

Os participantes da pesquisa não terão nenhum custo como resultado de seu consentimento para serem entrevistados.

Direitos dos Participantes

- Sua participação neste estudo é voluntária. Você não tem nenhuma obrigação de participar.
- Você tem o direito de mudar de ideia e sair do estudo a qualquer momento, sem apresentar motivo e sem qualquer penalização.
- Qualquer nova informação que possa fazê-lo mudar de ideia sobre estar no estudo será fornecida a você.
- Você receberá uma cópia deste documento de consentimento.
- Você não renuncia a qualquer de seus direitos legais ao assinar ou concordar com este termo de consentimento.

Perguntas sobre o estudo ou seus direitos como participante da pesquisa

- Se você tiver alguma dúvida sobre esta pesquisa, você pode contatar o Dr. Robert Kozinets pelo telefone (777) 545-4975.
- Se você tiver alguma dúvida sobre seus direitos como sujeito da pesquisa, você pode contatar a Sra. Rita Jones, coordenadora do York University Human Participant Review Committee no número (777) 545-4999.

Você leu as informações nesta página e você concorda em participar?

(Marque uma alternativa)

☐ Li e entendi estas informações e concordo em participar.
☐ Eu não quero participar.

Endereço de correio eletrônico:

(necessário para confirmar a identidade)

| ENVIAR |

Apêndice 2

UM POEMA/CANÇÃO SOBRE FAZER NETNOGRAFIA

Cantada à melodia de *Come Together*, dos Beatles (ASCAP 1969)

click together

*here come old *H@Kk_Ur!*
he go surfin' all nightly
he got flickr eyeball he read global braindump he got ten servers in his big RV
must be influential he just post what he please*

*he shop all naked he got ebay football he got twitter finger he one second lifer
he say 'i friend you, you friend me'
All Is Information and It Got To Be Free
click together online community*

*he blogospheric he big technorati
he got google goggles he shoot youtube picture
he got cloudware clickstream on his page
look him up in facebook he make maximum wage
click together online community*

*he carpal tunnel he wear warcraft diaper
he got wiki widget he one porno filter
he say 'web plus web is two point oh'
got to be a broker he net portfolio
click together online community*

Referências

Adams, Tyrone L. and Steven A. Smith (eds) (2008) *Electronic Tribes: Virtual Warlds ot Geeks, Gamers, Shamans, and Scammers.* Austin, TX: University of Texas Press.

Allen, Gove N., Dan L. Burk and Gordon B. Davis (2006) 'Academic Data Collection in Electronic Environments: Defining Acceptable Use of Internet Resources', *MIS Ouarterly,* 30(3) (September): 599-610.

Altheide, David L. and John M. Johnson (1994) 'Criteria for Assessing Interpretive Validity in Oualitative Research', in Norman K. Denzin and Yvonna S. Lincoln (eds), *Handbook ot Oualitative Research.* Thousand Oaks, CA: Sage. pp. 485-99.

Andrews, Dorine, Blair Nonnecke and Jennifer Preece (2003) 'Electronic Survey Methodology: A Case Study in Reaching Hard-to-Involve Internet Users, *International Journal of Human-Computer Interactian,* 16(2): 185-210.

Andrusyszyn, Mary Anne and Lynn Davie (1997) 'Facilitating Reflection through Interactive Journal Writing in an Online Graduate Course: A Oualitative Study', *The Journal of Distance Educatian,* 12(1), available online at: www.jofde.ca/index.php/jde/article/viewArticle/266 (accessed 15 January 2009).

Arnold, Stephen J. and Eileen Fischer (1994) 'Hermeneutics and Consumer Research', *Journal of Consumer Research,* 21 (June): 55-70.

Arnould, Eric J. and Melanie Wallendorf (1994) 'Market-Oriented Ethnography: Interpretation Building and Marketing Strategy Formulation', *Journal of Marketing Research,* 31 (November): 484-504.

Association of Internet Researchers Ethics Working Group (2002) *Ethical Decision- Making and Internet Research: Recommendations trom the AOIR Ethics Working Committee,* available online at: www.aoir.org/reports/ethics.pdf

Atkinson, Paul A. (1992) *Understanding Ethnographic Texts.* Newbury Park, CA: Sage. Atkinson, Paul A., Amanda Jane Cottey, Sara Delamont, John Lofland and Lyn H. Lofland (2001) *Handbook of Ethnography.* Thousand Oaks, CA: Sage.

Bahktin, Mikhail (1981) 'Forms ofTime and the Chronotrop in the Novel', in Michael Holquist (ed.), *The Dialogic Imagination.* Austin: University of Texas Press. pp. 259-442.

Bakardjieva, Maria (2005) *Internet Society: The Internet in Everyday Life.* London: Sage. Bakardjieva, Maria and Andrew Feenberg (2001) 'Involving the Virtual Subject', *Ethics and Information Technology,* 2: 233-40.

Bassett, Elizabeth H. and Kate O'Riordan (2002) 'Ethics of Internet Research:

Contesting the Human Subjects Research Model', *Ethics enatntotmetion Technology,* 4: 233-47.

Baym, Nancy K. (1995) 'The Emergence of Community in Computer-Mediated Communication', in Stephen G. Jones (ed.), *Cybersociety.* Thousand Oaks, CA: Sage. pp. 138-63.

Baym, Nancy K. (1999) *Tune in, Log on: Soaps, Fandom, and Online Community.* Thousand Oaks, CA: Sage.

Baym, Nancy (2006) 'Finding the Quality in Qualitative Research', in David Silver and Adrienne Massanari (eds), *Critical Cyberculture Studies.* New York: New York University Press. pp. 79-87.

Bazeley, Patricia (2007) *Qualitative Data Analysis with NVivo.* Thousand Oaks, CA: Sage. Beaulieu, Anne (2004) 'Mediating Ethnography: Objectivity and the Making of Ethnographies of the Internet', *Social Epistemology,* 18(2-3; April-September): 139-63.

Beaven, Zuleika and Chantal Laws (2007) '"Never Let Me Down Again": Loyal Customer Attitudes Towards Ticket Distribution Channels for Live Music Events: a Netnographic Exploration of the US Leg of the Depeche Mode 2005-2006 World Tour', *Managing Leisure,* 12(2&3), April: 120-42.

Belk, Russell W. (1987) 'ACR Presidential Address: Happy Thought', in Melanie Wallendort and Paul Anderson (eds), *Advances in Consumer Research, Volume 14.* Provo, UT: Association for Consumer Research. pp. 1-4.

Beninger, J.R. (1987) 'Personalization of Mass Media and the Growth of Pseudo- Community', *Communication Research,* 14: 352-71.

Berkowitz, S.D. (1982) *An Introduction to Structural Analysis: the Network Approach to Social Research.* Toronto: Butterworth.

Bhattacharya, Himika (2008) 'New Critical Collaborative Ethnography', in Charlene Nagy Hesse-Biber and Patricia Leavy (eds), *Handbook of Emergent Methods.* New York: Guilford Press. pp. 303-22.

Biocca, Frank (1997) 'The Cyborg's Dilemma: Progressive Embodiment in Virtual Environments', *Journal of Computer-mediated Communications,* 3(2), September, available online at http://jcmc.indiana.edu/voI3/issue2/biocca2.html/

Bodley, John H. (1994) *Cultural Anthropology: Tribes, States and the Global System.*

Dubuque, IA: William C. Brown.

Bonsu, Samuel K. and Aron Darmody (2008) 'Co-creating Second Life: Market-Consumer Co-operation in Contemporary Economy', *Journal of Macromarketing,* 28(4): 355-68. boyd, danah (2007) 'Why Youth (Heart) Social Network Sites: The Role of Networked Publics in Teenage Social Life', in David Buckingham (ed.), *Youth, Identity, and Digital Media.* Cambridge, MA: MIT Press.

Bourdieu, Pierre (1984) *Distinction: A Social Critique of the Judgement of Taste,* trans- lated by Richard Nice. London: Routledge and Kegan Paul.

Brown, Stephen, Robert V. Kozinets and John F. Sherry, Jr (2003) 'Teaching Old Brands New Tricks: Retro Branding and the Revival of Brand Meaning', *Journal of Marketing,* 67(July): 19-33.

Brownlie, Douglas and Paul Hewer (2007) 'Culture of Consumption of Car Afficionados:

Aesthetics and Consumption Communities', *International Journal of Sociology and Social Policy,* 27(3/4), January: 106-19.

Bruckman, Amy (2002) 'Studying the Amateur Artist: a Perspective on Disguising Data Collected in Human Subjects Research on the Internet', *Ethics and Information Technology,* 4: 217-31.

Bruckman, Amy (2006) 'Teaching Students to Study Online Communities Ethically', *Journal of Information Ethics,* Fali: 82-98.

Buchanan, Elizabeth (2006) 'Introduction: Internet Research Ethics at a Critical Juncture', *Journal of Information Ethics,* 15(2): 14-17.

Buchanan, Elizabeth (2004) *Readings in Virtual" Research Ethics: Issues and Controversies.* Hershey, PA: Idea Group.

Campbell, Alex (2006) 'The Search for Authenticity: an Exploration of an Online Skinhead Newsgroup', *New Media & Society,* 8(2): 269-94.

Campbell, John Edward (2004) *Getting It On Online: Cyberspace, Gay Male Sexuality and Embodied Identity.* New York: Haworth Press.

Campbell, John Edward (2005) 'Outing PlanetOut: Surveillance, Gay Marketing, and Internet Affinity Portais', *New Media & Society,* 7(5): 663-83.

Campbell, John Edward and M. Carlson (2002) 'Panopticon.com: Online Surveillance and the Commodification of Privacy', *Journal of Broadcasting and Electronic Media,* 46(4): 586-606.

Carey, James W. (1989) *Communication as Culture.* New York: Routledge.

Carter, Denise (2005) 'Living in Virtual Communities: an Ethnography of Human Relationships in Cyberspace', *Information, Communication & Society,* 8(2)(June): 148-67.

Chartier, Roger (2001) The Practical Impact of Writing', in D. Finkelstein and A. McCleery (eds), *The Book History Reader.* London: Routledge.

Chenault, Brittney G. (1998) 'Developing Personal and Emotional Relationships Via Computer-Mediated Communication', *CMC Magazine,* May, available online at: www.december.com/cmc/mag/1998/may/chenault.html

Cherny, Lynn (1999) *Conversation and Community: Chat in a Virtual World.* Chicago: University of Chicago Press.

Clerc, Susan J. (1996) 'DDEB, GATB, MPPB, and Ratboy: The X-Files' Media Fandom, Online and Off', in David Lavery, Angela Hague and Maria Cartwright (eds), *Deny Ali Knowledge: Reading The X-Files.* Syracuse, NY: Syracuse University Press.

Clifford, James (1997) 'Spatial Practices: Fieldwork, Travei, and the Discipline of Anthropology', in Akhil Gupta and James Ferguson (eds), *Anthropological Locations: Boundaries and Grounds of a Field Science.* Berkeley, CA: University of California Press, 185-222.

Clifford, James (1988) *The Predicament of Culture.* Cambridge, MA: Harvard University Press.

Clifford, James and George E. Marcus (eds) (1986) *Writing Culture: The Poetics and Politics of Ethnography.* Berkeley: University of California Press.

Cohn, Deborah Y. and Vaccaro, Valerie L. (2006) 'A Study of Neutralisation Theory's Application to Global Consumer Ethics: P2P File-Trading of Musicallntellectual Property on the Internet', *International Journal of Internet Marketing and Advertising,* 3(1): 68-88.

ComScore (2001, January 16) 'ComScore Networks Study Reveals Inaccuracies in Consumers' Ability to Accurately Recall their Online Buying

Behavior and Offers New Solution', available online at: www.comscore.com/news/pr_comscore_study.htm (accessed 17 September 2002).

Correll, Shelley (1995) The Ethnography of an Electronic Bar: the Lesbian Café', *Journal of Contemporary Ethnography*, 24(3), October: 270-98.

Couper, M.P. (2000) Web-based Surveys: A Review of Issues and Approaches', *Public Opinion Quarterly*, 64: 464-94.

Cova, Bernard, Robert V. Kozinets and Avi Shankar (eds) (2007) *Consumer Tribes*. London: Butterworth-Heinemann.

Creswell, John W. (2009) *Research Design: Qualitative, Quantitative, and Mixed Methods Approaches*, 3rd edition. Thousand Oaks, CA: Sage.

Crumlish, Christian (2004) *The Power of Many: How the Living Web is Transforming Politics, Business, and Everyday Life*. Hoboken, NJ: Wiley.

Daft, Richard L. and Robert H. Lengel (1986) 'Organizational Information Requirements, Media Richness and Structural Design', *Management Science*, 32(5): 554-71.

Dalli, Daniele and Matteo Corciolani (2008) 'Collective Forms of Resistance: The Transformative Power of Moderate Communities: Evidence from the BookCrossing Case', *International Journal of Market Research*, 50(6): 757-75.

Danet, Brenda (2001) *Cyberpl@y: Communicating Online*. Oxford and New York: Berg. Davis, Erik (1998) *Techgnosis: Myth, Magic + Mysticism in the Age of Information*. New York: Harmony Books.

Davison, K.P., J.w. Pennebaker and S.S. Dickerson (2000) 'Who Talks? The Social Psychology of Illness Support Groups', *The American Psychologist*, 55: 205-17.

Denzin, Norman K. (1994) 'The Art and Politics of Interpretation', in Norman K. Denzin and Yvonne S. Lincoln (eds), *Handbook of Qualitative Research*. Thousand Oaks, CA: Sage. pp. 500-15.

Denzin, Norman K. (1997) *Interpretive Ethnography: Ethnographic Practices for the 21st Century*. Thousand Oaks, CA: Sage.

Denzin, Norman K. and Yvonna S. Lincoln (1994) *Handbook of Qualitative Research*. Thousand Oaks, CA: Sage.

Denzin, Norman K. and Yvonna S. Lincoln (2005) *The Sage Handbook of Qualitative Research*, 3rd edition. Thousand Oaks, CA: Sage.

De Valck, Kristine (2005) *Virtual Communities of Consumption: Networks of Consumer Knowledge and Companionship*, **ERIM** PhD Series: Research in Management.

De Valck, Kristine (2007) 'The War of the eTribes: Online Conflicts and Communal Consumption', in Bernard Cova, Robert V. Kozinets and Avi Shankar (eds), *Consumer Tribes*. Burlington, MA: Elsevier/Butterworth-Heinemann. pp. 260-74.

Dibbell, Julian (1998) *My Tiny Life: Crime and Passion in a Virtual World*. New York: Henry Holt and Company.

DiMaggio, Paul, E. Hargittai, E. Neuman and J.P. Robinson (2001) 'Social Implications of the Internet', *Annual Review of Sociology*, 27: 307-36.

Douglas, Jack D. (1985) *Creative Interviewing*. Beverley Hills, CA: Sage.

Dubrovsky, Vitaly, Sara Kiesler and Beheruz Sethna (1991) 'The Equalization Phenomenon: Status Effects in Computer-mediated and Face-to-face Decision Making Groups', *Human-Computer Interaction*, 6: 119-46.

Ellis, Caroline (1991) 'Emotional Sociology', *Studies in Symbolic Interaction*, 12: 123-45. Emerson, Robert M., Rachei I. Fretz and Linda L. Shaw (1995) *Writing Ethnographic Fieldnotes*. Chicago: University of Chicago Press.

Escobar, Arturo (1993) 'The Limits of Reflexivity: Politics in Anthropology's Post-Writing Culture Era', *Journal of Anthropological Research*, 49(4): 377-91.

Escobar, Arturo (1994) 'Welcome To Cyberia: Notes on the Anthropology of Cyberculture', *Current Anthropology*, 35(3)(June): 211-31.

Fernandez, James W. (1994), 'Culture and Transcendent Humanization: On the "Dynamic of the Categorical"', *Ethnos*, 59(3-4): 143-67.

Fetterman, David M. (1998) *Ethnography: Step-by-Step*. Thousand Oaks, CA: Sage. Fong, John and Suzan Burton (2006) 'Online Word-Of-Mouth: A Comparison of American and Chinese Discussion Boards', *Asia Pacific Journal of Marketing and Logistics*, 18(2): 146-56.

Fournier, Susan and Lara Lee (2009) 'Getting Brand Communities Right', *Harvard Business Review*, April: 105-11.

Fox, Fiona E., Marianne Morris and Nichola Rumsey (2007) 'Doing Synchronous Online Focus Groups with Young People: Methodological Reflections', *Qualitative Health Research*, 17(4), April: 539-47.

Fox, Richard G. (1991) 'Introduction: Working in the Present', in Richard G. Fox (ed.), *Recapturing Anthropology: Working in the Present*. Santa Fe, NM: School of American Research Press. pp. 1-16.

Frankel, Mark S. and Sanyin Siang (1999) 'Ethical and Legal Aspects of Human Subjects Research on the Internet', *American Association for the Advancement of Science (AAAS)*. Washington, DC, available online at: www.aaas.org/spp/dspp/sfrl/projects/intres/report.pdf/

Füller, Johann, Gregor Jawecki and Hans Mühlbacher (2007) 'Innovation Creation by Online Basketball Communities', *Journal of Business Research,* 60(1): 60-71.

Füller, Johann, Kurt Matzler and Melanie Hoppe (2008) 'Brand Community Members as a Source of Innovation', *Journal of Product Innovation Management, 25(6)* (November): 608-19.

Gaiser, Ted (1997) 'Conducting Online Focus Groups: A Methodological Discussion', *Social Science Computer Review,* 15: 135-44.

Garcia, Angela Cora, Alecea I. Standlee, Jennifer Bechkoff and Yan Cui (2009) 'Ethnographic Approaches to the Internet and Computer-Mediated Communication', *Journal of Contemporary Ethnography,* 38(1), February: 52-84.

Garton, Laura, Caroline Haythornthwaite and Barry Wellman (1999) 'Studying Online Social Networks', in Steve Jones (ed.), *Doing Internet Research: Critica I Issues in Methods for Examining the Net.* Thousand Oaks, CA: Sage. pp. 75-105.

Geertz, Clifford (1973) *The /nterpretation of Cu/tures.* New York: Basic Books.

Giesler, Markus (2006) 'Consumer Gift Systems', *Journal of Consumer Research,* 33 (September): 283-90.

Glaser, Barney G. and Anselm L. Strauss (1967) *The Discovery of Grounded Theory:*

Strategies for Oualitative Research. New York: Aldine Publishing Company.

Goffman, Erving (1989) 'On Fieldwork', *Journal of Contemporary Ethnography,* 18: 123-32.

Gossett, Loril M. and Julian Kilker (2006) 'My Job Sucks: Examining Counterinstitutional Websites as Locations for Organizational Member Voice, Dissent, and Resistance', *Management Communication Ouarterly,* 20(1)(August): 63-90.

Greenbaum, Thomas L. (1998) *The Handbook for Focus Group Research.* New York: Lexington Books.

Grossman, Lev (2006) 'Time's Person of the Year: Vou', *Time Magazine,* 13 December, available online at: www.time.com/time/magazine/article/0.9171.1569514.00.html/

Guba, Egon G. and Yvonna S. Lincoln (1989) *Fourth Generation Evaluation.* Newbury Park, CA: Sage Publications.

Guba, Egon G. and Yvonna S. Lincoln (1994) 'Competing Paradigms in Qualitative Research', in Norman K. Denzin and Yvonna S. Lincoln (eds), *Handbook of Oualitative Research.* Thousand Oaks, CA: Sage. pp. 105-17.

Gubrium, Jaber F. and James A. Holstein (eds) (2001) *Handbook of Interview Research:*

Context and Method. Thousand Oaks, CA: Sage.

Gumpert, Gary and Robert Cathcart (1985) 'Media Grammars, Generations, and Media Gaps', *Critica I Studies in Mass Communication,* 2: 23-35.

Hahn, Chris (2008) *Doing Oualitative Research Using Your Computer: A Practical Guide.* London: Sage.

Hair, Neil and Moira Clark (2007) 'The Ethical Dilemmas and Challenges of Ethnographic Research in Electronic Communities', *International Journal of Market Research,* 49(6): 781-800.

Hakken, David (1999) *Cyborgs@Cyberspace?: An Ethnographer Looks at the Future.*

New York, London: Routledge.

Hammersley, Martyn (1992) *What's Wrong with Ethnography? Methodological Explorations.* London: Routledge.

Haythornthwaite, Caroline (2005) 'Social Networks and Internet Connectivity Effects', *Information, Communication & Society,* 8(2), June: 125-47.

Haythornthwaite, Caroline, Barry Wellman and M. Mantei (1995) 'Work Relationships and Media Use: a Social Network Analysis', *Group Decision and Negotiation, 4(3):* 193-211.

Hemetsberger, Andrea and Christian Reinhardt (2006) 'Learning and Knowledge-building in Open-source Communities: A Social-experiential Approach', *Management Learning,* 37(2),187-214.

Herring, Susan (1996) 'Linguistic and Critical Analysis of Computer-Mediated Communication: Some Ethical and Scholarly Considerations', *The Information Society,* 12: 153-60.

Herring, Susan C. (2001) 'Computer-mediated Discourse', in D. Schiffrin, D. Tannen and H. Hamilton (eds), *The Handbook of Discourse Analysis.* Oxford: Blackwell Publishers. pp.612-34.

Hiltz, Starr Roxanne (1984) *Online Communities: A Case Study of the Office of the Future.* Norwood, NJ: Ablex Publishing Company.

Hiltz, Starr Roxanne and Murray Turoff (1978) *The Network Nation: Human Communication via Computer.* Reading, MA: Addison-Wesley.

Hine, Christine (2000) *Virtual Ethnography.* London: Sage.

Hobbs, Dick (2006) 'Ethnography', in Victor Jupp (ed.), *Sage Dictionary of Social Research Methods.* London: Sage.

Hoffman, Donna L., Thomas P Novak and Alladi Venkatesh (2004) 'Has the Internet become Indispensable?', *Communications of the ACM*, 47(7), July: 37-42.

Holeton, Richard (1998) *Composing Cyberspace: Identity, Community, and Knowledge in the Electronic Age*. New York: McGraw-Hill.

Hookway, Nicholas (2008) '"Entering the Blogosphere": Some Strategies for Using Blogs In Social Research', *Qualitative Research*, 8: 91-113.

Howard, PE.M, L. Rainie and S. Jones (2000) 'Days and Nights on the Internet', *American Behavioral Scientist*, 45: 383-404.

Howard, Philip N. (2002) 'Network Ethnography and the Hypermedia Organization: New Media, New Organizations, New Methods', *New Media & Society*, 4(4): 550-74.

Hudson, James M. and Amy Bruckman (2004) '"Go Away": Participant Objections to Being Studied', *The Information Society*, 20(2): 127-39.

Hughes, Jerald and Karl R. Lang (2004) 'Issues in Online Focus Groups: Lessons Learned from an Empirical Study of Peer-To-Peer Filesharing System Users', *Electronic Journal of Business Research Methods*, 2(2): 95-110.

Jackson, Sally (1986) 'Building a Case for Claims about Discourse Structure', in D.G. Ellis and w.A. Donohue (eds), *Contemporary Issues in Language and Discourse Processes*. Hillsdale, NJ: Erlbaum. pp. 129-47.

Jacobson, David (1999) 'Doing Research in Cyberspace', *Field Methods*, 11 (2): 127-45. Jenkins, Henry (1992) *Textual Poachers: Television Fans and Participatory Culture*. New York: Routledge.

Jenkins, Henry (1995) "Do Vou Enjoy Making the Rest of Us Feel Stupid?": alt.tv. twinpeaks, The Trickster Author and Viewer Mastery', in David Lavery (ed.), *'Full of Secrets': Critical Approaches to Twin Peaks*. Detroit: Wayne State University Press. pp.51-69.

Jenkins, Henry (2006) *Convergence Culture: Where Old and New Media Collide*. New York and London: New York University Press.

Jeppesen, Lars Bo and Lars Frederiksen (2006) 'Why Do Users Contribute to Firm- Hosted User Communities? The Case of Computer-Controlled Music Instruments', *Organization Science*, 17(January-February): 45-63.

Johns, M., S.L. Chen and J. Hall (eds) (2003) *Online Social Research: Methods, Issues, and Ethics*. New York: Peter Lang.

Jones, Stephen G. (1995) 'Understanding Community in the Information Age', in Stephen G. Jones (ed.), *Cybersociety: Computer-mediated Communication and Community*. Thousand Oaks, CA: Sage. pp. 10-35.

Jones, Steve (1999) 'Studying the Net: lntricacies and Issues', in Steve Jones (ed.), *Doing Internet Research: Criticallssues in Methods for Examining the Net*. Thousand Oaks, CA: Sage. pp. 1-27.

Jorgensen, D.L. (1989) *Participant Observation: A Methodology for Human Studies*. Newbury Park, CA: Sage.

Kanayama, Tomoko (2003) 'Ethnographic Research on the Experience of Japanese Elderly People Online', *New Media & Society*, 5(2): 267-88.

Kavanaugh A. and S. Patterson (2001) 'The Impact of Community Compute r Networks on Social Capital and Community Involvement', *American 8ehavioral Scientist*, 45: 496-509.

Kendall, Lori (1999) 'Recontextualizing "Cyberspace": Methodological Considerations for Online Research', in Steve Jones (ed.), *Doing Internet Research: Criticallssues and Methods for Examining the Net*. Thousand Oaks, CA: Sage. pp. 57-74.

Kendall, Lori (2004) 'Participants and Observers in the Online Ethnography: Five Stories about Identity', in M.D. Jones, S.-L.8. Chan and G.J. Hall (eds), *Online Social Research: Methods, Issues, and Ethics*. New York: Peter Lang. pp. 125-40.

Kiesler, Sara, D. Zubrow, A.M. Moses and V. Geller (1985) 'Affect in Computer-mediated Communication: An Experiment in Synchronous Terminal-to--Terminal Discussion', *Human-Computer Interaction*, 1: 77-104.

Kiesler, Sara, Jane Siegel and Timothy McGuire (1984) 'Social Psychological Aspects of Computer--mediated Communication', *American Psychologist*, 39(10): 1123-34.

King, Storm (1996) 'Researching Internet Communities: Proposed Ethical Guidelines for the Reporting of Results', *The Information Society*, 12: 119-28.

Kivits, Joëlle (2005) 'Online Interviewing and the Research Relationship', in Christine Hine (ed.), *Virtual Methods: Issues in Social Research on the Internet*. Oxford: Berg. pp.35-50.

Kluckhohn, Clyde (1949) *Mirror for Man*. New York: Wittlesey House/McGraw-Hill. Komito, Lee (1998) 'The Net as a Foraging Society: Flexible Communities', *Information Society*, 14(2): 97-106.

Kozinets, Robert V. (1997a) '"I Want To Believe": A Netnography of *The X-Files*' Subculture of Consumption', in Merrie Brucks and Deborah J. MacInnis (eds), *Advances in Consume r Research*,

Volume 24. Provo, UT: Association for Consumer Research. pp. 470-5.

Kozinets, Robert V. (1997b) 'To Boldly Go: a Hypermodern Ethnography of *Star Trek* Fans' Culture and Communities of Consumption', unpublished PhD dissertation, Queen's University, Kingston, Canada.

Kozinets, Robert V. (1998) 'On Netnography: Initial Reflections on Consumer Research Investigations of Cyberculture', in Joseph Alba and Wesley Hutchinson (eds), *Advances in Consumer Research*, Volume 25. Provo, UT: Association for Consume r Research. pp. 366-71.

Kozinets, Robert V. (1999) 'E-Tribalized Marketing? The Strategic Implications of Virtual Communities of Consumption', *European Management Journal*, 17(3): 252-64.

Kozinets, Robert V. (2001) 'Utopian Enterprise: Articulating the Meanings of *Star Tref(s* Culture of Consumption', *Journal of Consumer Research*, 28(June): 67-88.

Kozinets, Robert V. (2002a) 'The Field Behind the Screen: Using Netnography for Marketing Research in Online Communities', *Journal of Marketing Research*, 39 (February): 61-72.

Kozinets, Robert V. (2002b) 'Can Consumers Escape the Market? Emancipatory Illuminations from Burning Man', *Journal of Consumer Research*, 29(June): 20-38.

Kozinets, Robert V. (2005) 'Communal Big Bangs and the Ever-Expanding Netnographic Universe', *Thexis*, 3: 38-41.

Kozinets, Robert V. (2006a) 'Netnography 2.0', in Russell W. Belk (ed.), *Handbook of Qualitative Research Methods in Marketing*. Cheltenham, UK and Northampton, MA: Edward Elgar Publishing. pp. 129-42.

Kozinets, Robert V (2006b) 'Netnography', in Victor Jupp (ed.), *The Sage Dictionary of Social Research Methods*. London: Sage. pp. 193-5.

Kozinets, Robert V (2006c) 'Click to Connect: Netnography and Tribal Advertising', *Journal of Advertising Research*, 46(September): 279-88.

Kozinets, Robert V (2007) 'Inno-tribes: *Star Trek* as Wikimedia', in Bernard Cova, Robert V Kozinets and Avi Shankar (eds), *Consumer Tribes*. Oxford and Burlington, MA: Butterworth-Heinemann. pp. 194-211.

Kozinets, Robert V (2008) 'Technology/Ideology: How Ideological Fields Influence Consumers' Technology Narratives', *Journal of Consumer Research*, 34(April): 864-81.

Kozinets, Robert V (forthcoming) 'Brand Fans: When Entertainment + Marketing Integrate Online', in Tracy Tuten (ed.), *Enterprise 2.0*. Westport, CT: Praeger.

Kozinets, Robert V and Jay M. Handelman (1998) 'Ensouling Consumption: A Netnographic Exploration of The Meaning of Boycotting Behavior', in Joseph Alba and Wesley Hutchinson (eds), *Advances in Consumer Research*, Volume 25. Provo, UT: Association for Consumer Research. pp. 475-80.

Kozinets, Robert V and Jay M. Handelman (2004) 'Adversaries of Consumption: Consumer Movements, Activism, and Ideology', *Journal of Consumer Research*, 31 (December): 691-704.

Kozinets, Robert V and Richard Kedzior (2009) 'I, Avatar: Auto-netnographic Research in Virtual Worlds', in Michael Solomon and Natalie Wood (eds), *Virtual SocialIdentity and Social Behavior*. Armonk, NY: M.E. Sharpe. pp. 3-19.

Kozinets, Robert V and John F. Sherry, Jr (2005) 'Welcome to the Black Rock Café', in Lee Gilmore and Mark van Proyen (eds), *Afterburn: Reflections on Burning Man*. Albequerque, NM: University of New Mexico Press. pp. 87-106.

Kozinets, Robert V, Andrea Hemetsberger and Hope Schau (2008) 'The Wisdom of Consumer Crowds: Collective Innovation in the Age of Networked Marketing', *Journal of Macromarketing*, 28(December): 339-54.

Kozinets, Robert V., Kristine de Valck, Andrea Wojnicki and Sarah Wilner (2010) 'Networked Narratives: Understanding Word-of-mouth Marketing in Online Communities', *Journal of Marketing* (March).

Kraut, R., J. Olson, M. Banaji, A Bruckman, J. Cohen and M. Cooper (2004) 'Psychological Research Online: Report of Board of Scientific Affairs' Advisory Group on the Conduct of Research on the Internet', *American Psychologist*, 59(4): 1-13.

Kraut, R., S. Kiesler, B. Boneva, J. Cummings, V Helgeson and A Crawford (2002) 'Internet Paradox Revisited', *Journal of SocialIssues*, 58: 49-74.

Krueger, RA (1994) *Focus Groups: a Practical Guide for Applied Research*, 2nd edition, London: Sage.

Lakoff, George and Mark Johnson (1980) *Metaphors We tive By*. Chicago, IL: University of Chicago Press.

Langer, Roy and Suzanne C. Beckman (2005) 'Sensitive Research Topics:

Netnography Revisited', *Qualitative Market Research: an International Journal*, 8(2): 189-203.

Lather, Patti (1993) 'Issues of Validity in Openly Ideological Research: Between a Rock and a Soft Place', *Interchange*, 17: 63-84.

Lather, Patti (2001) 'Postmodernism, Post-Structuralism and Post (Critical) Ethnography: of the Ruins, Aporias and Angels', in P. Atkinson, S. Delamont, A.J. Coffey, J. Lofland and L.H. Lofland (eds), *Handbook of Ethnography*. London: Sage. pp. 477-92.

Laurel, Brenda (1990) *The Art of Human-Computer Interface Design*. Reading, MA: Addison-Wesley.

Lazar, J. and Preece, J. (1999) 'Designing and Implementing Web-based Surveys', *Journal of Computer Information Systems*, 34(4): 63-7.

LeBesco, Kathleen (2004) 'Managing Visibility, Intimacy, and Focus in Online Critical Ethnography', in M.D. Johns, S.-L.S. Chen and G.J. Hall (eds), *Online Social Research: Methods, Issues, and Ethics*. New York: Peter Lang. pp. 63-79.

Lewins, Ann and Christina Silver (2007) *Using Software in Qualitative Research: A Step-by-Step Guide*. Thousand Oaks, CA: Sage.

Lévy, Pierre (2001) *Cyberculture*, translated by Robert Bononno. Minneapolis, MN: University of Minnesota Press.

Levy, Sidney J. (1981) 'Interpreting Consumer Mythology: A Structural Approach to Consumer Behaviour', *Journal of Marketing*, 45(Summer): 49-61.

Li, Charlene and Josh Bernoff (2008) *Groundswell: Winning in a World Transformed by Social Technologies*. Boston, MA: Harvard Business Press.

Lincoln, Yvonna and Egon G. Guba (1985a) 'Judging the Quality of Case Study Reports', *Qualitative Studies in Education*, 3(1): 53-9.

Lincoln, Yvonna and Egon G. Guba (1985b) *Naturalistic Inquiry*. Beverly Hills, CA: Sage. Lincoln, Yvonna S. and Norman K. Denzin (1994) 'The Fifth Moment', in Norman K. Denzin and Yvonna S. Lincoln (eds), *Handbook of Qualitative Research*. Thousand Oaks, CA: Sage. pp. 575-86.

Lipinski, Tomas A. (2006) 'Emerging Tort Issues in the Collection and Dissemination of Internet-based Research Data', *Journal of Information Ethics*, Fall: 55-81.

Lipinski, Tomas A. (2008) 'Emerging Legal Issues in the Collection and Dissemination of Internet-Sourced Research Data: Part I, Basic Tort Law Issues and Negligence', *International Journal of Internet Research Ethics*, 1 (1) January: 92-114, available online at: www.uwm.edu/Dept/SOIS/cipr/ijire/ijire_1.1_lipinski.pdf/

Lyman, Peter and Nina Wakeford (1999) 'Going into the (Virtual) Field', *American Behavioral Scientist*, 43(3): 359-76.

Lysloff, René T.A. (2003) 'Musical Community on the Internet: an Online Ethnography', *Cultural Anthropology*, 18(2), May: 233-63.

Macek, Jakub (2005) 'Defining Cyberculture (v. 2)', translated by Monika Metyková and Jakub Macek, available online at: http://macek.czechian.net/defining_cyberculture.htm (accessed 8 January 2009).

Maclaran, Pauline, Margaret Hogg, Miriam Catterall and Robert V. Kozinets (2004) 'Gender, Technology and Computer-Mediated Communications in Consumption-Related Online Communities', in Karin M. Ekström and Helene Brembeck (eds), *Elusive Consumption: Tracking New Research Perspectives*. Oxford: Berg. pp. 145-71.

Madge, Clare and Henrietta O'Connor (2006) 'Parenting Gone Wired: Empowerment of New Mothers on the Internet?', *Social & Cultural Geography*, 7(2)(April): 199-220.

Mann, Chris and Fiona Stewart (2000) *Internet Communication in Qualitative Research: a Handbook for Researching Online*. London and Thousand Oaks, CA: Sage Publications.

Marcus, George E. and Michael Fischer (1986) *Anthropology as Cultural Critique*. Chicago: University of Chicago Press.

Markham, Annette N. (1998) *Life Online: Researching Real Experience in Virtual Space*. Walnut Creek, CA: Altamira.

Markham, Annette N. (2004) 'Representation in Online Ethnographies: a Matter of Context Sensitivity', in M.D. Johns, S.-L.S. Shannon and G.J. Hall (eds), *Online Social Research: Methods, Issues, and Ethics*. New York: Peter Lang. pp. 141-55.

Markham, Annette N. and Nancy K. Baym (2008) *Internet Inquiry: Conversations about Method*. Thousand Oaks and London: Sage.

Mason, Matt (2008) *The Pirate's Dilemma: How Youth Culture is Reinventing Capitalism*. New York: Free Press.

Matei, Sorin and Sandra Ball-Rokeach (2003) 'The Internet in the Communication Infrastructure of Urban Residential Communities: Macro or Meso-Linkage?', *Journal of Communication*, 53(4): 642-57.

Maulana, Amalia and Giana M. Eckhardt (2007) 'Just Friends, Good Acquaintances or Soul Mates? An Exploration of Website Connectedness', *Qualitative Market Research: An International Journal*, 10(3): 227-42.

McArthur, Robert L. (2001) 'Reasonable Expectations of Privacy', *Ethics and Information Technology*, 3: 123-8.

McCracken, Grant (1988) *The Long Interview*. Beverly Hills, CA: Sage.

McDougal, Robert (1999) 'Subject Fields, Oral Emulation and the Spontaneous Cultural Positioning of Mohawk E-Mail Users', *World Communication*, 28(4): 5-25.

McKay, H.G., R.E. Glasgow, E.G. Feil, S.M. Boles and M. Barrera (2002) 'Internet-based Diabetes Self-Management and Support: Initial Outcomes from the Diabetes Network Project', *Rehabilitation Psychology*, 47: 31-48.

McKenna, Katelyn and Gwendolyn Seidman (2005) 'Vou, Me, and We: Interpersonal Processes in Electronic Groups', in Yair Amichai-Hamburger (ed.), *The Social Net: Human Behavior in Cyberspace*. Oxford: Oxford University Press.

McKenna, K.Y.A. and J.A. Bargh (1998) 'Coming Out in the Age of the Internet: Identity Demarginalization through Virtual Group Participation', *Journal of Personality and Social Psychology*, 75: 681-94.

McLuhan, Marshall (1970) *Culture is our Business*. New York: McGraw-Hill.

McMahan, Allison (2003) 'Immersion, Engagement and Presence: A Method For Analyzing 3-D Games', in M. Wolf and B. Perron (eds), *Video Game Theory*. London: Routledge. pp. 60-88.

Mead, George Herbert (1938) *The Philosophy of the Act*. Chicago: University of Chicago Press.

Meyer, Gordon and Thomas, Jim (1990) 'The Baudy World of the Byte Bandit: A Postmodernist Interpretation of the Compute r Underground', in Frank Schmalleger (ed.), *Computers in Criminal Justice*. Bristol: Wyndham Hall. pp. 31-67.

Miles, Matthew B. and A. Michael Huberman, (1994) *Oualitative Data Analysis: An Expanded Sourcebook*, 2nd edition. Thousand Oaks, CA: Sage.

Miller, Daniel and Don Slater (2000) *The Internet: An Ethnographic Approach*. New York: Berg.

Mitchell, William J. (1996) *City of Bits: Space, Place, and the Infobahn*. Cambridge, MA: MIT Press.

Molesworth, Mike and Janice Denegri-Knott (2004) 'An Exploratory Study of the Failure of Online Organisational Communication', *Corporate Communications*, 9(4): 302-16.

Mufíiz, Albert M. Jr. and Hope Jensen Schau (2005) 'Religiosity in the Abandoned Apple Newton Brand Community', *Journal of Consume r Research*, 31 (4)(March): 737-47.

Munt, Sally R. (ed.) (2001) *Technospaces: Inside the New Media*. London: Continuum. Murray, Jeff B. and Julie L. Ozanne (1991) 'The Critical Imagination: Emancipatory Interests in Consumer Research', *Journal of Consumer Research*, 18(September): 129-44.

Myers, D. (1987) 'Anonymity is Part of the Magic: Individual Manipulation of Compute r- mediated Communication Context', *Oualitative Sociology*, 10: 251-266.

Nelson, Michelle R. and Ceie C. Otnes (2005) 'Exploring Cross-Cultural Ambivalence: a Netnography of Intercultural Wedding Message Boards', *Journal of Business Research*, 58: 89-95.

Nelson, Michelle R., Heejo Keum and Ronald A. Yaros (2004) 'Advertisement or Adcreep: Game Players' Attitudes toward Advertising and Product Placements in Computer Games', *Journal of Interactive Advertising*, 5(1), available online at: article52/

Newhagen, J.E. and S. Rafaeli (1996) 'Why Communication Researchers Should Study the Internet: a Dialogue [online]', *Journal of Computer-mediated Communication*, 1 (4), available online at: http://jcmc.indiana.edu/voll/issue4/rafaeli.html

Olaniran, Bolanle (2004) 'Computer-Mediated Communication in Across-Cultural Virtual Teams', in Guo-Min Chen and William Starosta (eds), *Dialogues among Diversities*. Washington, DC: NCA. pp. 142-66.

Olaniran, Bolanle (2008) 'Electronic Tribes (E--Tribes): Some Theoretical Perspectives and Implications', in Tyrone L. Adams and Steven A. Smith (eds), *Electronic Tribes: Virtual Worlds of Geeks, Gamers, Shamans, and Scammers*. Austin, TX: University of Texas Press. pp. 36-57.

Ozanne, Julie L. and Bige Saatcioglu (2008) 'Participatory Action Research', *Journalof Consumer Research*, 35(3): 423-39.

Paccagnella, Luciano (1997) 'Getting the Seats of Your Pants Dirty: Strategies for Ethnographic Research on Virtual Communities', *Journal of Computer-Mediated Communications*, 3(June), available online at: http://jcmc.indiana.edu/voI3/issuel/ paccagnella.html/

Parmentier, Marie-Agnes (2009) 'Brands as Resources for Virtual Communities of Consumption', unpublished HEC Montreal Working Paper.

Penley, Constance and Andrew Ross (eds) (1991) *Technoculture: Cultural Politics*. Minneapolis, MN: University of Minnesota Press.

Pew Internet Report (2001) 'Online Communities: Networks that Nurture Long-distance Relationships and Local Ties', *Pew Internet & American Life Project*, available online at: www.pewinternet.org/reporCdisplay.asp?r=47/

Price, Linda L., Eric J. Arnould and Patrick Tierney (1995) 'Going to Extremes: Managing Service Encounters and Assessing Provider Performance', *Journal of Marketing*, 59(April): 83-97.

Protection of Human Subjects, US Federal Code Title 45, Section 46 (2009), available online at: www.hhs.gov/ohrp/humansubjects/guidance/45cfr46.htm (accessed 3 February 2009).

Punch, Maurice (1986) *The Politics and Ethics of Fieldwork*. Beverly Hills, CA: Sage. Rabinow, Paul (1992) 'Artificiality and Enlightenment: From Sociobiology to Biosociality', in J. Crary and S. Kwinter (eds), *Incorporations*. Cambridge, MA: Zone. pp. 234-52.

Reid, Elizabeth (1996) 'Informed Consent in the Study of Online Communities: a Reflection on the Effects of Computer-Mediated Social Research', *The Information Society*, 12: 169-74.

Rettberg, Jill Walker (2008) *Blogging*. Cambridge, UK: Polity Press.

Rheingold, Howard (1993) *The Virtual Community: Homesteading on the Electronic Frontier*. Reading, MA: Addison-Wesley.

Rice, Ronald E. (1984) 'Evaluating New Media Systems', in Jerome Johnstone (ed.), *Evaluating the New Information Technologies: New Directions for Program Evaluation*. San Francisco, CA: Jossey-Bass.

Rice, Ronald E. and E.M. Rogers (1984) 'New Methods and Data for the Study of New Media', in R.E. Rice (ed.), *The New Media, Communication, Research, and Technology*. Beverly Hills, CA: Sage Publications. pp. 81-99.

Rice, Ronald E. and G. Love (1987) 'Electronic Emotion: Socio-emotional Content in a Computer-mediated Communication Network', *Communication Research*, 14: 85-108.

Richards, Lyn (2005) *Handling Qualitative Data: A Practical Guide*. London: Sage. Sack, Warren (2002) 'What Does a Very Large-Scale Conversation Look like? Artificial Dialectics and the Graphical Summarization of Large Volumes of E-Mail', *Leonardo*, 35(4): 417-26.

Schaap, F. (2002) *The Words That Took Us There: Ethnography in Virtual Ethnography*. Amsterdam: Aksant Academic Publishers.

Schau, Hope Jensen and Mary C. Gilly (2003) 'We Are What We Post? The Presentation of Self in Personal Webspace', *Journal of Consumer Research*, 30(4)(December): 385-404.

Schivelbusch, Wolfgang (1986) *The Railway Journey: The Industrialization of Space and Time in the 19th Century*. NewYork: Berg.

Schlosser, Ann (2005) 'Posting Versus Lurking: Communicating in a Multiple Audience Context', *Journal of Consumer Research*, 32, September: 260-5.

Schouten, John W. and James H. McAlexander (1995) 'Subcultures of Consumption: An Ethnography of the New Bikers', *Journal of Consumer Research*, 22(June): 43-61.

Schwandt, Thomas A. (1994) 'Constructivist, Interpretivist Approaches to Human Inquiry', in Norman K. Denzin and Yvonna S. Lincoln (eds), *Handbook of Oualitative Research*. Thousand Oaks, CA: Sage. pp. 118-37.

Scott, John (1991) *Social Network Analysis: A Handbook*. London: Sage.

Sharf, Barbara (1999) 'Beyond Netiquette: The Ethics of Doing Naturalistic Discourse Research on the Internet', in Steve Jones (ed.), *Doing Internet Research: Critica I Issues and Methods for Examining the Net*. London: Sage.

Shea, Virginia (1994) 'Core Rules of Netiquette', *Educom Review*, 29(5): 58-62. Sherblom, John (1988) 'Direction, Function, and Signature in Electronic Mail', *Journalof Business Communication*, 25: 39-54.

Sherry, John F. Jr (1991) 'Postmodern Alternatives: The Interpretive Turn in Consumer Research', in H. Kassarjian and T. Robertson (eds), *Handbook of Consumer Theory and Research*. Englewood Cliffs, NJ: Prentice-Hall. pp. 548-91.

Shields, Robert (ed.) (1996) *Cultures of the Internet: Virtual Spaces, Real Histories, Living Bodies*. London: Sage.

Shimanoff, Susan B. (1988) 'Degree of Emotional Expressiveness as a Function of Face- needs, Gender, and Interpersonal Relationship', *Communication Reports*, 1 (2): 43-53.

Shoham, Aviv (2004) 'Flow experiences and image making: An online chat-room ethno- grapy', *Psychology and Marketing*, 21 (1 O): 855-82.

Short, John, Ederyn Williams and Bruce Christie (1976) *The Social Psychology of Telecommunications*. New York: Wiley.

Silver, David (2006) 'Introduction: Where Is Internet Studies?', in David Silver and Adrienne Massanari (eds), *Critica I Cyberculture Studies*. New York and London: New York University Press. pp. 1-14.

Sirsi, Ajay K., James C. Ward and Peter H. Reingen (1996) 'Microcultural Analysis of Variation in Sharing of Causal Reasoning about Behavior', *Journal of Consumer Research,* 22(March): 345-73.

Slater, Don (1998) 'Trading Sexpics on IRC: Embodiment and Authenticity on the Internet', *Body& Society,* 4(4): 91-117.

Sohn, Changsoo (2001) 'Validity of Web-Based Survey in IES Related Research as an Alternative to Mail Survey', *AMCIS 2001 Proceedings.* Paper 318, available online at: http://aisel.aisnet.org/amcis2001/318

Spiggle, Susan (1994) 'Analysis and Interpretation of Oualitative. Data in Consume r Research', *Journal of Consumer Research,* 21 (December): 491-503.

Sproull, Lee and Sara Kiesler (1986) 'Reducing Social Context Cues: The Case of Electronic Mail', *Management Science,* 32: 1492-512.

Stone, Allucquere Rosanne (1995) *The War of Desire and Technology at the Close of the Mechanical Age.* Cambridge, MA: MIT Press.

Strauss, Anselm L. (1987) *Oualitative Analysis for Social Scientists.* Cambridge: Cambridge University Press.

Strauss, Anselm and Julie Corbin (1990) *Basics of Oualitative Research: Grounded Theory Procedures and Techniques.* Thousand Oaks, CA: Sage.

Sudweeks, Fay and Simeon J. Simoff (1999) 'Co'mplementary Explorative Data Analysis: the Reconciliation of Ouantitative and Oualitative Principies', in Steve Jones (ed.), *Doing Internet Research: CriticalIssues in Methods for Examining the Net.* Thousand Oaks, CA: Sage.

Sunderland, Patricia L. and Denny, Rita M. (2007) *Doing Anthropology in Consumer Research.* Walnut Creek, CA: Left Coast Press.

Tacchi, J., G. Hearn and A. Ninan (2004) 'Ethnographic Action Research: A Method for Implementing and Evaluating New Media Technologies', in K. Prasad (ed.), *Information and Communication Technology: Recasting Development.* Knoxville, TN: B.R. Publishing Corporation. pp. 253-74.

Tapscott, Don and Anthony D. Williams (2007) *Wikinomics: How Mass Col/aboration Changes Everything.* New York: Penguin.

Taylor, T.L. (1999) 'Life in Virtual Worlds: Plural Existence, Multi-Modalities, and Other Online Research Challenges', *American 8ehavioral Scientist,* 43(3): 436-49.

Tedlock, Barbara (1991) 'From Participant Observation to the Observation of Participation: The Emergence of Narrative Ethnography', *Journal of Anthropological Research,* 47: 69-94.

Tesch, R. (1990) *Qualitative Research: Analysis Types and Software Tools.* New York: Falmer.

The Digital Future Report (2008) 'Surveying the Digital Future, Year Seven', *USC Annenberg School Center for the Digital Future.* Los Angeles, CA: Figueroa Press.

Thomas, Jane Boyd, Cara Okleshen Peters and Holly Tolson (2007) 'An Exploratory Investigation of the Virtual Community MySpace.com: What Are Consumers Saying About Fashion?', *Journal of Fashion Marketing and Management,* 11 (4): 587-603.

Thompson, Craig J. (1990) 'Eureka! And Other Tests of Significance: A New Look at Evaluating Interpretive Research', in Marvin E. Goldberg et al. (eds), *Advances in Consumer Research,* 17. Provo UT: Association for Consumer Research. pp. 25-30.

Thompson, Craig J., Howard R. Pollio and William B. Locander (1994) 'The Spoken and The Unspoken: A Hermeneutic Approach to Understanding Consumers' Expressed Meanings', *Journal of Consumer Research,* 21 (December): 432-53.

Thomsen, Steven R., Joseph D. Straubhaar and Drew M. Bolyard (1998) 'Ethnomethodology and the Study of Online Communities: Exploring the Cyber Streets', *Information Research,* 4(1), July, available online at: http://informationr.net.ezproxy.library.yorku.ca/ir/4-1/paper50.html

Thorseth, May (2003) *Applied Ethics in Internet Research.* Trondheim, Norway: Programme for Applied Ethics, Norwegian University of Science and Technology.

Teilhard de Chardin, Pierre (1959) *The Phenomenon of Man.* New York: Harper and Row.

Tucker, William T. (1967) *Foundations for a Theory of Consumer 8ehavior.* New York: Holt, Rinehart and Winston.

Tulloch, John and Henry Jenkins (1995) *Science Fiction Audiences: Watching Doctor Who and Star Trek.* London and New York: Routledge.

Turkle, Sherry (1995) *Life on the Screen: Identity in the Age of the Internet.* New York: Simon & Schuster.

Van den Bulte, Christophe and Stefan Wuyts (2007) *Social Networks and Marketing*. Cambridge, MA: Marketing Science Institute.

Van Maanen, John (1988) *Tales of the Field: On Writing Ethnography*. Chicago: University of Chicago Press.

Vroman, Kerryellen and Joann Kovacich (2002) 'Computer-Mediated Interdisciplinary Teams: Theory and Reality', *Journal of Interprofessional Care*, 16(2), May 1: 161-70.

Wallendorf, Melanie and Russell W. Belk (1989) 'Assessing Trustworthiness in Naturalistic Consumer Research', in Elizabeth C. Hlrschrnan (ed.), *Interpretive Consumer Research*. Provo, UT: Association for Consumer Research. pp. 69-84.

Walker Rettburg, Jill (2008) *810gging*. Cambridge, UK and Malden, MA: Polity Press.

Walther, Joseph B. (1992) 'Interpersonal Effects in Mediated Interaction: a Relational Perspective', *Communication Research*, 19: 52-90.

Walther, Joseph B. (1995) 'Relational Aspects of Computer-Mediated Communication: Experimental Observations over Time', *Organization Science*, 6(2): 186-203.

Walther, Joseph (1997) 'Group and Interpersonal Effects in International Computer- Mediated Collaboration', *Human Communication Research*, 23(3), March: 342-69.

Walther, Joseph B. (2002), 'Research Ethicsin Internet-Enabled Research: Human Subjects Issues and Methodological Myopia', *Ethics and Information Technology*, 4: 205-16.

Wasserman, Stanley and Katherine Faust (1994) *Social Network Analysis: Methods and Applications*. Cambridge: Cambridge University Press.

Watt, J.H. (1999) 'Internet Systems for Evaluation Research', in G. Gay and T.L. Bennington (eds), *Information Technologies in Evaluation: Social, Moral Epistemological and Practical Implications*. San Francisco, CA: Josey-Bass. pp. 23-44.

Weible, R. and J. Wallace, (1998) 'The Impact of the Internet on Data Collection', *Marketing Research*, 10(3): 19-23.

Weinberg, Bruce D. (2001) 'Research in Exploring the Online Consumer Experience', in Mary C. Gilly and Joan Meyers-Levy (eds), *Advances in Consumer Research*, Volume 28. Valdosta, GA: Association for Consumer Research. pp. 227-32.

Weinberger, David (2007) *Everything Is Miscellaneous: the Power of the New Digital Disorder*. New York: Times Books.

Weitzman, Eben A. and Matthew B. Miles (1995) *Computer Programs for Qualitative Data Analysis: A Software Sourcebook*. Thousand Oaks, CA: Sage.

Wellman, Barry (1988) 'Structural Analysis: from Method and Metaphor to Theory and Substance', in B. Wellman and S.D. Berkowitz (eds), *Social Structures: a Network Approach*. Cambridge, UK: Cambridge University Press. pp. 19-61.

Wellman, Barry (2001 a) 'Computer Networks as Social Networks', *Science*, 293, September 14: 2031-4.

Wellman, Barry (2001 b) 'Physical Place and Cyber Place: The Rise Of Networked Individualism', *International Journal of Urban and Regional Research*, 25(2) June: 227-52.

Wellman, Barry, Janet Salaff, Dimitrina Dimitrova, Laura Garton, Milena Gulia and Caroline Haythornthwaite (1996) 'Compute r Networks as Social Networks: Collaborative Work, Telework, and Virtual Community', *Annual Review of Sociology*, 22: 213-38.

Welser, Howard T., Eric Gleave, Danyel Fisher and Marc Smith (2007) 'Visualizing the Signatures of Social Roles in Online Discussion Groups', *Journal of Social Structure*, 8, available online at: www.cmu.edu/joss/contentlarticles/volume8/Welser/

Whitty, Monica Therese (2003) 'Cyber-Flirting: Playing at Love on the Internet', *Theory & Psychology*, 13(3): 339-57.

Whitty, Monica Therese (2004) 'Cyber-Flirting: An Examination of Men's and Women's Flirting Behaviour both Offline and on the Internet', *8ehaviour Change*, 21 (2): 115-26.

Williams, J. Patrick and Heith Copes (2005) '"How Edge Are You?" Constructing Authentic Identities and Subcultural Boundaries in a Straightedge Internet Forum', *Symbolic Interaction*, 28(1): 67-89.

Williams, Raymond (1976) *Keywords*: a *Survey of Culture and Society*. London: Croom Helm.

Wikan, Unni (1992) 'Beyond Words: The Power of .Resonance', *American Ethnologist*, 19 (August): 460-82.

Wittgenstein, Ludwig (1958 [1968]) *Philosophicallnvestigations*, 2nd edition, translated by G.E.M. Anscombe. New York: Macmillan.

Wolcott, Harry F. (1990) 'On Seeking and Rejecting Validity in Oualitative Research', in E.W Eisner and A. Peshkin (eds), *Oualitative /nquiry in Education: The Continuing Debate*. New York: Teachers College Press. pp. 121-52.

Wolcott, Harry F. (1992) 'Posturing in Oualitative Inquiry', in M.D. LeCompte, WL. Millroy and J. Preissle (eds), *The Handbook of Oualitative Research in Education.* New York: Academic Press. pp. 3-52.

Yun, Gi Woong and Craig W Trumbo (2000) 'Comparative Response to a Survey Executed by Post, E-mail, & Web Form', *Journa/ of Computer--Mediated Communication,* September.

Zelwietro, Joseph (1998) 'The Politicization of Environmental Organizations through the Internet', */nformation Society,* 14(1): 45-56.

Zwick, Detlev, Samuel K. Bonsu and Aron Darmody (2008) 'Putting Consumers to Work: "Co-creation" and New Marketing Govern-mentality', *Journa/ of Consumer Cu/ture,* 8(2): 163-96.

Índice

A

abertura à presença de outras pessoas, 158-159
abstraindo, 114, 175-179
acessibilidade, 70-72, 85-86, 166, 175-179
afiliação social a partir de coleta de informações, 31-33
agregadores de conteúdo social, 84-85, 175-179
AIDS, 33-34
alcoolismo, 33-34
Alemanha, 22-23
Allen, Gove N. e colaboradores, 140-142
alteração, 69-71, 175-179
Altheide, David L. e Johnson, John M., 151
América do Norte
    uso da internet, 22-23
América do Sul
    uso da internet, 22-23
American Psychological Association, 131-132
análise de dados, 113-128
    assistida por computador, 119-123
        comparada com manual, 119-121
    codificação, 114-115, 117-118
    dados netnográficos, 123-127
        abordagem pragmática-interacionista, 125-127
        e identidades, 123-125
        falsificação, 124-126
        generalizações, 127
        textualidade de, 123-124
    exemplo, 115-120
    indução, 113-117
    interpretação hermenêutica, 115, 117
    processos, software, 88-90, 114
    técnicas manual ou de caneta e papel, 95-96, 119-121
    três maneiras: interpretativismo, antropologia social, pesquisa social, 114-115
análise de dados assistida por computador, 119-123
Análise de Dados Qualitativos Assistida por Computador (CAQDAS), 78-79, 119-123, 175-179
    desvantagens, 123
    e análise de dados manual, 119-121
    virtudes, 122-123
análise de redes sociais, 52-58, 175-179
    abordagem de toda a rede, 54

centralidade, 55
coleta de dados, 56-58
    limitações, 57-58
    relações e vínculos, 54-56
    usos, 57
ancoramento, 155, 175-179
Andrews, Dorine e colaboradores, 46-48
anéis, 84-85, 175-179
anonimato, 70-71, 107, 123-124, 166, 175-179
    e consentimento, 134-135
anotando, 114, 175-179
antropologia, 41, 63-65
apoio social/emocional de comunidades online, 21-22
"armadilha da codificação", 123
armazenamento de arquivos em computador, 123
armazenamento de texto, 122
Arnold, Stephen J. e Fischer, Eileen, 115, 128
Arnould, Eric J. e Wallendorf, Melanie, 18-19
arquivamento, 71-72, 85, 87-88, 100-103, 175-179
Ásia
    centros de estudos da cibercultura, 82-83
    uso da internet, 22-23
Associação Americana para o Avanço da Ciência, 130-131, 133
Associação de Pesquisadores da Internet (AoIR), 81
ativismo político/social, 43
ativismo social, 56
Atkinson, Paul A., 152-153
Atkinson, Paul R. e colaboradores, 63-64
ATLAS.ti 6.0, 122
Áustria, 22-23
autenticidade, 159
autonetnografia, 168, 175-179

B

Bacon-Smith, Camille, 103
Bahktin, Mikhail, 157
Bakardjieva, Maria, 130-131, 134-135
BarbieGirls, 83-84
barreiras linguísticas, 71-72
Bassett, Elizabeth H. e O'Riordan, Kate, 133
Baym, Nancy K., 12-13, 34, 43-44, 49-52, 65-66, 85, 147-148, 152-153, 161

Bazeley, Patricia, 122
Beaulieu, 10, 109, 154-155, 159-161
Beaven, Zuleika e Leis, Chantal, 75
Bebo, 85, 165
Belk, W. Russell, 170-171
Beninger, J.R., 29
Benjamin, Walter, 96
Berkowitz, S.D., 52
Berners-Lee, Tim, 166-167
blogs, 37, 71-72, 84-85, 136-137, 165-166, 175-179
    netnografia de, 166-168
Bodley, John, 17-18
Bonsu, Sammy e Darmody, Aron, 164
Bourdieu, Pierre, 118-119
Brasil, 22-23
Brown, Stephen e colaboradores, 75, 96
Brownlie, Douglas e Hewer, Paul, 75
Bruckman, Amy, 49-50, 76-77, 133, 135-138, 142-144, 146
Buchanan, Elizabeth, 130-132, 146
Bulte, Christophe van den e Wuyts, Stefan, 55

C

Campbell, Alex, 41, 65-66
Campbell, John Edward, 43, 163-164
Campbell, John Edward e Carlson, M., 43
captura de imagem, 99-100
Carey, James W., 17-18
Carter, Denise, 42
causas sociais, envolvimento em, por meio da internet, 21-22
Center for Computer Games Research, 82-83
Center for Digital Discourse and Culture, 82-83
Center for Women and Information Technology, 82-83
centralidade, 55
centralidade de interposição, 55
centralidade de proximidade, 55
centralidade de vetor característico, 55
Centro de Estudos de Internet Burglund, 82-83
centros acadêmicos para estudos de cibercultura, 82-83
CERN, 166-167
Chartier, Roger, 165
Chenault, Brittney G., 112
Cherny, Lynn, 51-52, 69-70, 108, 158
    Conversation and Community, 34-35
Chile, 22-23
China, 47-48
cibercultura: definições, 17-20, 175-179
ciberpunk, 81
ciência e retórica, separação de, 152-153
ciências sociais
    incorporando estudos de computador, 10-11
    uso da palavra "etnografia", 13-14

51.com, 85
círculo hermenêutico, 115
Clerc, Susan J., 30
Clifford, James, 154-155, 159
Clifford, James e Marcus, George E., 57-58, 150
Club Penguin, 83-84
codificação, 114-115, 117-118, 122-123, 175-179
    exemplo, 117-118
    manual, 117
coerência, 152-154, 175-179
Cohn, Deborah Y. e Vaccaro, Valerie L., 10
coleta de dados, 56-58, 92-112, 154-155
    captura de dados online, 95-100
    captura de imagem, 99-100
    captura de tela, 96-97
    classificar, 101-102
    dados gráficos, 102-103
    download de texto como arquivos de texto, 98-99
    e análise de dados, 92-93
    entrevistas 105-109
        adaptadas ao meio, 105, 107-108
        por e-mail, 107-109
    notas de campo, 12-13, 79, 109-111
    representando dados, arquivamento de dados 111-112, 100-103, 175-179
    seleção de dados, 100-102
    spam, 99-101
    tagging e triagem, 101-102
    técnica de caneta e papel, 95-96
    tipos de dados, 95
comparações de dados, 114
comportamento observado e articulado, 67
comportamentos online
    liberada pelo anonimato, 70-71
    relacionado às interações face a face, 67-68
comunicação mediada por computador (CMC): definida, 175-179
comunicação não verbal, 29
comunicações armazenadas, 135-138
comunidade: definida, 175-179
"comunidade virtual", 15-16, 175-179
comunidades online
    antropologia e, 10-11
    características definidoras, 14-17, 175-179
    "agregações sociais", 15-16
    "discussão pública", 15-16
    "discussões" ou comunicações, 15-16
    "emergir da net" (interações individuais a partir das conexões de internet), 15-16
    irreais, 123-124
    número de membros, estimativas, 10, 19-20
    padrões globais, 21-23
    "pessoas suficientes" (mínimo/máximo para formar comunidade), 15-16

"sentimento humano suficiente" (contato autêntico com os outros), 15-16
"teias de relações pessoais", 15-16
"tempo suficiente" (interações ao longo do tempo), 15-16
tipos de, 19-21, 39-41
transportando cultura, 14-15
conferências por computador, 30
conhecimento, 154-155, 175-179
consentimento, 130-131, 134-135, 141-143
forma, 180-181
Convergence: Journal of Research into New Media Technologies, 81-82
Coreia do Sul, 22-23, 47-48
Correll, Shelley, 12-13, 36, 49-50, 65-66, 85, 162
Couper, M.P., 46-47
Cova, Bernard e colaboradores, 164
Creswell, John W., 46, 79-80, 91
crianças e adultos vulneráveis, 142-143
Crumlish, Christian, 20-21
Ctheory, 81-82
Cuba, 22-23
cultura
  baseada na comunicação, 18-19
  definições, 175-179
    aberta, 157
    cultivo/crescimento (Williams), 17
    culturas específicas, 18-19
    da sociedade: forma de vida total (Bodley), 17-18
    em termos de semiótica (Geertz), 17-18
    estado de fluxo, 18-19
    sistemas de significados/símbolos aprendidos, 18-19
    visão antropológica (Kluckhohn), 17-18
cultura do "Outro", 159-160
cultura *skinhead*, 41, 65-66
culturas locais e comunidades online, 43
Cybercity, 42
Cyberpsychology and Behavior, 81-82
Cyberpsychology: Journal of Research on Psychological on Cyberspace, 81-82

D

dados como atos sociais, 126
dados gráficos, 102-103
Daft, Richard L. e Lengel, Robert H., 29
Dalli, Daniele e Corciolani, Matteo, 163
Danet, Brenda, 29, 35-36, 156
Davis, Erik, 170
Davison, K.P. e colaboradores, 33-34
Dean, Howard, 56
defasagem de tempo, 69-70
del.icio.us, 84-85
Denzin, Norman K., 57-58, 159-160

Denzin, Norman K. e Lincoln, Yvonna S., 63-64, 149-151, 161
desempenho de papéis, 70-71
desenvolvimento da comunidade e cultura online, 14-15
DeviantArt, 108
diálogo, 158
Digg, 84-85, 87
Digital Ethnography at Kansas State University, 81-82
Digital Futures Project, 20-22, 47-48
Digital Games Research Association, 81-82
DiMaggio, Paul e colaboradores, 31-32
dirteitos autorais (*copyright*), 134, 163-165
discrição da netnografia, 58-59, 134-135
distinções de classe social, 118-119
doenças com estigma e aceitação, 33-34
Douglas, Jack D., 157
Drucker, Peter, 27
Dubrovsky, Vitaly e colaboradores, 29
Dunbar, Robin, 15-16

E

eBay, 56
EBR-electronic book review, 81-82
Ellis, Caroline, 157
e-mail, 14-15
Emerson, Robert M. e colaboradores, 110-112
emoção no trabalho de campo, 156-157
emoticons, 29
entrada, 175-179
entrevistas, 48-51, 57-59, 105-109, 175-179
  "criativas", 157
  adaptado ao meio, 105, 107-108
  anonimato, 107
  arquivamento, 107, 175-179
  considerações éticas, 142-143
  e diários, 49-51
  em profundidade, 50-51, 106-107
  entrevistas de bate-papo, 107
  face a face, 48-50, 106
  grupos focais, 51-52, 57-59
  limitações, 50-51
  por e-mail, 107-109
  trocas de elementos gráficos, 108
entrevistas por bate-papo, 107
entrevistas por telefone, 69-70
Escobar, Arturo, 17-18
escrita, 156
e-Society, 82-83
Espanha, 22-23
Estados Unidos
  centros de estudos da cibercultura, 82-83
  Conselhos de Revisão Institucional (CRI), 131-132, 135-136, 175-179

números em comunidades online, 20-21, 47-48
estruturas sociais em comunidades online, 29-30, 70-72
estudos de caso, 61
estudos velados, 74
etnografia
   adaptação, 61-64
   aplicação e definição, 57-58, 60-61
   aplicado à cultura online, 12-13
   aspectos da pesquisa, 67
   caracterizada por várias teorias/métodos, 150
   comparação com netnografia, 57-59, 62-63
   definição, 175-179
   história e normas, 149-151
     1900-Segunda Guerra Mundial (tradicional), 149
     1970-1986 (gêneros indistintos), 150
     1990-1995 (pós-moderna), 150
     do pós-guerra até 1970 (modernista), 149
     meados dos anos 80-1990 (crise de representação), 150
   misturando-se com a netnografia, 66-69, 175-179
etnografia/netnografia mista, 66-69, 175-179
Europa
   centros de estudos da cibercultura, 82-83
   utilização da internet, 22-23, 47-48
eus múltiplos, 41
expansão do netnografia, 168-169

F

Facebook, 19-20, 43, 85, 87, 107, 167-168
   termos e condições, 140-141
falsificação, 124-126
Feedster, 168
fenomenológica, 175-179
Fernandez, James W., 156
festival Burning Man, 42
Fetterman, David M., 63-64, 111-112
fibreculture, 82-83
Finlândia, 22-23
First Monday, 81-82
Flickr, 84-85, 87, 107
Fong, John e Burton, Susan, 163
Forrester Research, 30, 47-48
fóruns, 175-179
   ver também quadros de avisos
Fournier, Susan e Lee, Lara, 57
Fox, Richard G., 152-153
Frankel, Mark S. e Siang, Sanyin, 130-131, 133-134
frustrações no trabalho, 42
Füller, Johann e colaboradores, 40-41, 75, 162-163
futuro fraturado, 150
   "realista", 152-153

como ciência, 149, 152-153
e netnografia como etnografia incompleta, 63-65
múltiplos métodos, 61
nenhuma única etnografia "real", 63-65
origens do termo, 12-13

G

Gaia Online, 83-84
Gaiser, Ted, 51-52
Game Studies, 81-82
Games and Culture: A Journal of Interactive Media, 81-82
Garcia, Angela Cora e colaboradores, 10, 25-26, 67-68, 126
Garton, Laura e colaboradores, 53-55, 59
Geertz, Clifford, 17-18, 150, 161
generalizações, 114, 127, 175-179
German Society for Online Research, 81
Giesler, Markus, 108
Gilder, George, 27
Glaser, Barney G. e Strauss, Anselm L., 111-112, 153-154
Google, 86
Gossett, Loril M. e Kilker, Julian, 42
govcom.org (Holanda), 82-83
Grécia, 22-23
Greenbaum, Thomas, 51-52
Grupo de Trabalho da Associação de Pesquisadores da Ética na Internet, 130-132
grupos focais, 51-52
   métodos assíncronos, 51-52
   sincrônicos, 51-52
grupos Usenet, 20-21
Guba, Egon G. e Lincoln, Yvonna S., 151, 159
Gubrium, Jaber F. e Holstein, A., 112, 157
Guild Wars, 83-84
Gumpert, Gary e Cathcart, Robert, 29

H

Habbo Hotel, 83-84
Hahn, Chris, 120-121
Hair, Neil e Clark, Moira, 143-146
Hakken, David, 10, 17-18, 160-161
Hammersley, Martin, 151
Haythornthwaite, Caroline, 55-56
Haythornthwaite, Caroline e colaboradores, 53
Hemetsberger, Andrea e Reinhardt, Christian, 10, 40-41, 163
Herring, Susan, 135-136
Hiltz, Starr Roxanne, 15-16
Hiltz, Starr Roxanne e Turoff, Murray, 15-16
Hine, Christine, 12-13, 126-127, 152-153
   Etnografia Virtual, 63-65, 73

Hobbs, Dick, 61
Holeton, Richard, 69-70
Hookway, Nicholas, 170-171
Howard, P.E.M. e colaboradores, 31-32
Howard, Philip M., 61
Hudson, James e Bruckman, Amy, 130-131, 142-143
Hughes, Jerald e Lang, Karl R., 51-52
Human Research Subjetcs Review Committee, 88-89, 131-132, 175-179
HypeRESEARCH 2,8, 122

I

iChat, 106
identidades, 67
    aceitação por outros, 33-34
    de investigador em linha, 138-139
    e anonimato, 70-71, 107, 123-126
    e pesquisa, 123-125
    fragmentação, 41
    graus de ocultação e falsificação, 124-126, 144-146
    ocultada por pesquisadores, 142-146
    partilha, 33-34
idosos, 42
importância das comunidades online para os participantes, 20-22
inclusão social, 70-72
Índia, 22-23
indução, 113-116, 175-179
Information, Communication & Society, 81-82
Information Society, The, 81-82
inovação, 155-156, 175-179
"Inscrição", 12-13
Institute for New Media Studies, 82-83
Institute of Network Cultures, 81-83
Institutional Review Board, 88-89
interação social online
    como jogos sociais/linguagem, 125-126
    divergência com "vida real", 12-13
    misturado com "vida real", 10
    uso global, 10, 19-20
interações antecipadas, 29-30
interações face a face
    desenvolvimento de comunidades online, 20-21, 31-32
    diferença de comunidades online, 123-124, 166
    e "magreza" das comunidades online, 29
International Center for New Media, 82-83
International Journal of Web-based Communities, 81-82
internet
    como texto ou lugar, 133
    expansão, 166-167
Internet Research Ethics (IRE), 130-132, 175-179

Internet Studies Center, 82-83
interpretação hermenêutica, 115, 117-118
    exemplo, 115-120
interpretativismo, 150, 175-179
Itália, 22-23
iTunes, 84-85

J

Jackson, Sally, 153-154
Jacobson, David, 134
Japão, 22-23, 42, 47-48
Jenkins, Henry, 51-52, 85, 103, 127
Jeppesen, Lars Bo e Frederiksen, Lars, 163
jogos, 83-84
jogos de linguagem, 125-126
Jogos de Realidade Alternativa (ARGs), 83-84
jogos online, 70-71
    variedades de 35-36
Johns, M. e colaboradores, 130-132
Jones, Steve, 69-70, 72
Jorgensen, D.L., 158
Jornada nas Estrelas, 65-66
Journal of Business Research, 80
Journal of Computer-mediated Comunication, 81-82
Journal of Virtual Worlds Research, 81-82

K

Kanayama, Tomoko, 42
Kavanaugh, A. e Patterson, S., 34
Kendall, Lori, 123-124
Kiesler, Sara e colaboradores, 29
King, Storm, 134
Kivits, Joëlle, 49-50
Kluckholm, Clyde, 17-18
Komito, Lee, 15-16
Kozinets, Robert V., 18-19, 31-32, 37-40, 42, 49-52, 73, 83-84, 91, 94, 125-126, 128, 130-131, 135-136, 159-160, 163-164, 166-167, 170-171
Kozinets, Robert V. e Handelman, Jay M., 10, 163-164
Kozinets, Robert V. e Kedzior, Richard, 94, 168, 170-171
Kozinets, Robert V. e Sherry, John F., 42
Kozinets, Robert V. e colaboradores, 94, 163
Kraut, R.S. e colaboradores, 31-32, 131-132
Krueger, R.A., 51-52

L

Lakoff, George e Johnson, Mark, 115
Langer, Roy e Beckman, Suzanne C., 74, 85
Lather, Patti, 159-160
Laurel, Brenda, 17-18
Lazar e Preece, 46-47

LeBesco, Kathleen, 130-131
"Lesbian Café", 36, 65-66
levantamentos, 46-49
    custos, 47-48
    levantamentos online em geral, 46-48
    sobre comunidades online, 47-49
Lévy, Pierre, 17-18, 25-26
Lewins, Ann e Silver, Christina, 122, 128
Li, Charlene e Bernoff, Josh, 22-23, 30, 47-48
Lincoln, Yvonna e Guba, Egon G., 153-155
linguagem, 18-19
    hostil, 29
    padrões de fala no bate-papo em tempo real, 35
linguagem corporal, 123-124
linguagem hostil, 29
LinkedIn Cyber & Web Antropology, 81-82
LinkedIn Netnography Group, 81-82
Lipinski, Tomas, 136-137, 141-142, 146
listas, 84-85, 175-179
LiveJournal, 166-168
LOL, 175-179
Lombardi, Jerry, 12
Lyman, Peter e Wakeford, Nina, 11, 109
Lysloff, René T.A., 41, 64-65

M

M/C: Media and Culture, 81-82
Macek, Jakub, 17-19
Madge, Clare e O'Connor, Henrietta, 41-42, 156-157
Mann, Chris e Stewart, Fiona, 51-52, 59
Marcus, George E. e Fischer, Michael, 159-160
marginalizados e destituídos de seus direitos, 33-34
marketing e pesquisa do consumidor, 10, 13-14, 163
Markham, Annette N., 12-13, 34-35, 49-50, 65-66, 69-70, 85, 94, 107-108, 152-153, 158
Markham, Annette N. e Baym, Nancy K., 73
Masmorras, 83-85
Mason, Matt, 164
Matei, Sorin e Ball-Rokeach, Sandra, 31-32
Maulana, Amalia e Eckhardt, Giana M., 75
MAXqda2, 122
McArthur, Robert L., 134
McCracken, Grant, 106
McDougal, Robert, 43
McKay, H.G. e colaboradores, 33-34
McKenna, K.Y.A. e Bargh, J.A., 33-34
McKenna, Karelyn e Seidman, Gwendolyn, 30-32, 34, 43-44
McLuhan, Marshall, 27
McMahan, Allison, 162
Mead, George Herbert, 125-126

meios assíncronos, 69-70, 175-179
    arquivos, 72
meios sincrônicos, 69-70, 175-179
    arquivos, 72
memorandos, 114
México, 22-23
Meyer, Gordon e Thomas, Jim, 30
microblogs, 84-85, 175-179
1995-2000 (investigação pós-experimental), 150
Miles, Matthew e Huberman, Michael, 13-14, 114-115, 128
Miller, Daniel e Slater, Don, 10, 159-160
misturar, 159-161, 175-179
Mitchell, William J., 109
MMOGs (massively multiplayer online games), 83-84, 175-179
Molesworth, Mike e Denegri-Knott, Janice, 162
Moos, 83-84
MSN, 86
mudança tecnológica
    formação da cultura e das comunidades, 27-28, 69-71
    fundindo-se com "mecanismos sociais", 56
    percepções de comunicação, 69-70
MUDs (Multi-User Dungeons), 83-84
mundos virtuais, 36-37, 71-72, 83-84, 175-179
    netnografia de, 168, 175-179
    persistência, 71-72
    técnicas de visualização, 57
Muñiz, Albert e Schau, Hope, 85, 93, 153-154, 162-163
Munt, Sally R., 133
Murray, Jeff B. e Ozanne, Julie L., 159
Myers, D., 30
MySpace, 19-20, 85, 87, 107

N

Naisbitt, John, 27
narrativa, 156
necessidade de netnografia, 12-15
Nelson, Michelle R. e Otnes, Cele C., 10, 80, 91, 140, 162
Nelson, Michelle R. e colaboradores, 10
NetMeeting, 106
"netnografia"
    definições e aplicações, 9-10, 74, 175-179
    necessidade de prazo, 13-15
    origens da palavra, 13-14
netnografia ética
    comunicações armazenadas, 135-138
    consentimento 129-146
    e consentimento implícito, 134-135
    considerações legais, 136-138, 140
    dano online, 134-136

e críticas dos membros da comunidade, 135-136
e resistência a ser estudado, 130-131
equilíbrio de risco/benefícios, 135-136, 143-145
Ética da Pesquisa na Internet (IRE), 130-132, 175-179
importância da ética, 130-131
procedimentos
  checagem de membros, 139, 175-179
  crianças e adultos vulneráveis, 142-143
  divulgação da identidade de pesquisador/intenções, 138
  divulgação da natureza da pesquisa, 138
  entrevistas, 142-143
  esconder as identidades dos membros da comunidade, 142-146
  obtendo consentimento informado, 141-143
  informações sobre o pesquisador, 138-139
  pedir permissão, 139-140
  sites comerciais, 140
público *versus* privado, 132-134
questões relevantes, 131-133
uso de pseudônimos, 135-138
netnografia no Facebook, 81-82
netnografia observacional, 75
netnografia pura, 175-179
New Media & Society, 81-82
New Yorker, 70-71
Newhagen, J.E. e Rafaeli, S., 71-72
Newton, 93
Nicarágua, 22-23
Niketalk forum, 40-41
Ning.com, 86
normas, 147-149, 151-153
  critérios de, 151-161
    ancoramento, 155, 175-179
    coerência, 152-154, 175-179
    conhecimento, 154-155, 175-179
    inovação, 155-156, 175-179
    mistura, 159-161, 175-179
    práxis, 159-160, 175-179
    reflexividade, 158-159
    ressonância, 156-157, 175-179
    rigor, 153-154, 175-179
  falta de padrões qualitativos, 147-148
  posição pós-estruturalista, pós-moderna posição, 151-153
  posição positivista, 151-153
  posição pós-positivista, 151-153
  validade, 151-152, 159
  verossimilhança, 157-158, 175-179
Noruega, 22-23
notas de campo, 12-13, 79, 109-111, 122
números nas comunidades online nos EUA, 20-21
  crescimento, 20-21
  em todo o mundo, 10, 19-20

encontro face a face, 20-21
NVivo8, 122

O

Obama, Barack, 56
observação, 12-13
Oceania
  centros de estudos da cibercultura, 82-83
Olaniran, Bolanle, 30, 43
OMG, 175-179
organizações comerciais e comunidades, 42, 163-164
Orkut, 85, 167-168
Oxford Internet Institute, 82-83
Ozanne, Julie e Saatcioglu, Bige, 127

P

Paccagnella, Luciano, 30
páginas web da pesquisa, 102-103
páginas web de pesquisadores, 138-139
papéis de gênero, 41-42
Parmentier, Mari-Agnes, 103
participação
  aberta a todos, 70-72
  "consumo"/dimensões das relações sociais, 36-37
  estilos, 36-40
  geograficamente dispersa, 71-72
  progressão de, 31-34
  significado, 12-13
  tipos de, 37-40
passiva netnografia, 75
PDA Apple, 93
Penley, Constance, 103
Penley, Constance e Ross, Andrew, 28
Perfil Tecnográfico Social, 47-48
perguntas
  formuladas com clareza, 105
perguntas abertas, 80
personificação, 35
pesquisa da internet, 9-10
pesquisa participativa
  coleta de dados, 93
  diretrizes escritas, 88-89
  diretrizes para interação com as comunidades online, 89-90
  ética, 78-79, 88-89
  focais e pesquisa, questões, 78-81
  graus de envolvimento, 93-94
  investigações preparatórias, 75-79
    pontos a considerar, 78-79
  leitura, trabalhos escritos dos outros, 80-81
    revistas, 81-82
  mecanismos de busca, 85-87

seleção de sites, 78-80
　diretrizes, 87-88
software de análise de dados, 88-90
trabalho em áreas afins
　centros acadêmicos para estudos de ciberculture, 82-83
　comunidades de estudiosos, 81-82
valor de, 74-75
variedades de interação online, 82-85
ver também coleta de dados
pesquisa sobre interação online, 28-36, 175-179
　abordagens qualitativa/quantitativa, 46
　análise de redes sociais, 52-58
　desenvolver compreensão sutil, 30-34
　em "comunidades online" e "online em comunidades", 64-66
　em novas práticas e sistemas de significado, 34-36
　entrevistas e métodos de diário, 48-51
　escolha de métodos, 46-48
　estudos de comunidades online, 40-43
　etnografia e netnografia 57-59
　fluxo de projeto de pesquisa, 62-63
　grupos focais, 51-52
　inexistência de abordagem única, 148
　levantamentos, 46-49
　mistura etnografia e netnografia, 66-69
　pesquisa inicial, 28-29
　testando suposições, 29-31
　ver também pesquisa participativa
Pew Internet Report 2001, 19-21, 25-26, 47-48
playspaces, 83-84, 175-179
portais de *gays* e lésbicas, 43
práxis, 159-160, 175-179
presente metodologicamente contestado, 150
princípio de saturação, 111-112
privacidade, 134, 165
propriedade das comunidades, 165
pseudonímia, 70-71, 175-179
público *versus* privado, 132-134, 165-166
Punch, Maurice, 158

Q

QDA Miner 3.1, 122
quadros de avisos, 12-13, 83-84, 175-179
Qualrus, 122

R

Rabinow, Paul, 159-160
RadioShackShucks.com, 42
Rainbow Family, 76-77
"realidade" das comunidades online, 123-124
reflexividade, 158-159, 175-179

Reid, Elizabeth, 30, 144-145
relacionamentos online, 42
relações e vínculos, 54-56
Relatório Belmont, 131-132
Resource Center for Cybeculture Studies, 82-83
ressonância, 156-157, 175-179
Rettberg, Jill Walker, 37, 165-167
Rheingold, Howard, 15-16, 25-26, 34
Rice, Ronald E., 29
Rice, Ronald E. e Love, G., 29
Rice e Rogers, 69
Richards, Lynn, 88-90
rigor, 153-154, 175-179
riqueza das comunicações online, 30-32
romances polifônicos, 157
Runescape, 83-84

S

salas de bate-papo, 83-84, 108, 136-137, 175-179
Schaap, F. 109-110
Schau, Hope e Gilly, Mary, 10, 124-125, 162
Schivelbusch, Wolfgang, 69-70
Schouten, James e McAlexander, James H., 85
Schwandt, Thomas A., 150
Scott, John, 53
Second Life, 36-37, 83-84, 164
Second Life Research Listserv, 81-82
semiótica e cultura, 17-18
Sharf, Barbara, 134
Sherry, John, 29-30, 61
Shimanoff, Susan B., 30
Shoham, 108
Short, John e colaboradores, 29
Silver, David, 81, 91
símbolos/sinais, 18-19
Sims Online, 83-84
Singapore Internet Research Center, 82-83
Sirsi, Ajay K. e colaboradores, 61
sistemas de levantamento de dados online, 46-47
Site da Sony Pictures, 140-141
sites de áudio/visual, 84-85, 175-179
sites de redes sociais, 37, 84-85, 175-179
　netnografia de, 167-168
Slater, Don, 162
SmulWeb, 37-38
software
　análise de dados, 88-90, 121-123
　análise de redes sociais, 56-57
　entrevistas dos grupos focais, 51-52
software de captura de tela de imagem estática, 175-179
software de captura de tela de movimento completo, 175-179

Sohn, Changsoo, 47-48
Spam, 99-101, 175-179
Spiggle, Susan, 115, 128, 155
"Spore", 36
Sproull, Lee e Kiesler, Sara, 29
Steiner, Peter, 70-71
Stone, Allucquère Rosanne, 109
Strauss, Anselm e Corbin, Julie, 114
StumbleUpon, 84-85
Sudweeks, Fay e Simoff, Simeon J., 46
Sunderland, Patricia L. e Denny Rita M., 13-14, 58-59
Surveillance and Society, 81-82
SurveyMonkey.com, 46-47
Synthetic Worlds Initiative at Indiana University, 81-82

T

Tacchi, J. e colaboradores, 159
TAMS/TamsAnalyser, 122
Tapscott, Don e Williams, Anthony D., 40-41, 163-164
Taylor, T.L., 168
técnica naturalista da netnografia, 58-59
tecnocultura, 27-28, 159-160, 175-179
tecnossocialidade, 159-160
Tedlock, Barbara, 124-125
Teilhard de Chardin, Pierre, 170
Teknocultura, 81-82
teoria fundamentada, 114
teorização, 114
TerraNova, 81-82
Tesch, R., 13-14
texto
 aberto ou fechado, 159
 armazenar, 122
 culturalmente situado, 152-153
 interpretação, 115
textualidade de dados, 123-124
The Star Trek Research Web-page, 102-103, 105
Thomas, Jane Boyd e colaboradores, 163
Thompson, Craig J., 153-154
Thompson, Craig J. e colaboradores, 115
Thorseth, May, 131-132
TIC (Tecnologia de Informação e Comunicações), 175-179
tipos de comunidades online, 19-21, 39-41
Toffler, Alvin, 27
trabalho de campo, 63-64
Trama QDA, 122
Transana, 10, 122
Turkle, Sherry, 34, 70-71, 162
Twitter, 84-85

U

utilização da internet, global, 10, 19-23, 47-48

V

Valck, Kristine de, 37-38, 162
validade, 151-152, 159
Van Maanen, John, 63-64, 152-153, 157-158
verificação e refinamento de dados, 114
verificações de membros, 139, 175-179
verossimilhança, 157-158, 175-179
vida social e familiar
 efeitos de uso da internet, 31-32
Vroman, Kerryellen e Kovacich, Joann, 30-31

W

Walker Rettburg, Jill, 84-85
Wallendorf, Melanie e Belk, Russell W., 153-155
Walther, Joseph B., 12, 29-32, 43-44, 133-136, 143-144, 146
Wasserman, Stanley e Faust, Katherine, 55
Watt, James H., 47-48
Weber, Max, 17-18
Webkinz, 83-84
websites, número de, 10
Weible, R. e Wallace, J., 47-48
Weinberg, Bruce, 94
Weinberger, David, 101-102, 112
Weitzman, Eben e Miles, Matthew, 122
WELL, 20-21, 34
Wellman, Barry, 30, 52-53
Wellman, Barry e colaboradores, 53
Welser, Howard T. e colaboradores, 57, 59
Whitty, Monica Teresa, 42, 124-125
Wikan, Unni, 156
Wikiasearch, 86
Wikipedia, 84-85, 87
wikis, 84-85, 158, 175-179
Williams, J. Patrick e Copes, Heith, 33-34, 41
Williams, Raymond, 17
Wittgenstein, Ludwig, 125-126
Wolcott, Harry, 151
World of Warcraft, 83-84

Y

Yahoo!, 86
YouTube, 43, 84-85, 87, 107
Yun, Gi Woong e Trumbo, Craig W., 47-48

Z

Zelwietro, Joseph, 43
Zwick, Detlev e colaboradores, 164